行者智见

林涛 著

主流媒体对新疆南疆影响力研究

中国国际广播出版社

本书系2016年度国家新闻出版广电总局部级社科研究项目“主流媒体对新疆南疆维吾尔族受众影响力研究”（项目编号：GD1629）成果。

前 言

传媒影响力是媒体追求的最终目标和核心价值。主流媒体以广大受众为传播对象，在影响主流人群、代表主流意识、传播主流新闻、营造公信力方面具有优势，也肩负责任。传媒影响力研究是当前我国传播产业发展研究的重要命题之一。主流媒体影响力产生机制和传播效果研究着眼于受众调查，在全面总结受众的媒体接触、依赖和信任度的特征基础上，分析当前主流媒体的传播现状，并针对媒体的传播有效性、信息有用性、舆论引导能力等核心功能与作用进行专项分析阐述。以增强主流媒体影响力和传播效果为出发点和落脚点，充分运用田野调查等研究方法，结合政治学、经济学、社会学、心理学、教育学理论，对中央及新疆维吾尔语主流媒体影响力产生机制和传播效果提出对策和建议，为深化各民族文化间传播共识、实现区域文化多元和谐共处提供研究基础与数据支持。

本书以维吾尔族聚居区受众为研究对象，研究目标群体为新疆南疆和田地区、喀什地区、阿克苏地区、克州地区维吾尔族受众，着重研究媒介影响力产生机制。通过对受众的媒介接触、作用和公信力的状况进行分类调查汇总，运用当前媒介运营与管理及国内媒介产业营销最新的研究成果进行分析论述。在研究方法上，本书在总结受众的媒介接触、依赖、信任三大影响力产生机制典型性的基础上，引入了受众属性因子，并进行了相关性验证和论述，分析探讨了维吾尔语主流媒体在强化区域内舆论引导效果，打造本土性价值观念话语体系上所发挥的作用及自身影响力的养成路径，具有重要的现实意义。本书试图通过对维吾尔语主流媒体的传播效果，研讨媒体影响力的产生机制，并希望通过科学周密的受众调查与严谨翔实的分析论证为新疆维吾尔语主流媒体研究提供重要的历史资料，为以后的研究打下良好的数据基础。

新疆南疆作为我国维吾尔族人口数量最多、集中度最高的区域，受到地缘政治的影响，不仅是我国重要的西北屏障，还是各国利益集团进行意识形态渗透的前沿阵地。中央和地方的民族语言主流媒体作为我国多语种传播体系中的重要组成部分，在现状传播与跨文化沟通中，不仅承担着新疆多民族受众接触信息、接受引导的责任和使命，还为各民族群体，尤其是周边不同民族国家文化间的相互了解、沟通及和谐共处提供了窗口和渠道，对开展主流媒体影响力产生机制及传播效果研究具有重要的战略意义。

本书的研究以习近平总书记新闻思想为统领。习近平总书记在“2·19”讲话中强调，“新闻舆论工作要坚持党的领导，坚持正确政治方向，坚持以人民为中心的工作导向，尊重新闻传播规律，创新方法手段，切实提高党的新闻舆论传播力、引导力、影响力、公信力。”主流媒体在开展舆论宣传工作的过程中首先要明确媒体的传播力、引导力、影响力、公信力基本内涵。传播力是指媒体机构通过多种手段对新闻信息进行传播的能力。这种能力能够对一定范围内的受众群体产生潜移默化的影响。清华大学刘建明认为，“传播力是媒介传播力的简称，指媒介的实力及其搜集信息、报道新闻、对社会产生影响的能力。”媒体的传播方式、传播渠道、传播内容等因素都会影响到媒体的传播力。主流媒体的传播力是其自身具备的一种潜在素质。这一素质是在主流媒体进行新闻传播实践的过程中逐渐衍生出来的，其中传播效果是评估主流媒体传播力的重要指标。引导力是指新闻媒体按照一定的预期根据自己设置的议题来引导受众进行认知和理解的能力。主流媒体具备良好的引导力能够实现“高举旗帜，引领导向”的效果。主流媒体通过预期的引导方向，在传播一定的事实与观点的基础上影响受众的意见、态度和倾向。主流媒体由于受众基数大、知名度高、权威性大，其引导力也就越强，因此主流媒体必须要把控好舆论引导力。影响力是指新闻媒体通过传播信息在社会舆论界引起关注，并且对受众的态度、认知和行为产生影响，进而影响整个社会的一种能力，也可以认为影响力是“媒介或媒体为了达到某种传播效果，借助特定的传播手段向受众传递需求信息而对社会发生作用的力度”。主流媒体的影响力指标包括受众规模大小、获取独家信息的能力、重大事件的报道能力、改变受众行为的能力等。公信力是指新闻媒体在长期的新闻传播实践过程中赢得受众认可和信任的一种能力。媒体公信力是媒体机构、传播渠道、传播内容和受众群体相互作用的产物。有学者认为，媒介公信力反映了新闻媒体以新闻报道为主体的信息产品被受众认可、信任乃至赞美的程度。主流媒体公信力的大小取决于受众的信任程度，受众对主流媒体公信力的认可表现在对主流媒体组织的信任和对主流媒体所传播的信息产生信任，所以主流媒体与受众之间会形成一种相互作用的信任关系，这种信任关系就会体现在公信力上。

在明确传播力、引导力、影响力、公信力基本内涵的基础上，主流媒体还需厘清“四力”之间的相互关系。“四力”之间并不是一方决定另一方的单向性关系，而是相互影响和共同作用的多向性关系。因此，开展主流媒体对新疆维吾尔族受众影响力产生机制及传播效果研究，不仅是希望能够全面充分地了解当前媒体传播现状，更是希望能够促使主流媒体实现多语种平衡传播格局的愿景，以最大限度地满足受众的信息需要、审美需求和娱乐、休闲、消遣的消费目的。主流媒体如何发挥自身功能与价值，充分运用优势资源，强化舆论引导力，打造品牌话语权，带动行业趋势，推动产业发展；如何应对传播媒体与新媒体之间的竞争，推动从竞争转向融合发展，为信息传播、舆论引领发挥其影响力，成为各方关切和亟待讨论的重要议题，亦是本书研究的初衷和所要分析探讨的核心议题。

同时，研究还结合数据结果和效果分析总结的特征，开展了主流媒体不同层面的影响力产生机制剖析与探讨，分别从受众对主流媒体的接触机制、依赖机制和信任机制出发，研究总结受众对主流媒体的接触程度、依赖程度和信任程度的特点及形成这些特点的原因。在受众属性层面上，主流媒体应当结合受众不同的性别、年龄、职业、收入水平、教育程度等属性进行新闻的传播和制作。在信息属性层面上，针对受众对媒介内容和形式的接触、依赖和信任程度的高低来调整和改进传播内容和节目形式。由于报纸媒介、广播媒介、电视媒介和网络媒介的不同特性，不同的媒介形式所传播的内容和节目的刊播形式有所区别，在媒介属性层面我们针对不同的媒体类型深入展开探讨，以求更详尽全面地陈述本课题研究内容。

本书研究得出的主要结论如下：第一，受众接触主流媒体的频度依次为电视、广播、报纸、网站，受众对传统媒体的信任度要高于对新媒体的信任度；电视和广播成为受众接触时间最长的两类媒体，农村地区受众接触广播的时间要长于电视，城市地区受众接触电视时间要长于广播。第二，受众接触主流媒体的特点为：本科以上的受众接触媒体时间最长，便捷性成为受众接触主流媒体的主要原因，获取有用信息成为受众接触主流媒体的主要目的。第三，受众接触媒体时主要使用维吾尔语，国家通用语言文字列第二位；早 10 点、晚 7 点成为受众接触各类媒体的高峰。第四，对于突发事件报道，受众最信任电视。第五，受众对媒体的接触时间和对媒体的信任度呈正相关。第六，母语是影响受众对媒体信任的关键因素。第七，受众的信任程度与媒体的便利程度和公信力呈正相关；受众对媒体的信任度和对媒体发布信息的认同度呈正相关。第八，看电视时间长的受众对媒体的信任度高；对广播满意的受众对媒体的信任度高。第九，认同少数民族文化是中华民族文化组成部分的受众对媒体的信任度高。

可以预判，在未来相当长的一段时间内，中央和地方的民族语言主流媒体将承担新疆少数民族受众接触信息、文化沟通的使命，民族语言主流媒体还将承担传播和引领使命，因此国家应加强民族语言主流媒体，尤其是电视和广播的覆盖。本书研究的一个重要结论是，南疆维吾尔族受众最喜欢通过电视和广播两种主流媒体接收各种信息。因此，电视和广播应当以正面宣传为主，传递国家声音，以传播中华民族主体文化为己任，引领社会发展，影响社会认识，改变行为习惯，凝聚行动力量，引领前进方向。受众的信任程度与媒体的便利程度和公信力呈正相关，受众对媒体的信任度和对媒体发布信息的认同度呈正相关。这就要求中央和地方民族语言广播、电视媒体要练好内功，不仅让新闻舆论工作为“四个全面”、“五大发展理念”和“小康社会”的建成实现服务，还要提供健康向上、凝聚共识、统一步调的思想舆论支持。这不仅是党对新闻舆论工作者提出的新要求，也是多样化、分众化、差异化环境中人民大众对新闻舆论做好正确有效引领的新期待，是舆论环境、媒体格局、传播方式发生深刻变化中社会对主流舆论营造良好氛围作用的新希望。由于地缘因素及地缘政治的影响，新疆南疆不仅是我国重要的西北屏障，还是各国利益集团进行意识形态渗透的前沿阵地。民族语言广播、电视媒体因其传播特点及便捷性，可以为各民族群体，尤其是周边不同民族国家文化间的相互了解、沟通及和谐共处提供窗口和渠道。中央和新疆民族语言广播、电视媒体作为新疆舆论场的核心和支撑，应当在节目中积极推进双语教育，为区域内的少数民族受众和汉族受众和谐共处搭建桥梁与纽带。加强民族语言广播电视的传播，达成民族间情感共识，用媒体文化传播魅力促进民族团结，为整个社会的安定和谐与长久发展提供保障和动力。

本书重点强调，为提高主流媒体的传播力、影响力、引导力、公信力，主流媒体的从业人员及主流媒体传播内容本身要重点关注新疆的历史问题、文化问题、民族问题、宗教问题和新疆的脱贫攻坚问题。研究结果表明，中央及新疆维吾尔语主流媒体在吸引受众注意力和对受众的社会认知、社会判断、社会决策及相关社会行为实施的干预和控制上，具有较好的渠道优势和受众基础。新疆作为多民族世代融合共生的民族聚居区，少数民族与汉族一直以来都是同呼吸共命运的发展共同体。开展主流媒体对新疆维吾尔族受众影响力研究是以国际传播和多语种传播格局打造为背景，以构建国家文化影响力、实现多元文化共同发展为目的，不仅关系着新疆多语种传播效应的实现，更紧密联系着整个社会发展与长治久安。

本书还强调，作为在新疆区域传播的中央和地方主流媒体，要坚持以习近平新时代中国特色社会主义思想为指导，认真学习贯彻习近平总书记关于宣传思想工作的重要思想，更好地适应新时代新要求，更加扎实有力地做好宣传思想工作，坚决维护意识形态领域安全。党的十八大以来，以习近平同志为核心的党中央高度重视宣传思想工作。习近平总书记总揽全局、亲自谋划、亲自部署，召开一系列重要会议、发表一系列重要讲话、作出一系列重要指示，为做好新时代宣传思想工作提供了根本遵循。要坚定坚决地把思想和行动统一到习近平总书记关于宣传思想工作的重要思想上来，统一到党中央关于新形势下宣传思想工作的战略部署上来，更好地服务社会稳定和长治久安总目标。

一要强化政治引领。主流媒体要坚持以政治建设为统领，牢固树立“四个意识”，牢牢把握政治方向，始终在政治立场、政治方向、政治原则、政治道路上同以习近平同志为核心的党中央保持高度一致，坚决维护党中央权威和集中统一领导，确保宣传思想工作始终沿着正确的政治方向前进。

二要准确把握形势。始终保持清醒头脑，不断提高工作的原则性、系统性、预见性、创造性，加强重大理论问题的辨析引导，深入开展反分裂斗争教育，深入推进“去极端化”工作，帮助各族群众擦亮眼睛、明辨是非，自觉维护社会安全稳定。

三要凝聚强大力量。把统一思想、凝聚力量作为宣传思想工作的中心环节，深入开展“习近平新时代中国特色社会主义思想进万家”活动，深化中国特色社会主义和“中国梦”宣传教育，大力培育和践行社会主义核心价值观，加强正面宣传引导，不断增强各族干部群众的“五个认同”，铸牢中华民族共同体意识。

四要确保绝对安全。牢牢把握正确舆论导向，做大做强主流思想舆论，牢固树立阵地意识，坚持守土有责、守土负责、守土尽责，坚决管好意识形态阵地，建设具有强大凝聚力和引领力的社会主义意识形态。

五要加强全面领导。要旗帜鲜明地坚持党管宣传、党管意识形态，切实负起政治责任和领导责任，坚定自觉地站到意识形态工作第一线，带头把方向、抓导向、管阵地、强队伍，牢牢掌握意识形态工作领导权、管理权、话语权。各地各部门要坚持齐抓共管，形成党的意识形态工作“一盘棋”格局。

目 录

第一章
南疆维吾尔族受众对主流媒体的接触现状

进入信息社会，媒介的发展在传播形式、传播内容、传播渠道等多个维度获得了更为多样的展现。从 10 万年前的语言传播时代到今天电子传播与网络传播交叠相生的信息社会，人类传播革命的步伐一直呈现出加速发展之势。这一趋势也促使受众在媒体接触与信息接收过程中有了多样化的选择途径，其主体性也在日常媒体使用中获得大幅提升。面对以报纸、广播、电视、网络为代表的主流媒体，受众依据媒体的不同属性对其进行接触。在接触过程中，亦受到如性别、年龄、职业、家庭所在地、受教育程度、国家通用语言文字水平等因素的干扰。我们主要选取新疆南疆维吾尔族受众对主流媒体，特别是对维吾尔语主流媒体的日常接触行为，从接触现状、媒体选择、所关注事件三个主要方面展开南疆维吾尔族受众媒体接触机制的研究。

第一节　受众接触

一、报纸

根据调查，南疆维吾尔族受众接触维吾尔语报纸的情况如下：

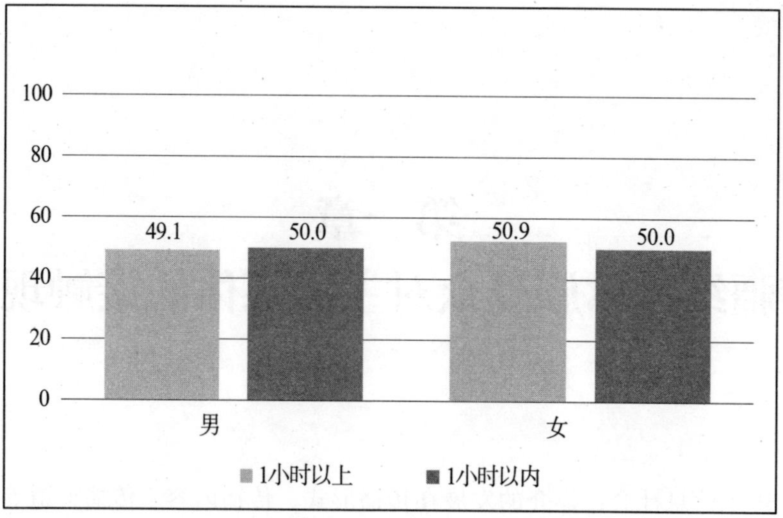

图 1-1-1　接触报纸时长的男女比例（单位：%）

从图 1-1-1 可以看出，在接触报纸 1 小时以上的南疆维吾尔族受众中，男性占 49.1%，女性占 50.9%；在接触报纸 1 小时以内的南疆维吾尔族受众中，男性与女性各占一半。

数据表明：南疆维吾尔族受众中男性和女性在接触报纸的时间长短上并无太大差异。

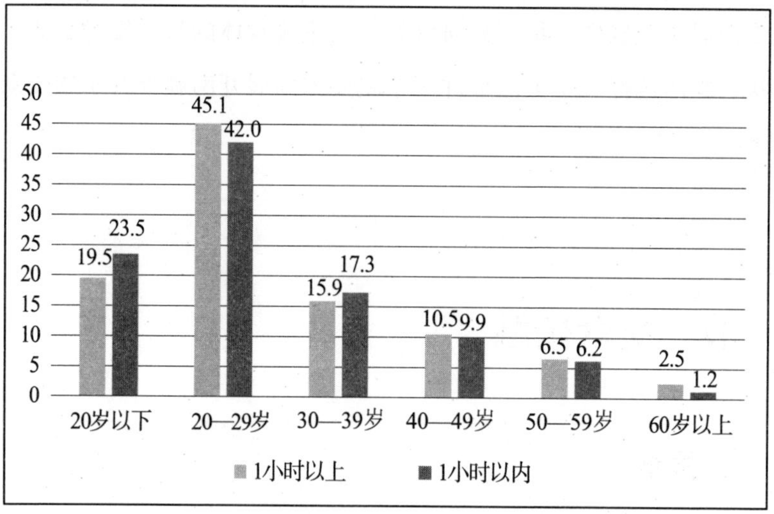

图 1-1-2　接触报纸时长的年龄比例（单位：%）

从图 1-1-2 可以看出，在南疆维吾尔族受众中，20—29 岁的受众接触报纸的时长最长，接触 1 小时以上与接触 1 小时以内分别达到 45.1% 和 42.0%；60 岁以上的受众接触报纸的时长最短，接触 1 小时以上与接触 1 小时以内分别达到 2.5% 和 1.2%。

数据表明：随着年龄的增长，接触报纸的时长逐渐增加，在 20—29 岁之间到达顶峰，随后逐渐下滑；20—29 岁这个年龄段的受众正值青年时期，接触前沿信息和新鲜事物的能力最强，随着年龄增长这种需求会逐渐降低。

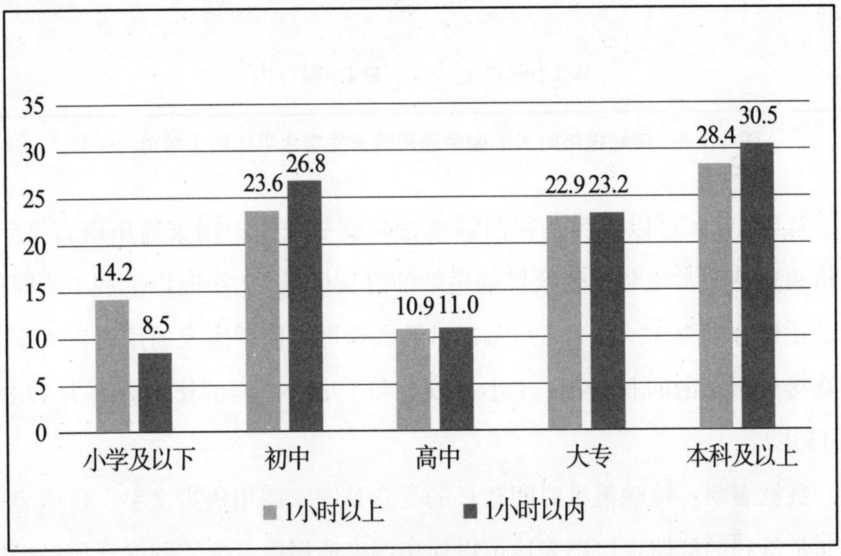

图 1-1-3　接触报纸时长的受教育程度比例（单位：%）

从图 1-1-3 可以看出，在南疆维吾尔族受众中，本科及以上教育程度的受众接触报纸的时长在 1 小时以上和 1 小时以内所占比例最大，分别为 28.4% 和 30.5%；小学及以下教育程度的受众接触报纸的时长最短，1 小时以上和 1 小时以内所占比例分别为 14.2% 和 8.5%。

数据表明：随着受教育程度的提高，受众接触报纸的时长呈逐渐上升趋势，且在初中阶段达到一个小高峰，接收的信息量大。

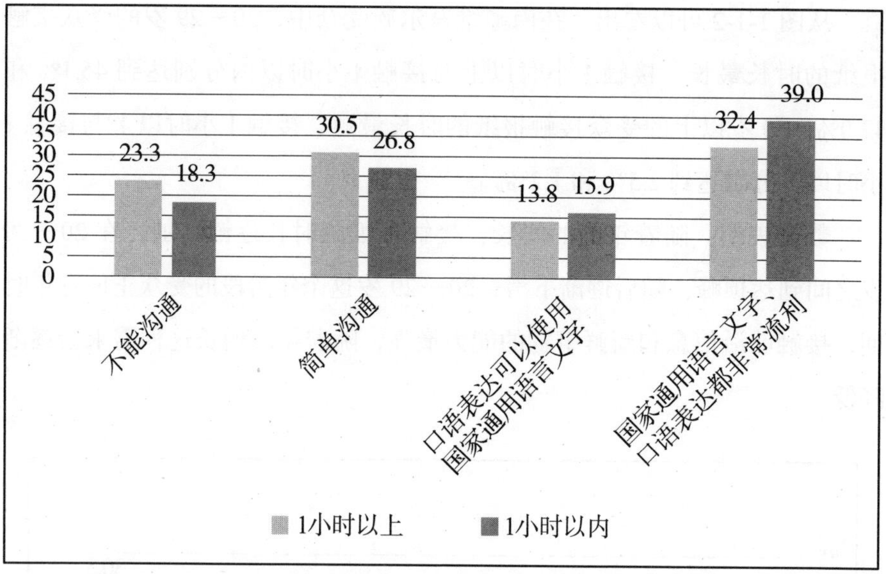

图 1-1-4　接触报纸时长的国家通用语言文字水平比例（单位：%）

从图 1-1-4 可以看出，在南疆维吾尔族受众中，国家通用语言文字、口语表达都非常流利的受众接触报纸的时长最长，1 小时以上和 1 小时以内的比例分别为 32.4% 和 39.0%；口语表达可以使用国家通用语言文字的受众接触报纸的时长最短，1 小时以上和 1 小时以内的比例分别为 13.8% 和 15.9%。

数据表明：接触报纸时间较长的受众是国家通用语言文字、口语表达都非常流利的群体，口语表达可以使用国家通用语言文字的受众接触报纸的时间较短，不能沟通的受众则更倾向于长时间接触报纸媒体。

二、广播

根据调查，南疆维吾尔族受众接触维吾尔语广播的情况如下：

从图 1-1-5 可以看出，在接触广播 1 小时以上的南疆维吾尔族受众中，男性占 49.5%，女性占 50.5%；在接触广播小于 1 小时的南疆维吾尔族受众中，男性占 48.9%，女性占 51.1%，女性更倾向于在短时间内接触广播。

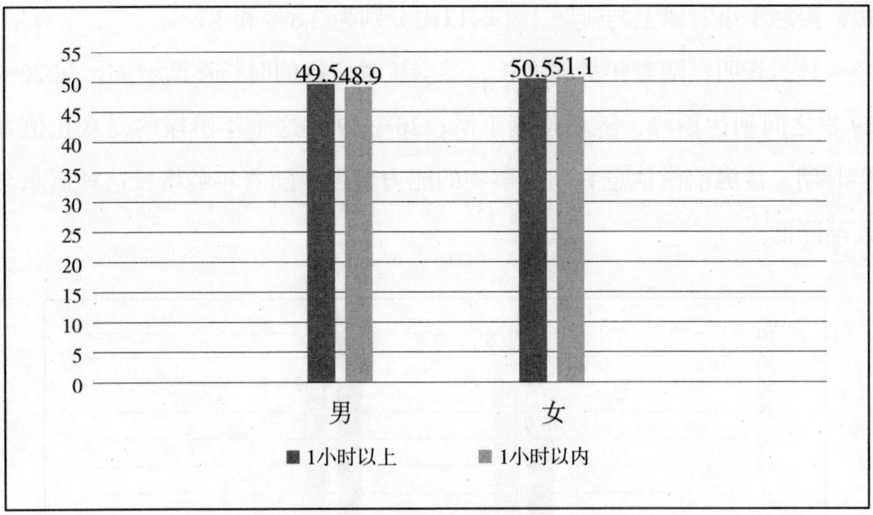

图 1-1-5　接触广播时长的男女比例（单位：%）

数据表明：南疆维吾尔族受众中男性和女性在接触广播的时间长短上存在差异，但差异不大。

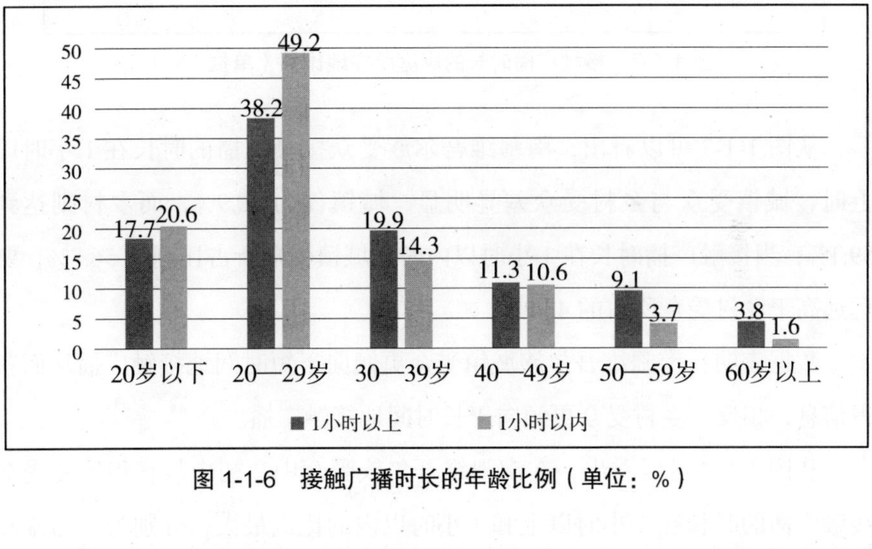

图 1-1-6　接触广播时长的年龄比例（单位：%）

从图 1-1-6 可以看出，在南疆维吾尔族受众中，20—29 岁的受众接触广播的时长最长，接触 1 小时以上与 1 小时以内的比例达到 38.2% 和 49.2%，且更倾向于短时间接触广播；60 岁以上的受众接触广播的时长最短，接触 1 小时以上与接触 1 小时以内分别为 3.8% 和 1.6%。

数据表明：随着年龄的增长，受众接触广播的时长逐渐增加，在 20—29 岁之间到达顶峰，随后逐渐下滑；20—29 岁这个年龄段的受众正值青年时期，接触前沿信息和新鲜事物的能力最强，随着年龄增长这种需求会逐渐降低。

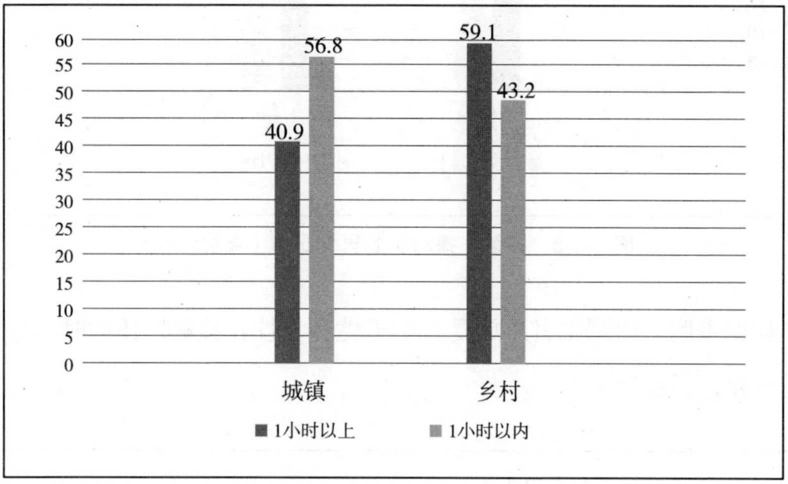

图 1-1-7　接触广播时长的家庭所在地比例（单位：%）

从图 1-1-7 可以看出，南疆维吾尔族受众接触广播的时长在 1 小时以上时，城镇受众与乡村受众差异明显，城镇仅为 40.9%，而乡村则达到 59.1%；当接触广播时长在 1 小时以内时，城镇受众所占比例为 56.8%，要远远高于乡村受众所占的 43.2%。

数据表明：南疆维吾尔族城镇受众更倾向于短时间地接触广播从而获得信息，相反，乡村受众更倾向于长时间地接触广播。

从图 1-1-8 可以看出，在南疆维吾尔族受众中，初中教育程度的受众接触广播的时长在 1 小时以上和 1 小时以内的比例最大，分别为 33.3% 和 17.6%；高中教育程度的受众接触广播的时长最短，1 小时以上和 1 小时以内所占比例分别为 5.9% 和 16.0%。值得注意的是，本科及以上教育程度的受众接触广播的时长达到一个峰值，1 小时以上和 1 小时以内所占比例分别为 20.4% 和 35.6%，且该类受众更倾向于短时间接触广播。

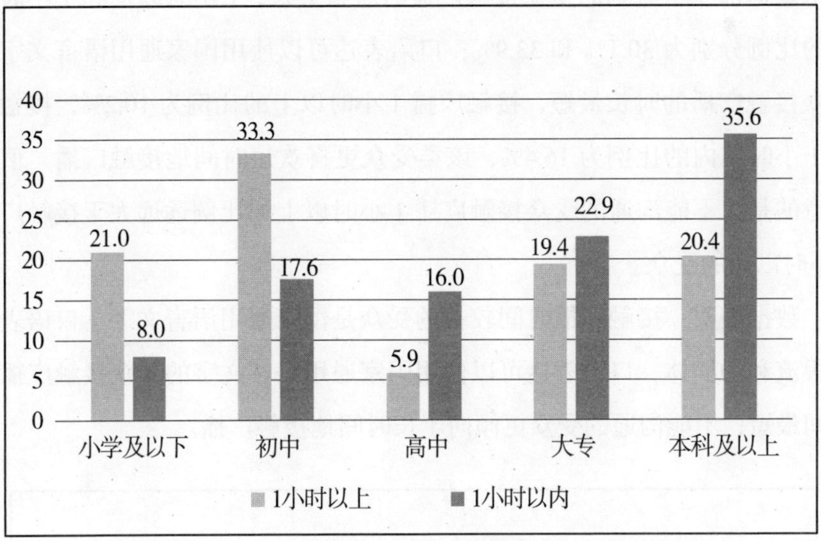

图 1-1-8　接触广播时长的受教育程度比例（单位：%）

数据表明：随着受教育程度的提高，受众接触广播的时长呈逐渐上升趋势，且在初中阶段达到一个高峰，接收的信息量大，但在高中阶段急速下滑。

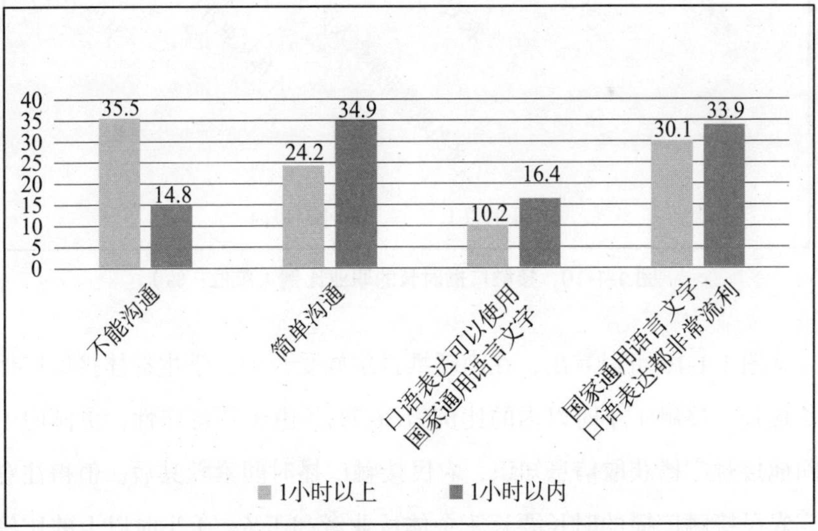

图 1-1-9　接触广播时长的国家通用语言文字水平比例（单位：%）

由图 1-1-9 可以看出，在南疆维吾尔族受众中，国家通用语言文字、口语表达都非常流利的受众接触广播的时长最长，1 小时以上和 1 小时以内的比例分别为 30.1% 和 33.9%；口语表达可以使用国家通用语言文字的受众接触广播的时长最短，接触广播 1 小时以上的比例为 10.2%，接触广播 1 小时以内的比例为 16.4%，该类受众更喜欢短时间地接触广播。值得注意的是，不能沟通的受众接触广播 1 小时以上的比例远远大于接触广播 1 小时以内的受众。

数据表明：接触广播时间较长的受众是国家通用语言文字、口语表达都很流利的群体，口语表达可以使用国家通用语言文字的受众接触广播的时间最短，不能沟通的受众更倾向于长时间地接触广播。

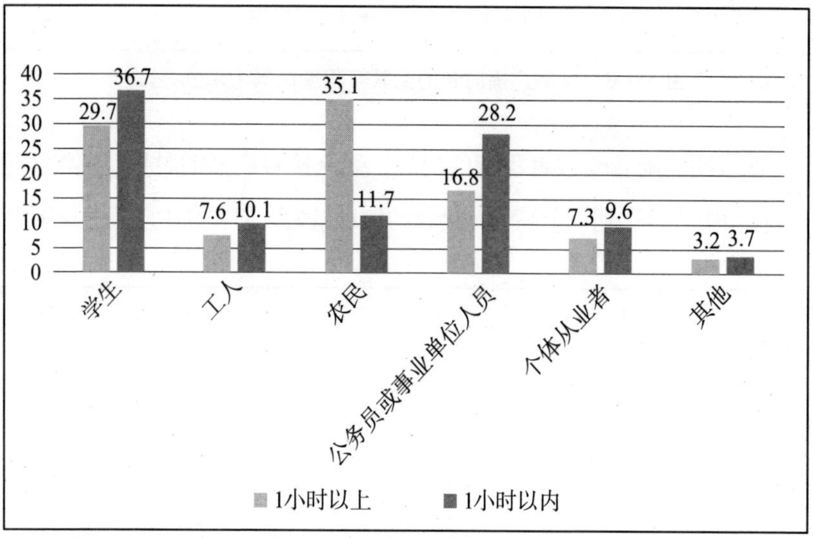

图 1-1-10 接触广播时长的职业比例（单位：%）

从图 1-1-10 可以看出，在南疆维吾尔族受众中，学生群体接触广播的时长最长，接触 1 小时以内的比例为 36.7%。由于其特殊性，更倾向于短时间地接触广播获取信息知识，农民接触广播时间紧随其后。值得注意的是，农民接触广播的时长要长于个体从业者和工人，1 小时以上的比例为 35.1%；个体从业者和公务员或事业单位人员更喜欢短时间地接触广播。

数据表明：接触广播时间最长的受众为学生，更倾向于短时间地接触广播，公务员或事业单位人员更倾向于短时间地接触广播，农民接触广播的时间多于工人和个体从业者，且更喜欢长时间地接触广播。

三、电视

根据调查，南疆维吾尔族受众接触维吾尔语电视的情况如下：

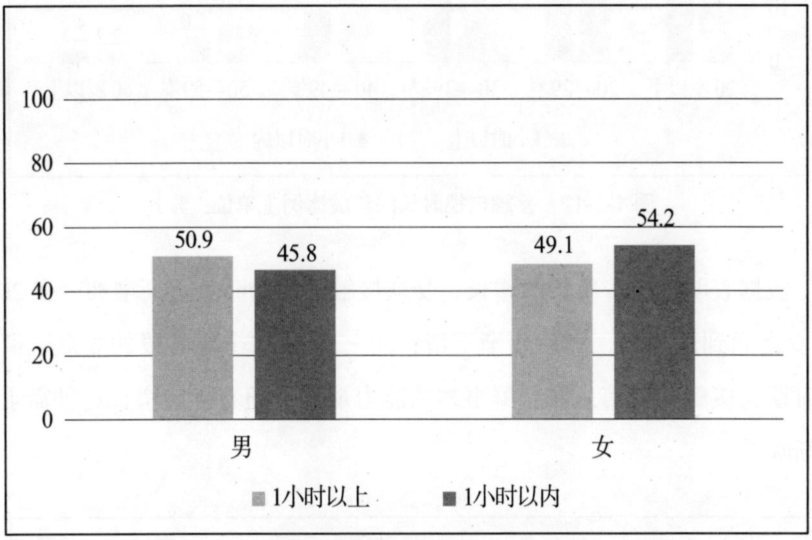

图 1-1-11　接触电视时长的男女比例（单位：%）

从图 1-1-11 可以看出，在接触电视 1 小时以上的南疆维吾尔族受众中，男性占 50.9%，女性占 49.1%；在接触电视小于 1 小时的南疆维吾尔族受众中，男性占 45.8%，女性占 54.2%，女性比例稍高于男性。

数据表明：南疆维吾尔族受众中男性和女性在接触电视的时间长短上基本平衡。

从图 1-1-12 可以看出，在南疆维吾尔族受众中，20—29 岁的受众接触电视的时长最长，接触 1 小时以上与接触 1 小时以内的比例分别达到 42.2% 和 49.2%；60 岁以上的受众接触电视的时长最短，分别为 2.2% 和 2.5%。

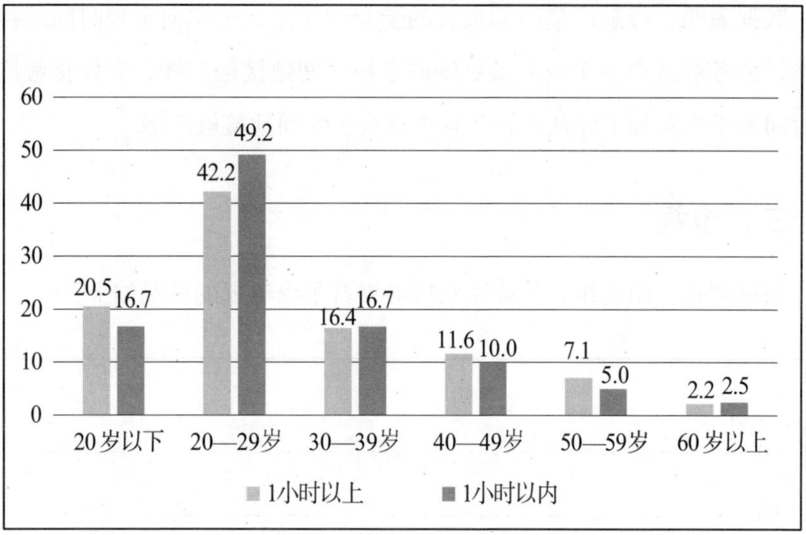

图 1-1-12　接触电视时长的年龄比例（单位：%）

数据表明：随着年龄的增长，受众接触电视的时长逐渐增加，在20—29岁之间到达顶峰，随后逐渐下滑；20—29岁这个年龄段的受众正值青年时期，接触前沿信息和新鲜事物的能力最强，随着年龄增长这种需求会逐渐降低。

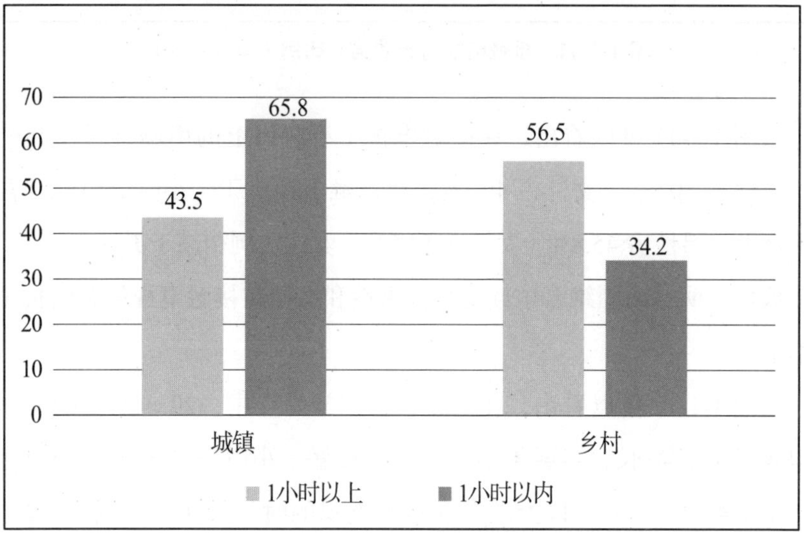

图 1-1-13　接触电视时长的家庭所在地比例（单位：%）

从图 1-1-13 可以看出，南疆维吾尔族受众接触电视时长在 1 小时以上时，城镇受众与乡村受众差异并不明显，分别达到 43.5% 和 56.5%；当接触时长在 1 小时以内时，城镇受众所占比例为 65.8%，要高于乡村受众所占的 34.2%。

数据表明：南疆维吾尔族城镇受众接触电视的时间要长于乡村受众。

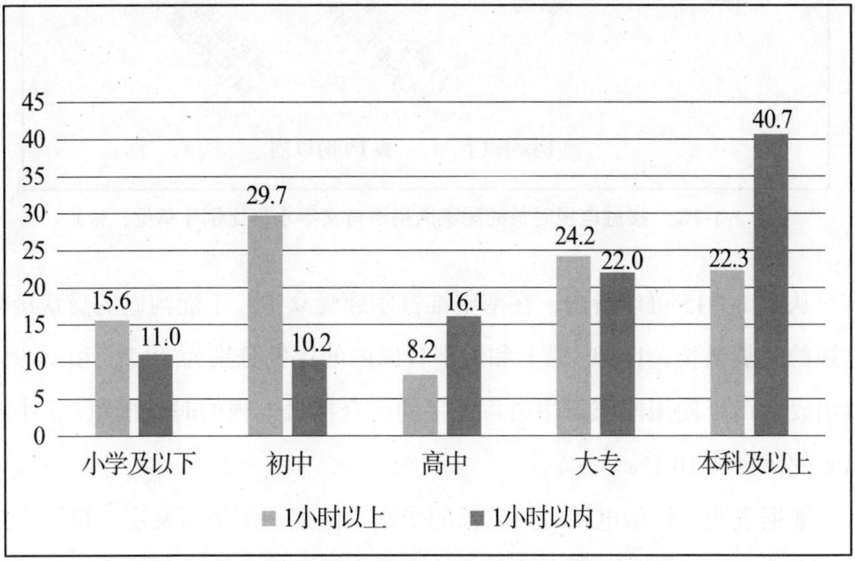

图 1-1-14　接触电视时长的受教育程度比例（单位：%）

从图 1-1-14 可以看出，在南疆维吾尔族受众中，初中教育程度的受众接触电视的时长在 1 小时以上的比例最大，为 29.7%；高中教育程度的受众接触电视的时长最短，1 小时以上的比例为 8.2%。值得注意的是，本科及以上教育程度的受众接触电视的时长达到一个峰值，1 小时以上和 1 小时以内的比例分别为 22.3% 和 40.7%。

数据表明：随着受教育程度的提高，受众接触电视的时长呈逐渐上升趋势，且在初中阶段达到一个高峰，接收的信息量大，但在高中阶段急速下滑。

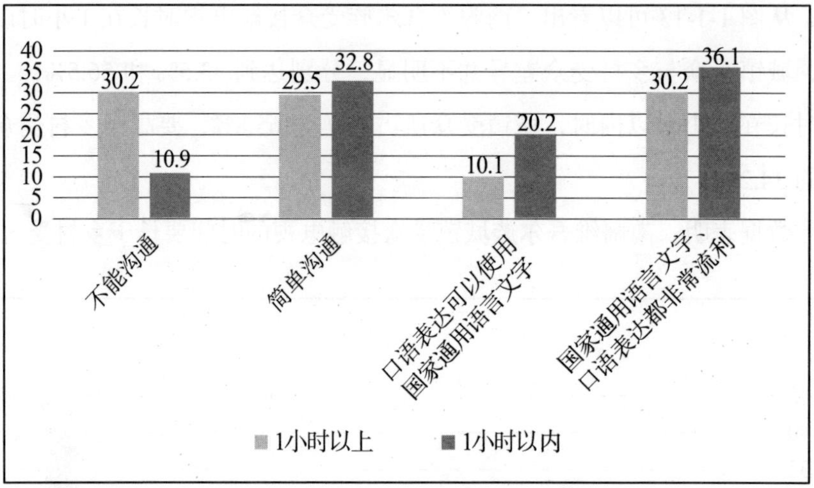

图 1-1-15　接触电视时长的国家通用语言文字水平比例（单位：%）

从图 1-1-15 可以看出，在南疆维吾尔族受众中，不能沟通的受众接触电视的时长最长，1 小时以上和 1 小时以内的比例分别为 30.2% 和 10.9%；口语表达可以使用国家通用语言文字的受众接触电视的时长最短，1 小时以上的比例为 10.1%。

数据表明：接触电视时间较长的受众是国家通用语言文字、口语表达都非常流利的群体；口语表达可以使用国家通用语言文字的受众接触电视的时间较短。

从图 1-1-16 可以看出，在南疆维吾尔族受众中，学生群体接触电视的时间最长，1 小时以上的比例为 33.7%，农民接触电视时间紧随其后。值得注意的是，农民群体接触电视的时间要长于个体从业者和工人，1 小时以上的比例为 29.6%；个体从业者和公务员或事业单位人员更喜欢短时间地看电视，而农民和学生更喜欢长时间地看电视。

数据表明：接触电视时间最长的受众为学生，更倾向于短时间地接触电视；公务员或事业单位人员更倾向于短时间地接触电视；农民接触电视的时间多于工人和个体从业者。

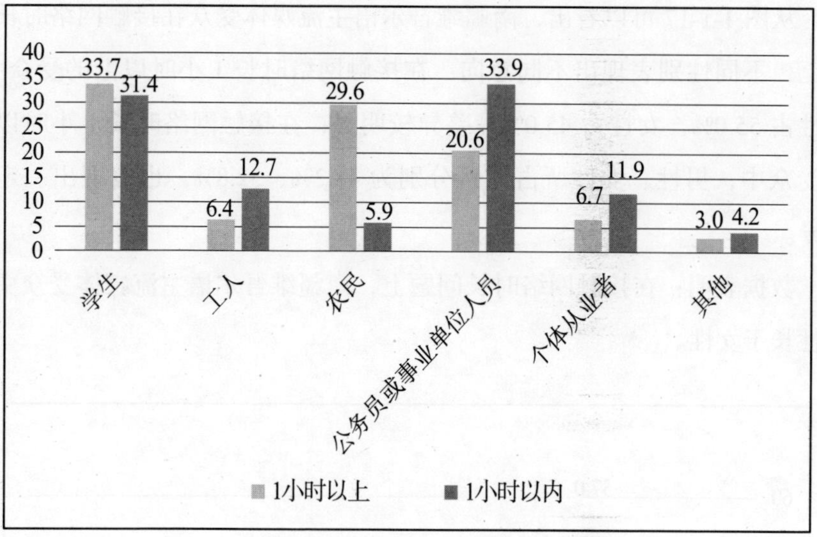

图 1-1-16　接触电视时长的职业比例（单位：%）

四、网络

根据调查，南疆维吾尔族受众接触维吾尔语网络的情况如下：

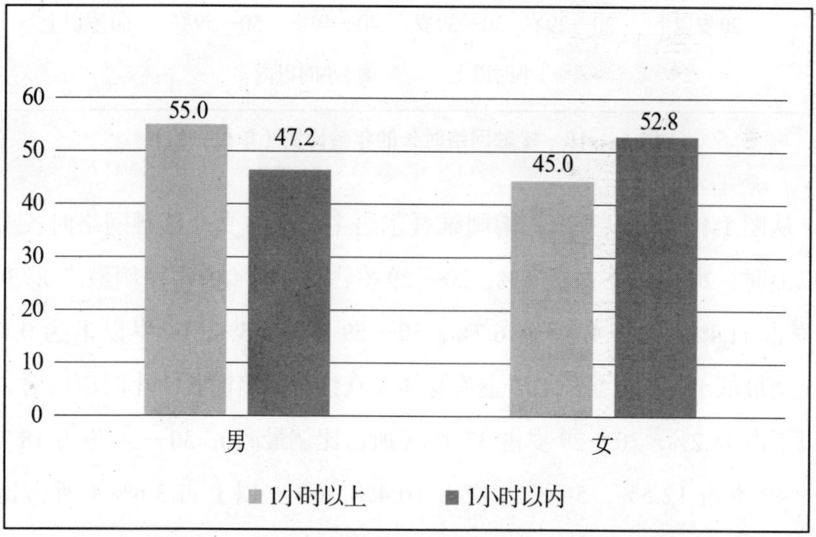

图 1-1-17　接触网络时长的男女比例（单位：%）

从图 1-1-17 可以看出，南疆维吾尔语主流媒体受众在接触网络时长问题上，不同性别表现出不同意向：在接触网络时长 1 小时以上的受众中，男性占 55.0%，女性占 45.0%，差异较明显；在接触网络时长 1 小时以内的受众中，男性、女性所占比例分别为 47.2%、52.8%，也表现出一定的差异。

数据表明：在接触网络时长问题上，南疆维吾尔语主流媒体受众中的男性长于女性。

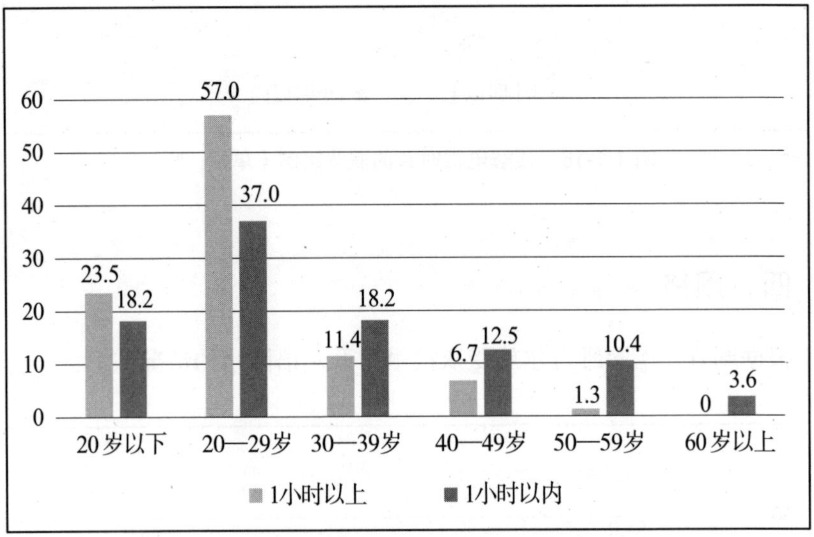

图 1-1-18　接触网络时长的年龄比例（单位：%）

从图 1-1-18 可以看出，南疆维吾尔语主流媒体受众接触网络时长 1 小时以上时，20 岁以下占 23.5%，20—29 岁占 57.0%（所占比例最高），30—39 岁占 11.4%，40—49 岁占 6.7%，50—59 岁占 1.3%，60 岁以上为 0（所占比例最低）；南疆维吾尔语主流媒体受众接触网络时长 1 小时以内时，20 岁以下占 18.2%，20—29 岁占 37.0%（所占比例最高），30—39 岁占 18.2%，40—49 岁占 12.5%，50—59 岁占 10.4%，60 岁以上占 3.6%（所占比例最低）。

数据表明：在南疆维吾尔语主流媒体受众中，接触网络时长 1 小时以上所占比例最高（57.0%）的为20—29岁的受众，而60岁以上的受众所占比例为0；接触网络时长1小时以内所占比例最高（37.0%）的依然是20—29岁的受众，比例最低的也是60岁以上的受众，比例为3.6%。

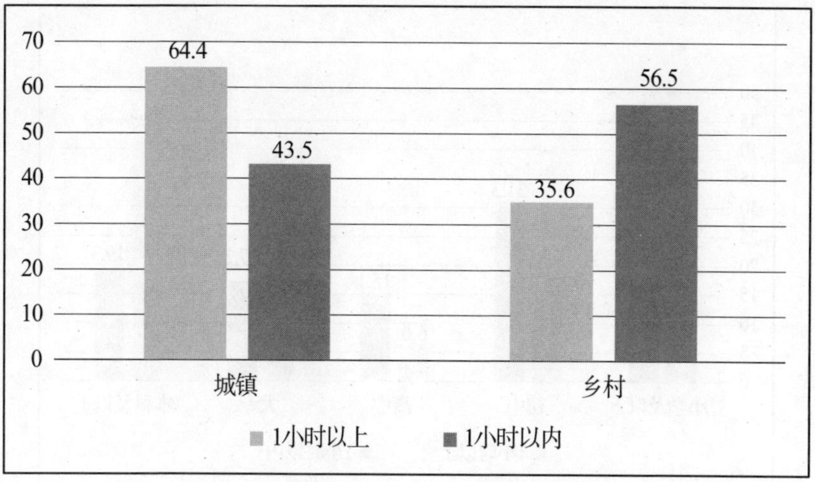

图1-1-19　接触网络时长的家庭所在地比例（单位：%）

从图1-1-19可以看出，南疆维吾尔语主流媒体受众家庭所在地不同，在接触网络时长问题上也表现出不同：在接触网络时长1小时以上的受众中，家庭所在地为城镇的占64.4%，家庭所在地为乡村的占35.6%，表现出非常大的差异；在接触网络时长1小时以内的受众中，城镇地区所占比例为43.5%，乡村地区所占比例为56.5%，也有较大差异。

数据表明：在接触网络时长1小时以上的南疆维吾尔语主流媒体受众中，城镇受众比例明显高于乡村受众比例；在接触网络时长1小时以内的南疆维吾尔语主流受众中，城镇受众比例低于乡村受众比例。

从图1-1-20可以看出，受教育程度不同的南疆维吾尔语主流媒体受众在接触网络时长上的表现也不同：在接触网络时长1小时以上的受众中，小学及以下教育程度的占6.7%，初中教育程度的占12.8%，高中教育程度的占6.0%（所占比例最低），大专教育程度的占30.2%，本科及以上教育程度的占44.3%（所占比例最高）；在接触网络时长1小时以内的受众中，小学及以下教育程度的占 17.2%，初中教育程度的占 31.3%（所占比例最高），高中教育程度的占 15.1%（所占比例最低），大专教育程度的占 17.2%，本科及以上教育程度的占 19.3%。

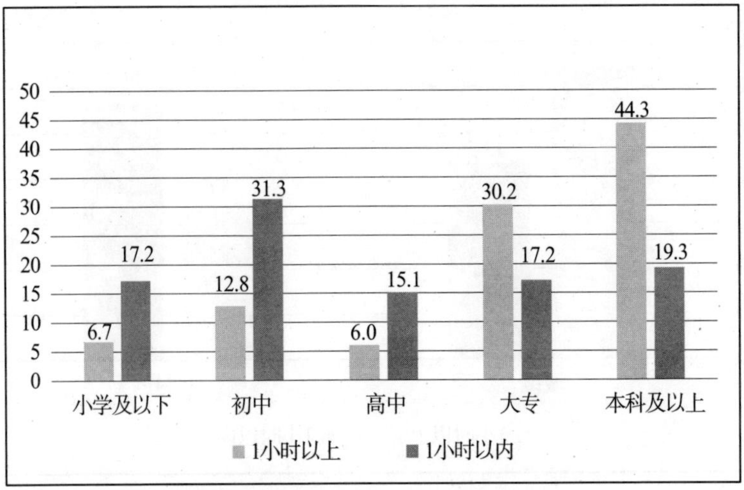

图 1-1-20　接触网络时长的受教育程度比例（单位：%）

数据表明：在接触网络时长 1 小时以上的受众中，受教育程度为本科及以上的受众所占比例最高，受教育程度为高中的受众所占比例最低；在接触网络时长 1 小时以内的受众中，受教育程度为初中的受众所占比例最高，受教育程度为高中的受众所占比例最低。

从图 1-1-21 可以看出，接触网络时长会因维吾尔语主流媒体受众国家通用语言文字水平的不同而有差异：在接触网络时长 1 小时以上的受众中，国家通用语言文字水平为不能沟通的受众比例为 10.1%（所占比例最低），国家通用语言文字水平为能简单沟通的受众比例为 25.5%，口语表达可以使用国家通用语言文字的受众比例为 12.8%，国家通用语言文字、口语表达都非常流利的受众比例为 51.7%（所占比例最高）；在接触网络时长 1 小时以内的受众中，国家通用语言文字水平为不能沟通的受众比例为 30.2%，国家通用语言文字水平为能简单沟通的受众比例为 31.3%（所占比例最高），口语表达可以使用国家通用语言文字的受众比例为 16.1%（所占比例最低），国家通用语言文字、口语表达都非常流利的受众比例为 22.4%。

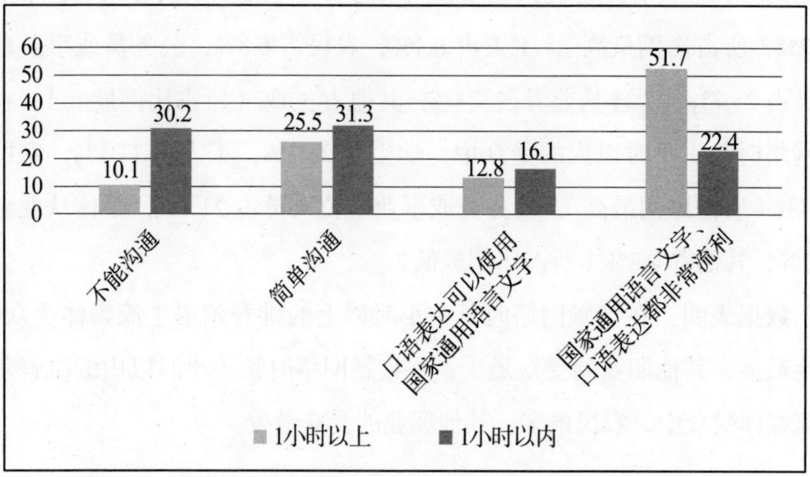

图 1-1-21　接触网络时长的国家通用语言文字水平比例（单位：%）

数据表明：在接触网络时长 1 小时以上的维吾尔语主流媒体受众中，国家通用语言文字、口语表达都非常流利的受众最多，不能沟通的受众最少；在接触网络时长 1 小时以内的维吾尔语主流媒体受众中，简单沟通的受众最多，口语表达可以使用国家通用语言文字的受众最少。

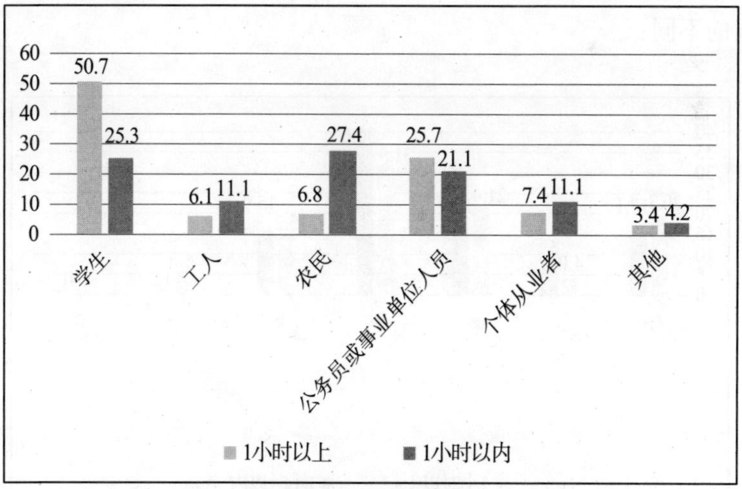

图 1-1-22　接触网络时长的职业比例（单位：%）

从图 1-1-22 可以看出，不同职业的南疆维吾尔语主流媒体受众在接触网络时长上具有差异性：在接触网络时长 1 小时以上的受众中，学生占 50.7%（所占比例最高），工人占 6.1%，农民占 6.8%，公务员或事业单位人员占 25.7%，个体从业者占 7.4%，其他占 3.4%（所占比例最低）；在接触网络时长 1 小时以内的受众中，学生占 25.3%，工人占 11.1%，农民占 27.4%（所占比例最高），公务员或事业单位人员占 21.1%，个体从业者占 11.1%，其他占 4.2%（所占比例最低）。

数据表明：在接触网络时长 1 小时以上的维吾尔语主流媒体受众中，学生最多，其他职业的受众最少；在接触网络时长 1 小时以内的维吾尔语主流媒体受众中，农民最多，其他职业的受众最少。

第二节　媒体接触

媒体自身性质决定了不同属性的南疆维吾尔族受众接触不同类型的维吾尔语主流媒体的情况有所不同，主要表现为接触时长、原因、目的等主要因素的不同：

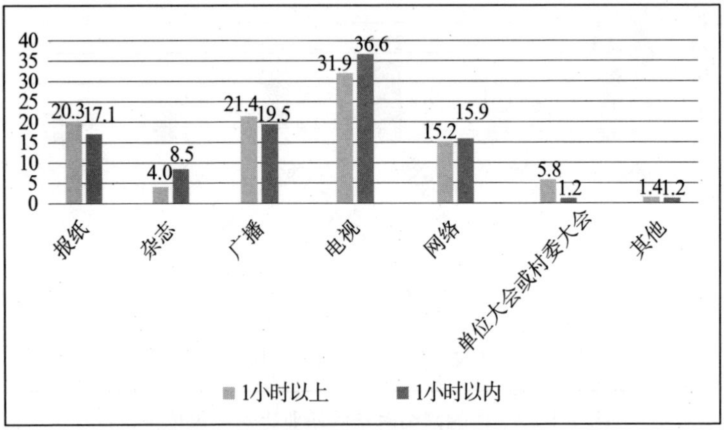

图 1-2-1　了解新闻渠道的比例（单位：%）

从图 1-2-1 可以看出，从电视接触新闻的南疆维吾尔族受众最多，1 小时以上和 1 小时以内的比例分别为 31.9% 和 36.6%，且长时间从电视接触新闻的受众较多，广播次之，报纸紧随其后，网络渠道高于杂志。

数据表明：受众长时间接触新闻的主要渠道是电视，较多的受众更倾向于短时间接触电视；接触报纸的受众更倾向于长时间阅读报纸，而受众接触杂志的时间大大减少。

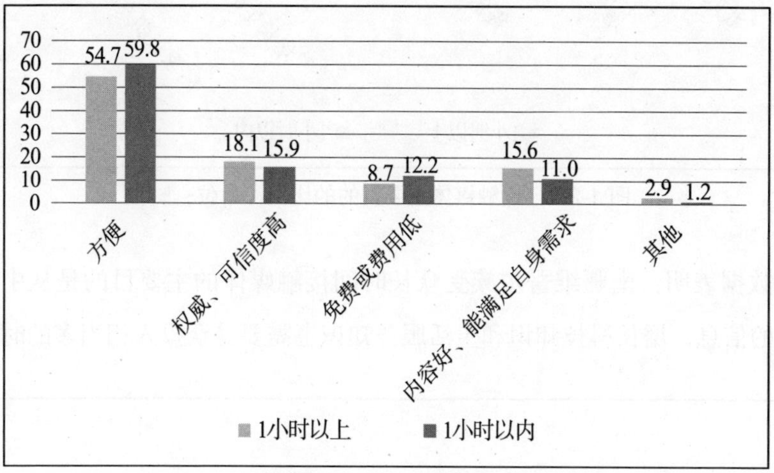

图 1-2-2　选择媒体方式原因的比例（单位：%）

从图 1-2-2 可以看出，方便成为南疆维吾尔族受众选择新闻渠道最重要的标准，1 小时以上和 1 小时以内的比例分别为 54.7% 和 59.8%；以免费或费用低为选择标准的受众更愿意短时间接触媒体；以权威、可信度高或内容好、能满足自身需求为选择标准的受众则偏重长时间接触媒体。

数据表明：受众长时间接触媒体的原因是该媒体为之提供了方便。

从图 1-2-3 可以看出，在南疆维吾尔族受众中，以获取有用信息为主要目的的受众接触媒体的时间最长，1 小时以上和 1 小时以内的比例分别为 73.3% 和 65.9%，以陪家长朋友收听或收看为目的的受众接触媒体的时间最短。值得注意的是，南疆维吾尔族受众在接触媒体以达到某种目的时，1 小时以上比 1 小时以内的比例大。

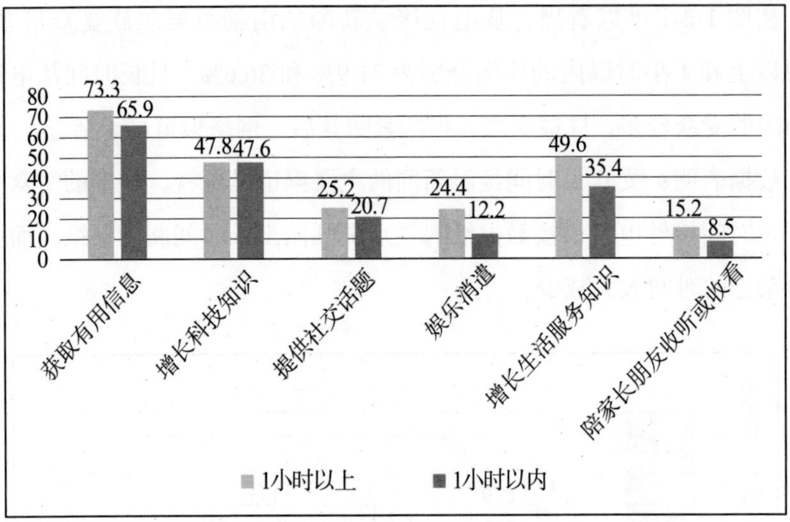

图 1-2-3　接触媒体主要目的的比例（单位：%）

数据表明：南疆维吾尔族受众长时间接触媒体的主要目的是从中获取有用的信息，增长科技知识和生活服务知识也需要受众投入相当多的时间。

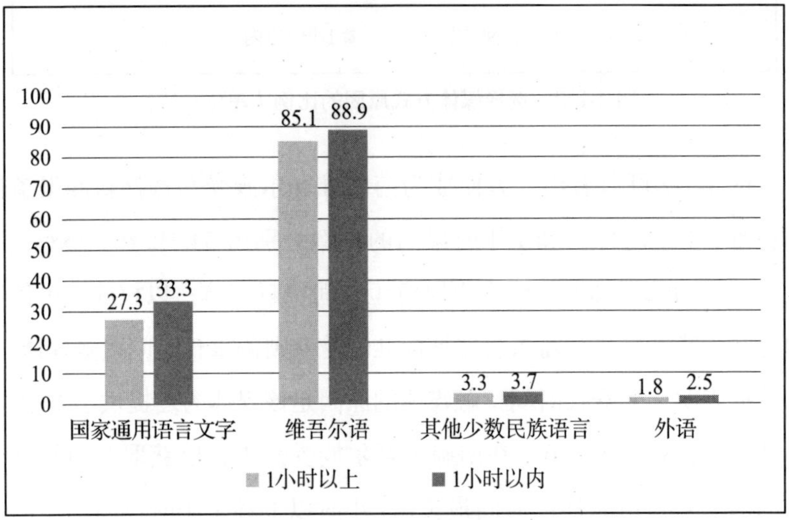

图 1-2-4　接触报纸使用语言的比例（单位：%）

从图 1-2-4 可以看出，南疆维吾尔族受众接触报纸时使用维吾尔语的最多，1 小时以上和 1 小时以内的比例分别为 85.1% 和 88.9%；使用外语的最少；使用国家通用语言文字的 1 小时以上和 1 小时以内的比例分别为 27.3% 和 33.3%。

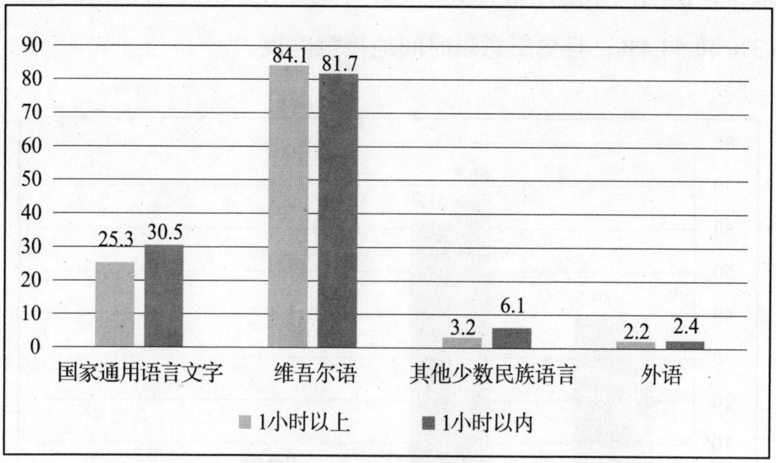

图 1-2-5　接触广播使用语言的比例（单位：%）

从图 1-2-5 可以看出，南疆维吾尔族受众接触广播时使用维吾尔语的最多，1 小时以上和 1 小时以内的比例分别为 84.1% 和 81.7%；使用外语的最少；使用国家通用语言文字的 1 小时以上和 1 小时以内的比例分别为 25.3% 和 30.5%，且更喜欢短时间地接触广播。

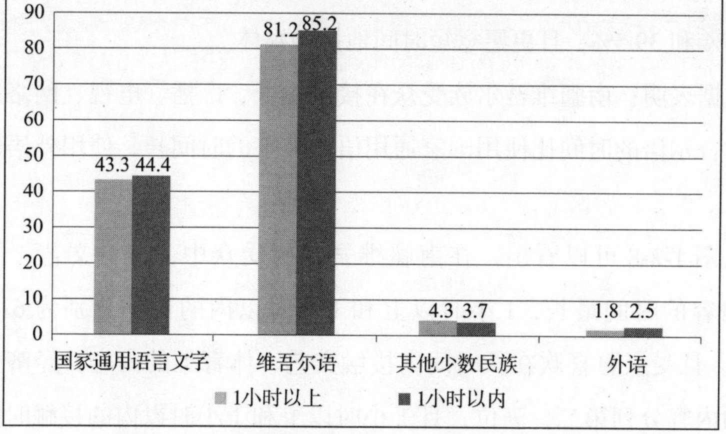

图 1-2-6　接触电视使用语言的比例（单位：%）

从图 1-2-6 可以看出，南疆维吾尔族受众在接触电视时使用维吾尔语的最多，1 小时以上和 1 小时以内的比例分别为 81.2% 和 85.2%；使用外语的最少；使用国家通用语言文字的 1 小时以上和 1 小时以内的比例分别为 43.3% 和 44.4%，且更愿意短时间地接触电视。

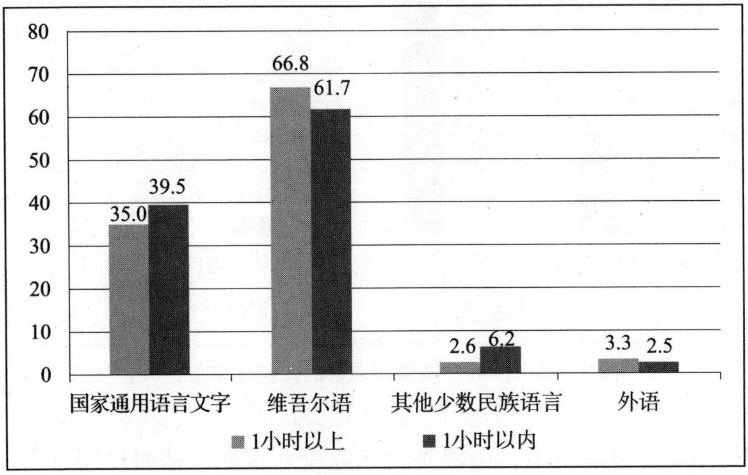

图 1-2-7　接触网络使用语言的比例（单位：%）

从图 1-2-7 可以看出，南疆维吾尔族受众在接触网络时使用维吾尔语的最多，1 小时以上和 1 小时以内的比例分别为 66.8% 和 61.7%；使用外语的最少；使用国家通用语言文字的 1 小时以上和 1 小时以内的比例分别为 35.0% 和 39.5%，且更愿意短时间地接触媒体。

数据表明：南疆维吾尔族受众在接触报纸、广播、电视、网络媒体时使用维吾尔语的时间比使用国家通用语言文字的时间长，使用外语的时间最短。

从图 1-2-8 可以看出，在南疆维吾尔族受众中，接触文艺、体育类信息内容的时间最长，1 小时以上和 1 小时以内的比例分别为 61.8% 和 56.1%，且受众更喜欢在长时间内接触文艺、体育类的内容；经济类和政治类的内容分列第二、三位，且 1 小时以上和 1 小时以内的接触时间比例并无太大差异。

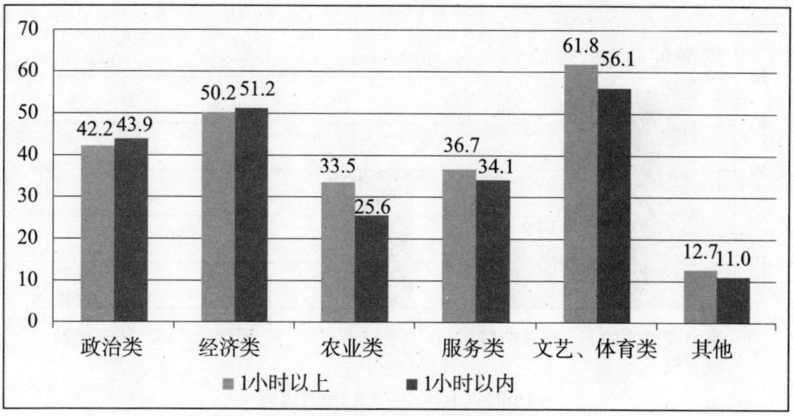

图 1-2-8　接触感兴趣信息内容的比例（单位：%）

数据表明：南疆维吾尔族受众更倾向于长时间接触文艺、体育类的内容，其次是经济类和政治类的内容，接触时间最少的是其他内容。

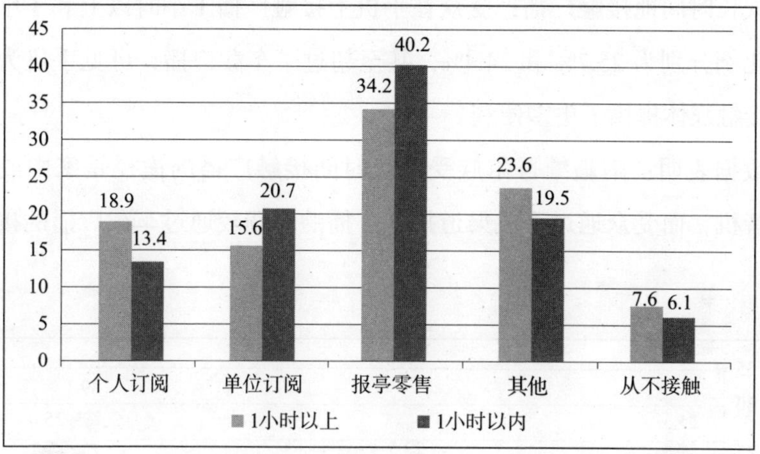

图 1-2-9　接触报纸途径的比例（单位：%）

从图 1-2-9 可以看出，在南疆维吾尔族受众中，从报亭购买报纸的受众接触报纸的时间最长，1 小时以上和 1 小时以内的比例分别为 34.2% 和 40.2%，且此类受众更喜欢短时间地接触报纸；通过其他方式（电子报刊、手机报等）接触报纸的受众明显增加，且接触时间较长。

数据表明：南疆维吾尔族受众长时间接触报纸的途径是报亭零售。

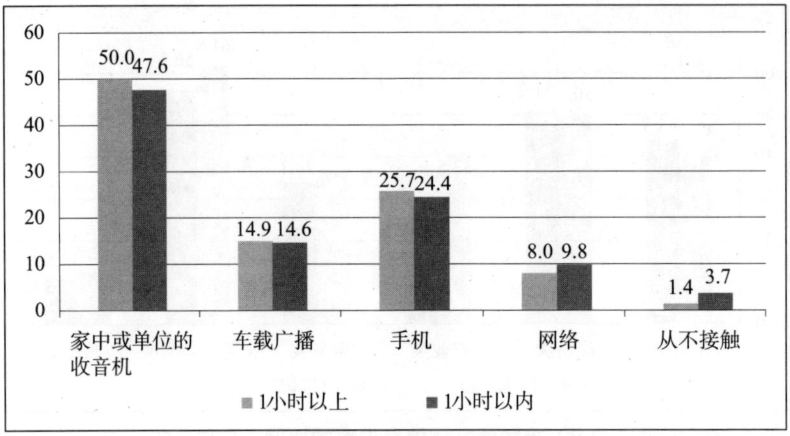

图 1-2-10　接触广播途径的比例（单位：%）

从图 1-2-10 可以看出，南疆维吾尔族受众大多通过家中或单位的收音机接触广播，1 小时以上和 1 小时以内的比例分别为 50.0% 和 47.6%，且更喜欢长时间地接触广播；受众在手机上接触广播 1 小时以上和 1 小时以内的比例分别为 25.7% 和 24.4%，甚至超过了车载广播，可见手机为受众日常接触媒体提供了更多便利。

数据表明：南疆维吾尔族受众长时间接触广播的途径是家中或单位的收音机，而受众通过手机渠道接触广播的时间较通过车载广播的接触时间长。

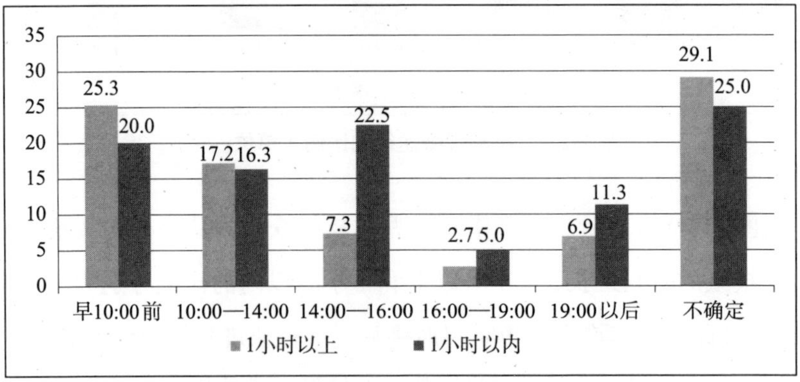

图 1-2-11　接触报纸主要时段的比例（单位：%）

从图 1-2-11 可以看出，大多数南疆维吾尔族受众在接触报纸的时间不确定，1 小时以上和 1 小时以内的比例分别为 29.1% 和 25.0%；早 10:00 前接触报纸的受众明显增多，而 16:00—19:00 接触报纸的受众则减少，1 小时以上和 1 小时以内的比例分别为 2.7% 和 5.0%。

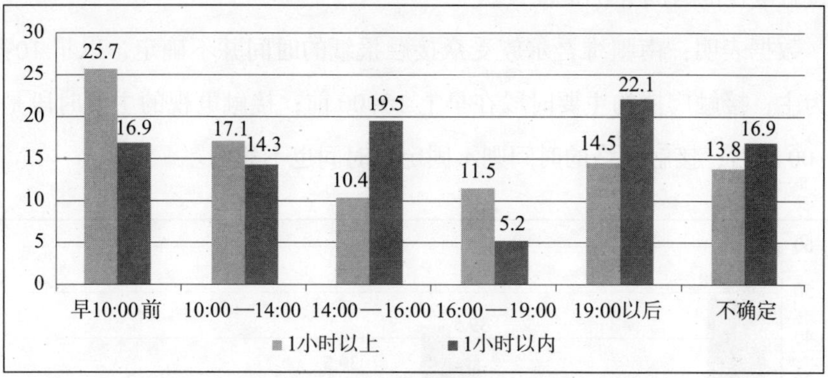

图 1-2-12 接触广播主要时段的比例（单位：%）

从图 1-2-12 可以看出，大多数南疆维吾尔族受众喜欢在早 10:00 前接触广播，1 小时以上和 1 小时以内的比例分别为 25.7% 和 16.9%，且更倾向于 1 小时以上；在 16:00—19:00 之间接触广播的受众最少，且下午和晚上时段更倾向于 1 小时以内。

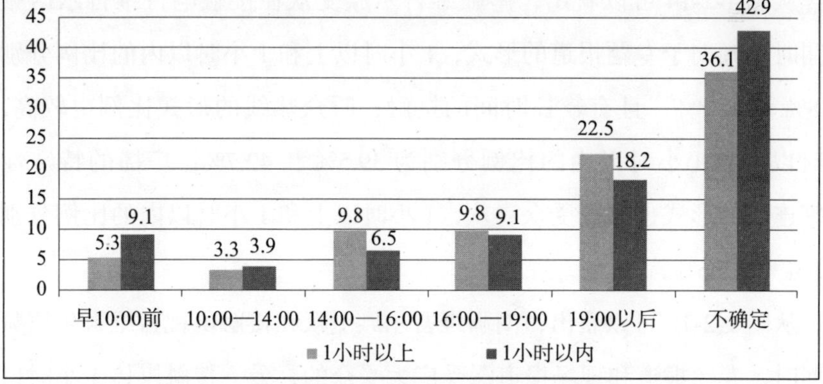

图 1-2-13 接触电视主要时段的比例（单位：%）

从图 1-2-13 可以看出，大多数南疆维吾尔族受众在接触电视的时间并不确定，1 小时以上和 1 小时以内的比例分别为 36.1% 和 42.9%，且接触电视的时间往往较短；在 19:00 之后接触电视的时长会达到一个小高峰，1 小时以上和 1 小时以内的比例分别为 22.5% 和 18.2%；其余时间段内，受众接触电视的时间并不是很长。

数据表明：南疆维吾尔族受众接触报纸的时间并不确定，以早 10:00 前为主；接触广播的主要时段在早上 10:00 前；接触电视的主要时段是在 19:00 以后；接触网络的时间则不固定，时间也不集中。

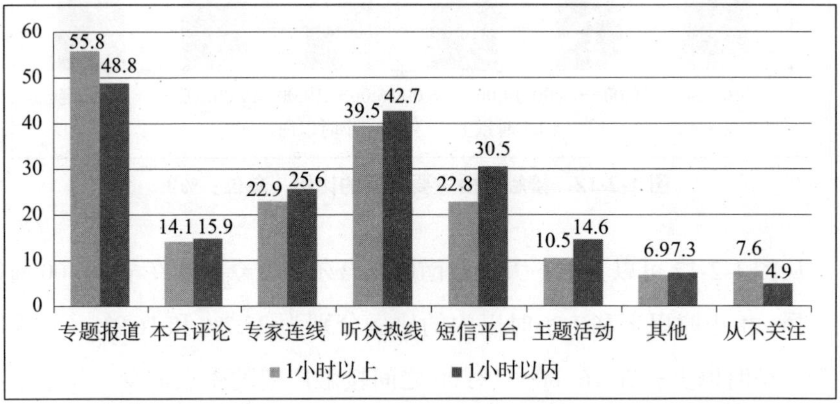

图 1-2-14　接触广播维吾尔语频道新闻形式的比例（单位：%）

从图 1-2-14 可以看出，南疆维吾尔族受众在接触电台维吾尔语频道新闻时更倾向于专题报道的形式，1 小时以上和 1 小时以内的比例分别为 55.8% 和 48.8%，且有较长时间的接触；听众热线的形式比例也较高，1 小时以上和 1 小时以内的比例分别为 39.5% 和 42.7%；广播的特殊性使专家连线的形式也颇受受众喜欢，1 小时以上和 1 小时以内的比例分别为 22.9% 和 25.6%。

从图 1-2-15 可以看出，南疆维吾尔族受众在接触电视台维吾尔语频道新闻时，专题报道和现场报道深受广大受众的喜爱，接触媒体 1 小时以上和 1 小时以内的比例分别达到 58.3% 和 48.1%、50.7% 和 45.7%，受众明显更习惯长时间接触电视台维吾尔语频道；从不关注的受众接触媒体 1 小时以上和 1 小时以内的比例仅占 4.7% 和 7.4%。

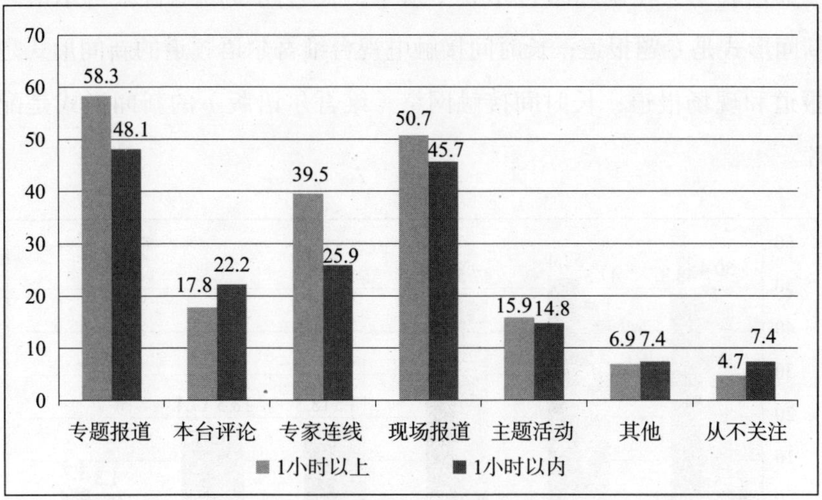

图 1-2-15　接触电视台维吾尔语频道新闻形式的比例（单位：%）

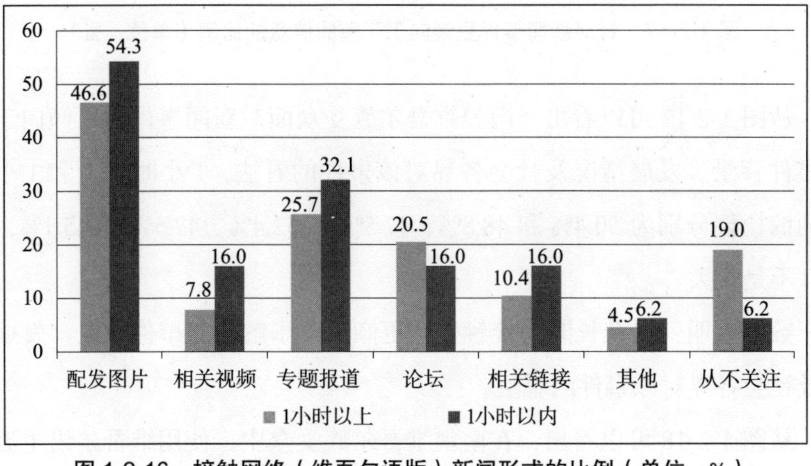

图 1-2-16　接触网络（维吾尔语版）新闻形式的比例（单位：%）

从图 1-2-16 可以看出，南疆维吾尔族受众接触网络（维吾尔语版）时，大多数受众对配发图片比较感兴趣，1 小时以上和 1 小时以内的比例分别为 46.6% 和 54.3%，且更倾向于在较短时间内接触其配发的图片，专题报道的接触紧随其后；受众对论坛的接触1小时以上和1小时以内的比例分别达到20.5%和16.0%，更倾向于在较长时间内接触论坛。

数据表明：在南疆维吾尔族受众中，长时间接触电台维吾尔语频道的新闻形式是专题报道；长时间接触电视台维吾尔语频道的新闻形式是专题报道和现场报道；长时间接触网络（维吾尔语版）的新闻形式是配发图片。

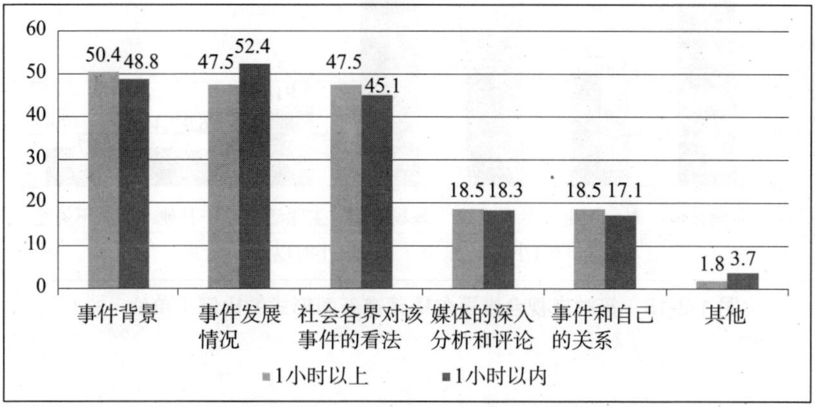

图1-2-17　针对新闻事件更倾向于了解的信息的比例（单位：%）

从图1-2-17可以看出，南疆维吾尔族受众面对新闻事件时更倾向于了解事件背景、发展情况及社会各界对该事件的看法，1小时以上和1小时以内的比例分别为50.4%和48.8%、47.5%和52.4%、47.5%和45.1%，差异并不是太大。

数据表明：受众长时间接触媒体更倾向于了解新闻事件背景、发展情况及社会各界对该事件的看法。

从图1-2-18可以看出，在南疆维吾尔族受众中，使用维吾尔语主流媒体基本满足信息需求的受众占多数，接触1小时以上和1小时以内的比例分别为54.5%和42.7%，且该群体的受众更倾向于长时间地接触媒体；不能满足信息需求的受众占少数，接触1小时以上和1小时以内的比例分别为11.3%和20.7%，该群体受众更倾向于短时间地接触媒体。

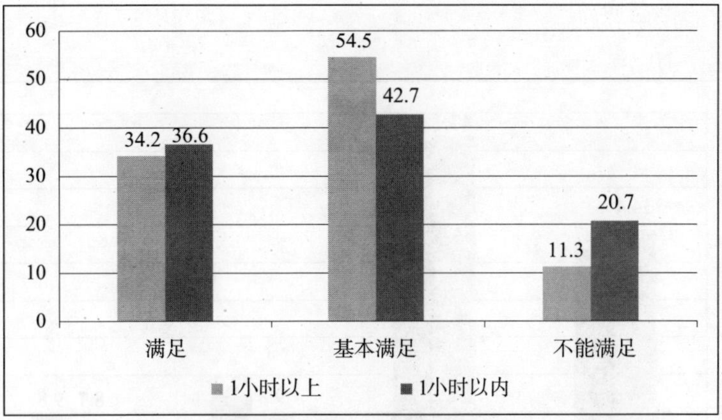

图 1-2-18　维吾尔语主流媒体满足信息需求的比例（单位：%）

数据表明：受众长时间接触维吾尔语主流媒体，基本满足信息需求。

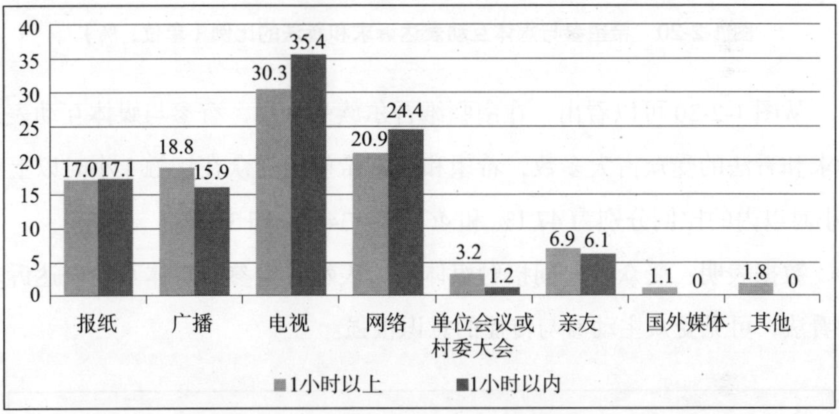

图 1-2-19　遇到重大新闻事件时最信任信息渠道的比例（单位：%）

从图 1-2-19 可以看出，当遇到重大新闻事件时，南疆维吾尔族受众最信任的信息获取渠道是电视，接触 1 小时以上和 1 小时以内的比例分别为 30.3% 和 35.4%，且多数受众更倾向于短时间地接触电视；信任网络的受众接触 1 小时以上和 1 小时以内的比例分别达到 20.9% 和 24.4%；紧随其后的是广播、报纸。

数据表明：当遇到重大新闻事件时，南疆维吾尔族受众会长时间接触媒体，其中最信任的信息获取渠道是电视，接触网络的时间要长于广播、报纸等。

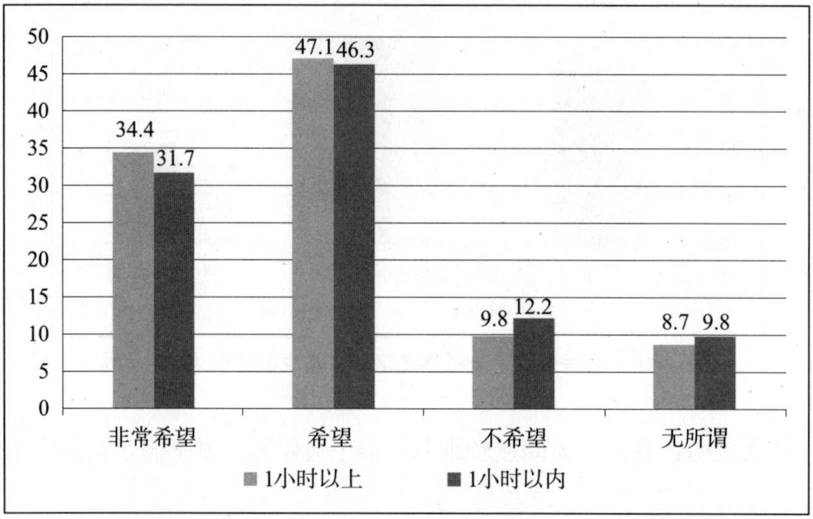

图 1-2-20　希望参与媒体互动表达诉求和看法的比例（单位：%）

从图 1-2-20 可以看出，在南疆维吾尔族受众中，有参与媒体互动表达诉求和看法的受众占大多数，希望和非常希望的受众在接触 1 小时以上和 1 小时以内的比例分别为 47.1% 和 46.3%、34.4% 和 31.7%。

数据表明：受众长时间接触媒体后，表示希望参与媒体互动表达诉求和看法，可见受众主动参与传播的意识很强。

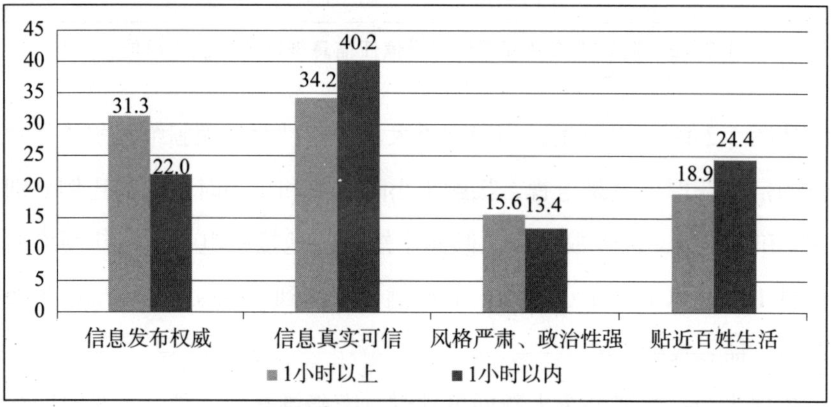

图 1-2-21　主流媒体与都市类媒体比较（单位：%）

从图 1-2-21 可以看出，南疆维吾尔族受众认为，主流媒体与都市类媒体相比较最显著的特点是信息真实可信，接触主流媒体的时间 1 小时以上和 1 小时以内的比例分别为 34.2% 和 40.2%，大多数更倾向于在短时间内接触媒体；而认为媒体信息发布权威的受众接触主流媒体 1 小时以上和 1 小时以内的比例也达到 31.3% 和 22.0%，更倾向于长时间接触媒体。

数据表明：受众长时间接触媒体，认为主流媒体与都市类媒体相比较最显著的特点是信息真实可信。

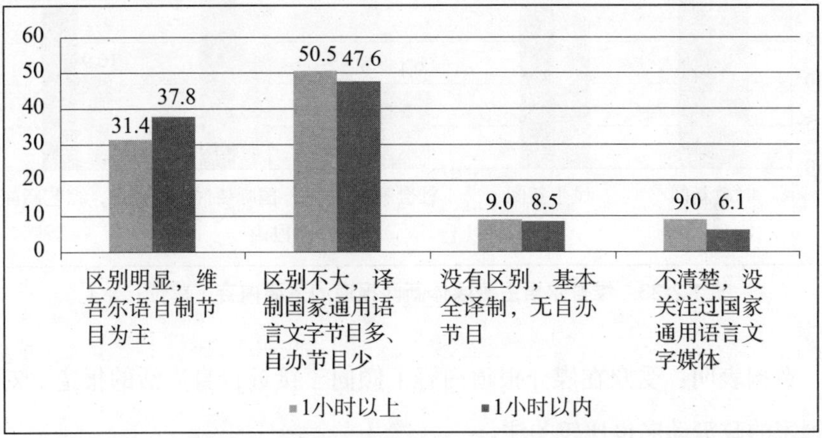

图 1-2-22　维吾尔语媒体与国家通用语言文字媒体比较（单位：%）

从图 1-2-22 可以看出，大多数南疆维吾尔族受众在接触维吾尔语媒体时认为译制国家通用语言文字节目多、自办节目少，接触 1 小时以上和 1 小时以内的比例分别为 50.5% 和 47.6%，进而认为维吾尔语媒体与国家通用语言文字媒体之间区别不大；但也有受众认为区别明显，接触 1 小时以上和 1 小时以内的比例分别为 31.4% 和 37.8%。

数据表明：受众长时间接触媒体，认为维吾尔语媒体与国家通用语言文字媒体相比较而言区别不大，维吾尔语节目译制国家通用语言文字节目多，而自办节目相对较少。

从图 1-2-23 可以看出，南疆维吾尔族受众认为维吾尔语主流媒体新闻报道应主要报道民生新闻居多，接触 1 小时以上和 1 小时以内的比例分别为 31.3% 和 24.4%，且接触媒体 1 小时以上的受众较多；认为应主要报道时政新闻的受众紧随其后，接触 1 小时以上和 1 小时以内的比例分别为 29.1% 和 25.6%；认为应主要报道社会新闻的受众比例最小，接触 1 小时以上和 1 小时以内的比例分别为 9.1% 和 9.8%。

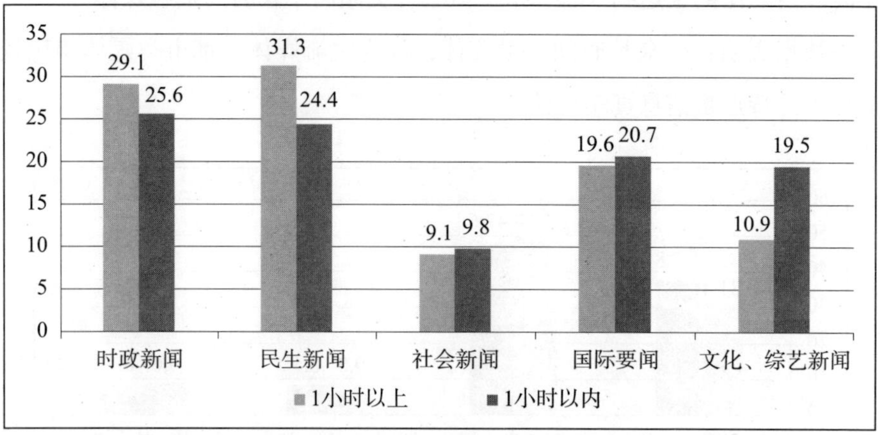

图 1-2-23 维吾尔语主流媒体新闻报道的主要内容（单位：%）

数据表明：受众在媒介报道内容上倾向于接近自身生活的报道，对党和国家的政策动向也比较关注。

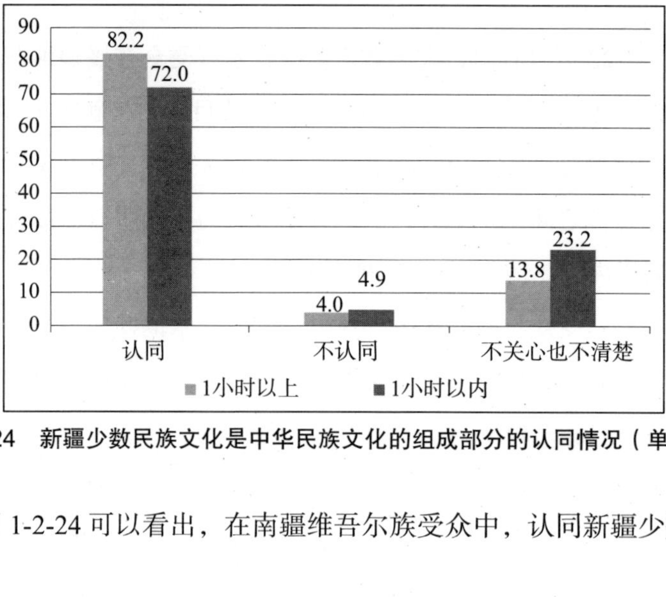

图 1-2-24 新疆少数民族文化是中华民族文化的组成部分的认同情况（单位：%）

从图 1-2-24 可以看出，在南疆维吾尔族受众中，认同新疆少数民族文化是中华民族文化的组成部分的受众比例最大，接触 1 小时以上和 1 小时以内的比例为 82.2% 和 72.0%，而不认同的受众比例很小。

数据表明：在南疆维吾尔族受众心中，少数民族文化是中华民族文化不可分割的一部分，少数民族是中华民族大团结不可分割的一部分。

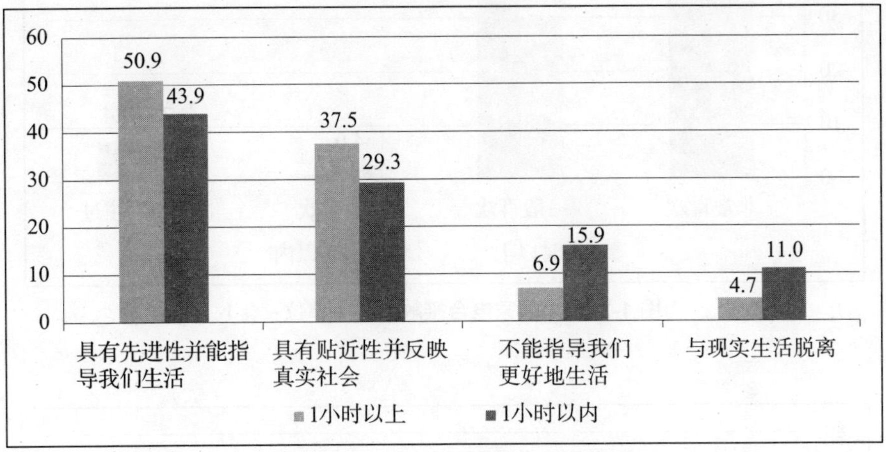

图 1-2-25　维吾尔语主流媒体传播的文化特点（单位：%）

从图 1-2-25 可以看出，南疆维吾尔族受众中绝大部分认为维吾尔语主流媒体传播的文化具有先进性并能指导我们生活，接触 1 小时以上和 1 小时以内的比例为 50.9% 和 43.9%，且该类群体喜欢在 1 小时以上接触主流媒体；认为维吾尔语主流媒体传播的文化具有贴近性并反映真实社会的特点的受众也更喜欢长时间地接触主流媒体；而认为传播的文化不能指导我们更好地生活且与现实生活脱离的受众则较少地接触主流媒体。

数据表明：要想赢得维吾尔族受众的青睐，维吾尔语主流媒体必须从受众的切身需求出发，抓住自身优势，以发挥核心竞争力的能动效力。

从图 1-2-26 可以看出，南疆维吾尔族受众对于国家电台的接触态度中，非常喜欢的受众在 1 小时以上和 1 小时以内的比例达到 58.2% 和 56.8%，比例较均衡，而不喜欢或者从未关注过的受众则极少主动接触媒体。

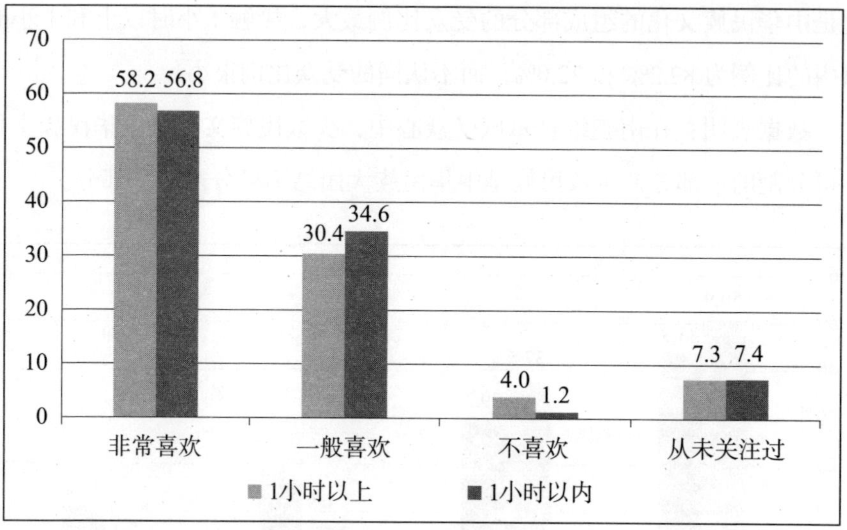

图 1-2-26　国家电台接触态度（单位：%）

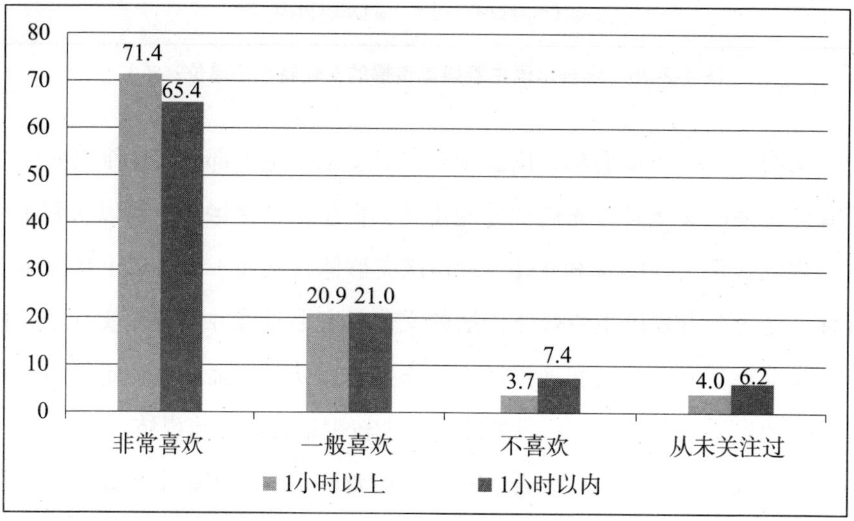

图 1-2-27　国家电视台接触态度（单位：%）

从图 1-2-27 可以看出，国家电视台整体上还是很受南疆维吾尔族受众喜欢的，接触 1 小时以上和 1 小时以内的比例达到 71.4% 和 65.4%，且大多数受众比较倾向于长时间地接触媒体，而不喜欢或者从未关注过的受众则极少主动接触媒体。

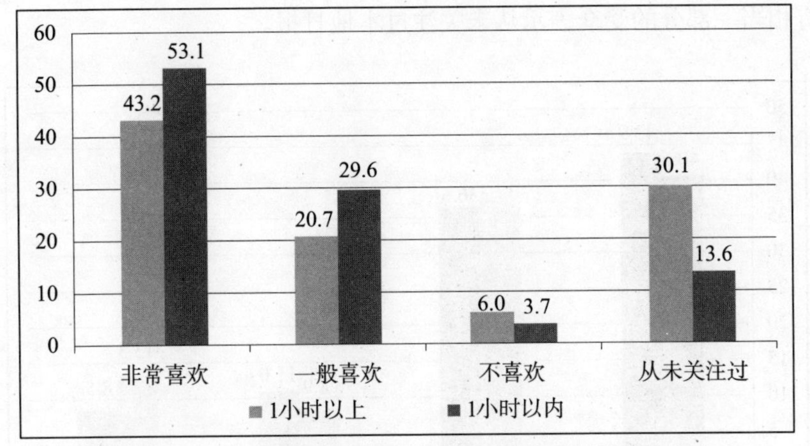

图 1-2-28　本地网络（维吾尔语版）接触态度（单位：%）

从图 1-2-28 可以看出，本地网络（维吾尔语版）在南疆维吾尔族受众中建立了较广泛的受众群体，由于其特殊性，大多数喜欢本地网络的受众更倾向于在短时间内接触网站、浏览信息等。其中，有相当一部分的受众表示从未关注过本地网络，如天山网。

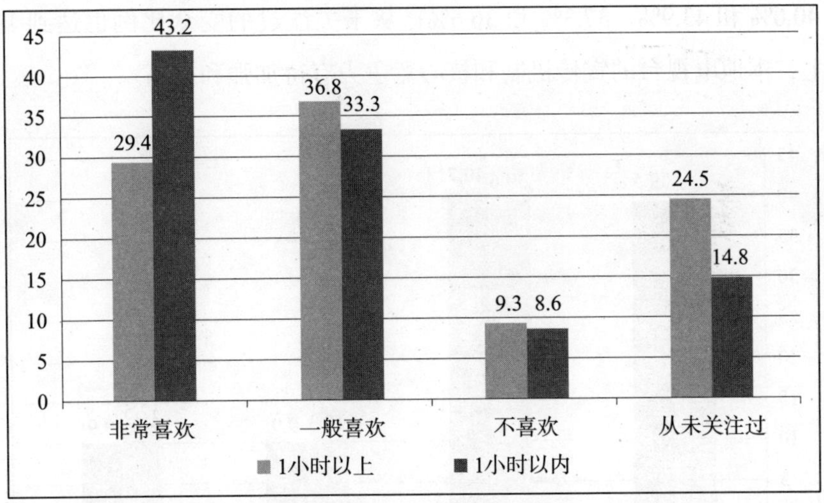

图 1-2-29　本地日报接触态度（单位：%）

从图 1-2-29 可以看出，本地日报在南疆维吾尔族受众中的影响力不是很大，非常喜欢的受众表示更倾向于在短时间内对信息进行搜索和浏览，更有相当一部分的受众表示从未关注过本地日报。

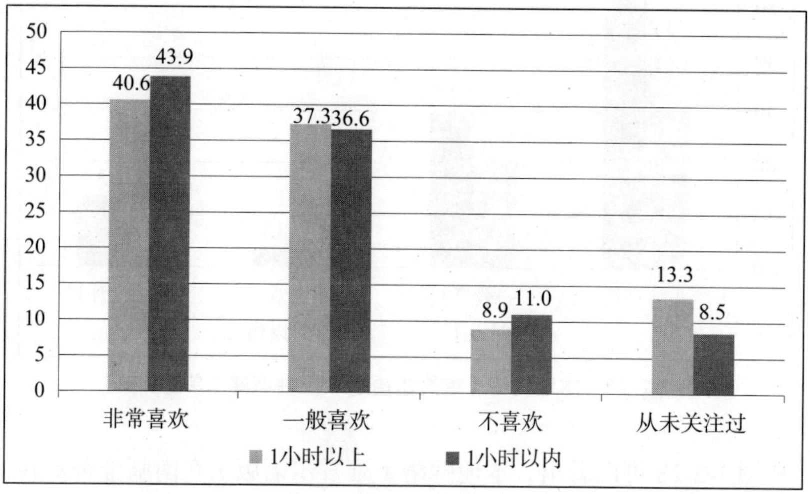

图 1-2-30　本地电视台接触态度（单位：%）

从图 1-2-30 可以看出，本地电视台在南疆维吾尔族受众中的影响较为广泛，非常喜欢和一般喜欢的受众接触 1 小时以上和 1 小时以内的比例达到 40.6% 和 43.9%、37.3% 和 36.6%；从未关注过的受众比例也达到 10% 以上，本地电视台的宣传机制和核心竞争力有待加强和提高。

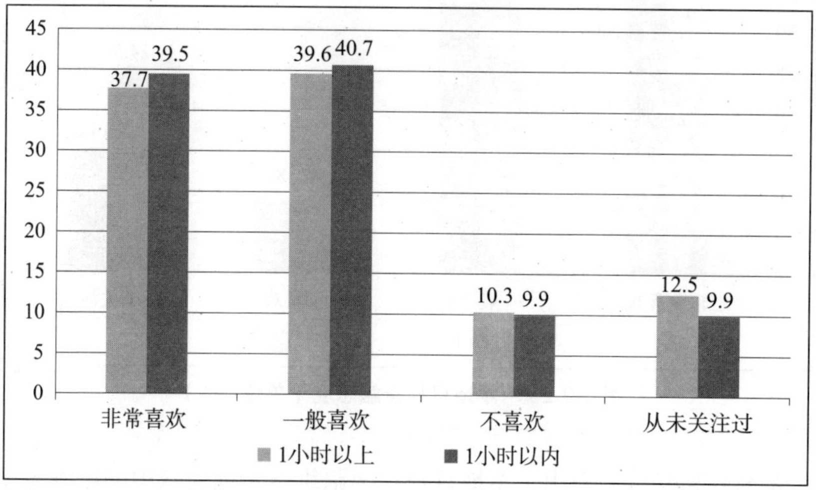

图 1-2-31　本地电台接触态度（单位：%）

从图 1-2-31 可以看出，南疆维吾尔族受众接触本地电台的态度较为积极，整体表现出较为喜欢的态度，受众更倾向于在短时间内接触电台，而不喜欢、不关注的受众接触比例也达到 10% 以上。

第三节　信息接触

对维吾尔语主流报纸所设置重要议题的了解程度可以具体反映出受众对其的日常接触情况：

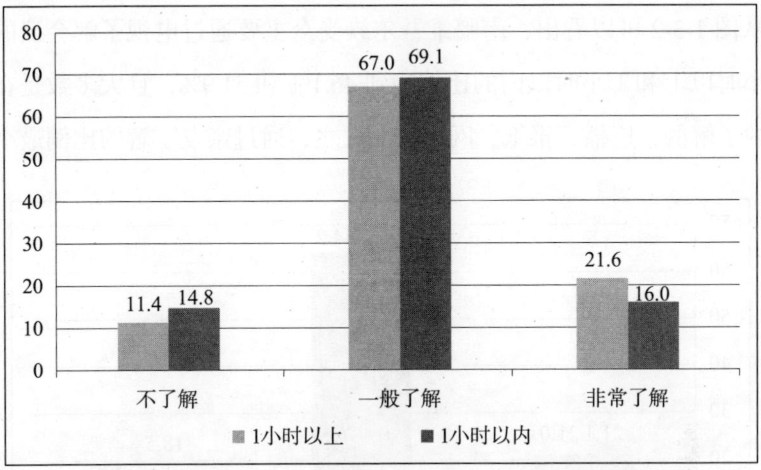

图 1-3-1　中央第二次新疆工作会议的了解程度（单位：%）

从图 1-3-1 可以看出，南疆维吾尔族受众对 2014 年中央第二次新疆工作会议的了解程度一般，接触 1 小时以上和 1 小时以内的比例达到 67.0% 和 69.1%，非常了解的受众接触 1 小时以上和 1 小时以内的比例达到 21.6% 和 16.0%，可见了解详细的受众多数倾向于长时间接触媒体。

数据表明：受众在传播过程中的主体地位在提高，对于媒体的报道更愿意加入自身的想法。

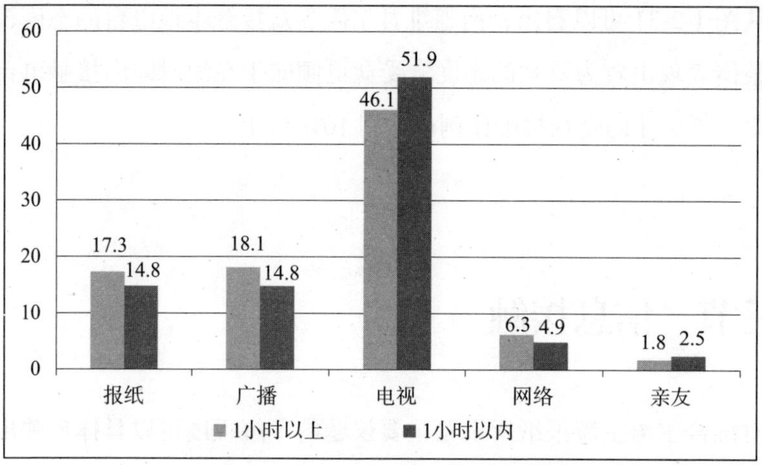

图 1-3-2　中央第二次新疆工作会议的了解渠道（单位：%）

从图 1-3-2 可以看出，南疆维吾尔族受众主要通过电视了解会议的，接触 1 小时以上和 1 小时以内的比例达到 46.1% 和 51.9%，且大多数是在 1 小时以内了解的，广播、报纸、网络依次次之，通过亲友了解的比例最小。

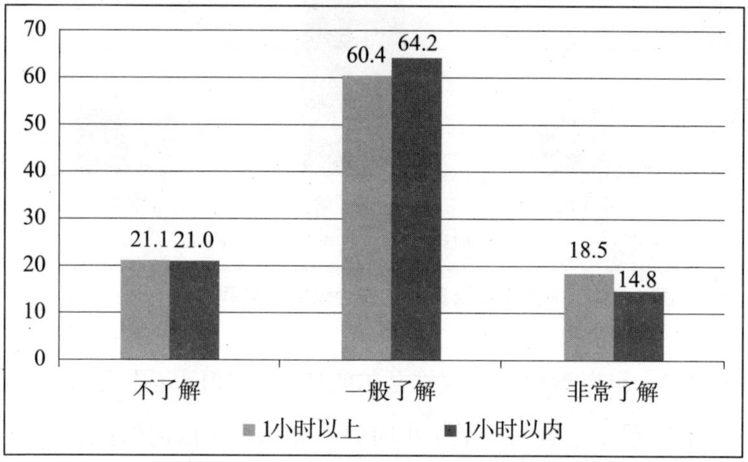

图 1-3-3　新疆维吾尔自治区第九次党代会的了解程度（单位：%）

从图 1-3-3 可以看出，南疆维吾尔族受众对新疆维吾尔自治区第九次党代会的了解程度一般，接触 1 小时以上和 1 小时以内的比例达到 60.4% 和 64.2%，且大多数受众是在 1 小时以内了解的，可以看出非常了解的受众更倾向于长时间地接触媒体。

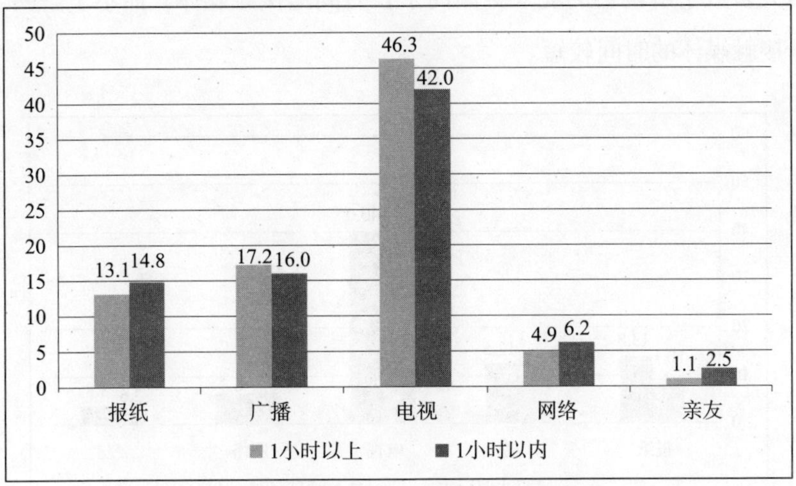

图 1-3-4　新疆维吾尔自治区第九次党代会的了解渠道（单位：%）

从图 1-3-4 可以看出，南疆维吾尔族受众主要是通过电视了解会议的，接触 1 小时以上和 1 小时以内的比例达到 46.3% 和 42.0%，且大多数是在 1 小时以上了解的，说明该次会议在受众心目中的重要地位，广播、报纸、网络依次次之，通过亲友了解的比例最小。

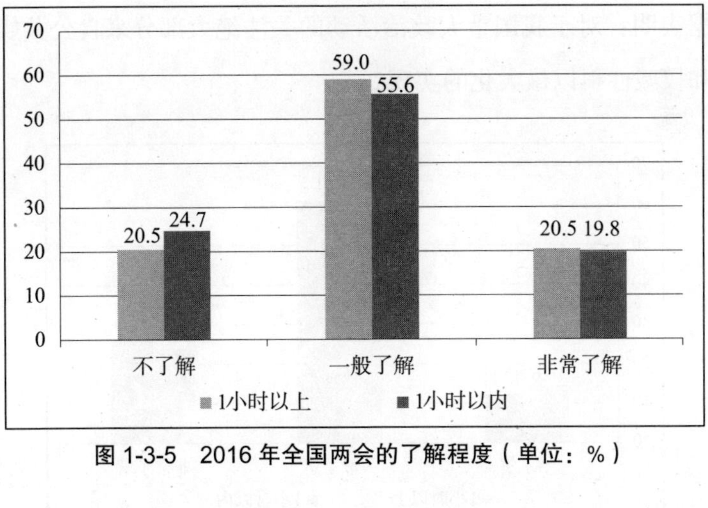

图 1-3-5　2016 年全国两会的了解程度（单位：%）

从图 1-3-5 可以看出，南疆维吾尔族受众对 2016 年全国两会的了解程度一般，接触 1 小时以上和 1 小时以内的比例达到 59.0% 和 55.6%，可以看出大多数了解两会的受众更倾向于长时间地接触媒体，而不了解两会的受众接触媒体的时间较短。

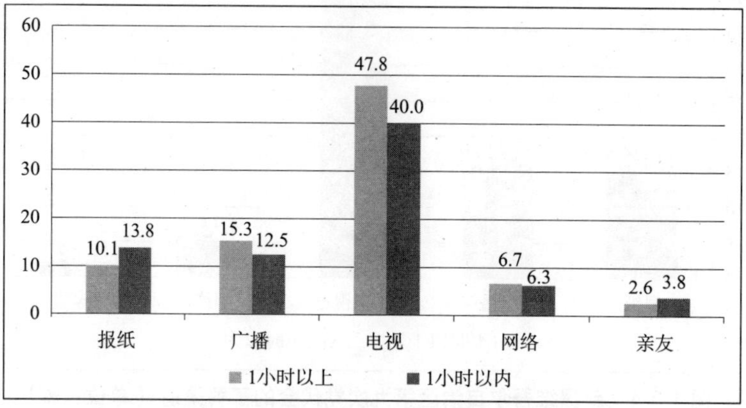

图 1-3-6　2016 年全国两会的了解渠道（单位：%）

从图 1-3-6 可以看出，南疆维吾尔族受众绝大部分是通过电视了解会议的，接触 1 小时以上和 1 小时以内的比例达到 47.8% 和 40.0%，且大部分受众更倾向于长时间接触媒体从而得以了解，从亲友口中得知信息的比例最小。

数据表明：对于我国重大政治活动的关注绝大部分来自公共媒体，使真实性和权威性得以最大化的实现。

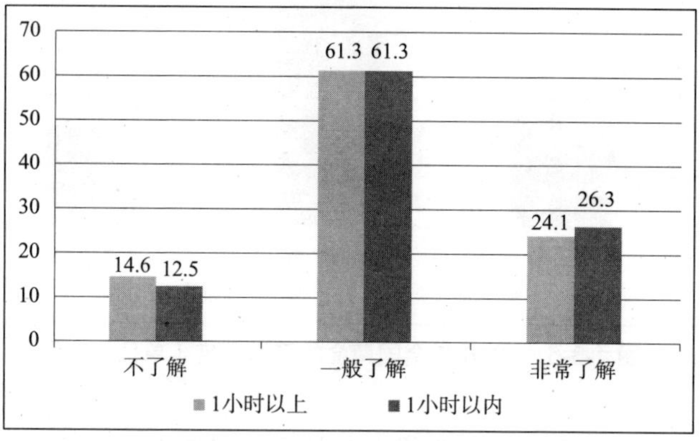

图 1-3-7　社会道德风气问题的了解程度（单位：%）

从图 1-3-7 可以看出，南疆维吾尔族受众对社会道德风气问题的了解程度一般，接触 1 小时以上和 1 小时以内的比例均为 61.3%，而不了解的受众接触媒体的时间比例明显偏低，说明受众对整个社会及关乎自身生存环境的关注程度有所提高。

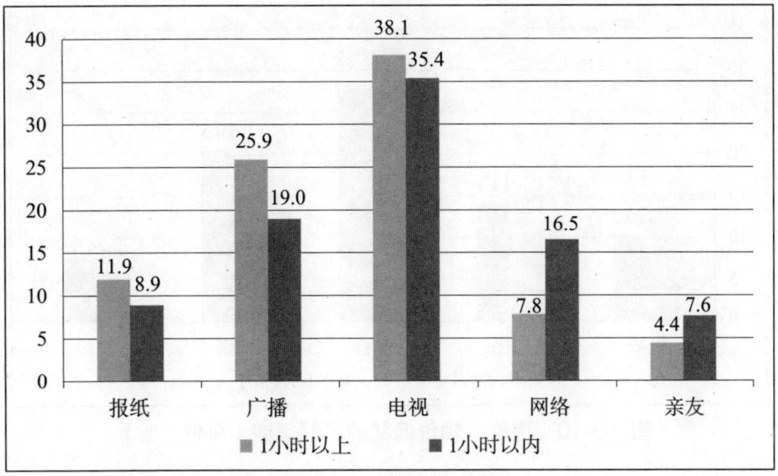

图 1-3-8　社会道德风气问题的了解渠道（单位：%）

从图 1-3-8 可以看出，南疆维吾尔族受众绝大部分是通过电视和广播了解社会道德风气问题的，其中通过网络了解的受众更倾向于在 1 小时以内接触媒体，使网络的快捷性和便利性得以体现。

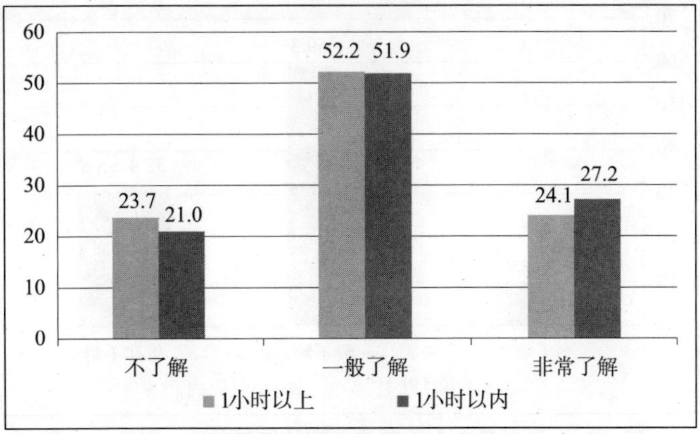

图 1-3-9　房价、物价问题的了解程度（单位：%）

从图 1-3-9 可以看出，南疆维吾尔族受众对于房价、物价问题的了解程度一般，接触 1 小时以上和 1 小时以内的比例达到 52.2% 和 51.9%，不了解的受众接触媒体的时间比例超过了 20%，表明媒体对该事件的报道没能引起受众的足够关注。

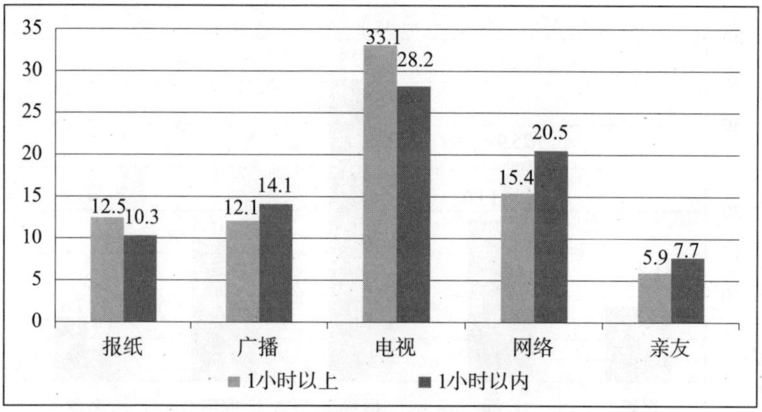

图 1-3-10　房价、物价问题的了解渠道（单位：%）

从图 1-3-10 可以看出，南疆维吾尔族受众大部分是通过电视渠道了解房价、物价问题，且大部分受众更倾向于长时间接触媒体得以了解；通过报纸、广播、网络了解的受众比例在接触时间上则较为平均，从亲友口中得知的比例最小。

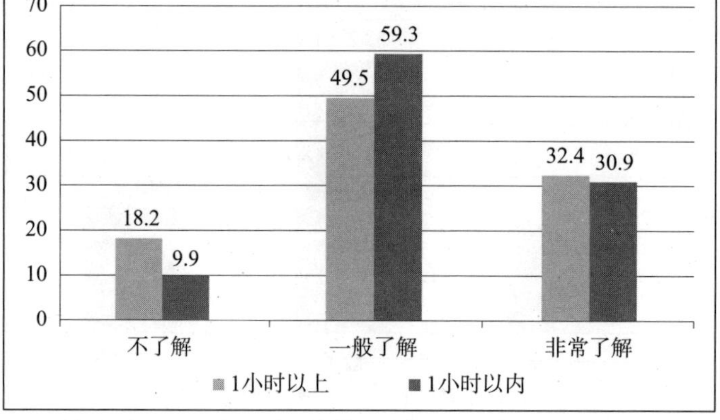

图 1-3-11　食品安全、医疗问题的了解程度（单位：%）

从图 1-3-11 可以看出，南疆维吾尔族受众对于食品安全、医疗问题的了解程度一般，但非常了解的受众明显增加，接触 1 小时以上和 1 小时以内的比例达到 32.4% 和 30.9%，表明受众群体对于关乎切身利益、健康、安全等民生问题的关注程度在加深。

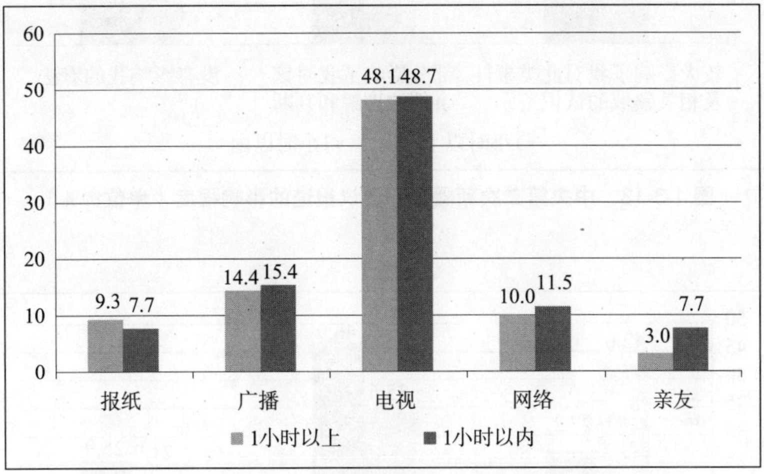

图 1-3-12　食品安全、医疗问题的了解渠道（单位：%）

从图 1-3-12 可以看出，南疆维吾尔族受众大部分通过电视了解食品安全、医疗问题，接触 1 小时以上和 1 小时以内的比例达到 48.1% 和 48.7%，从亲友口中得知的较少，显示了公共媒体在受众心目中的地位。

数据表明：南疆维吾尔族受众长时间接触媒体，对于 2014 年中央第二次新疆工作会议、新疆维吾尔自治区第九次党代会、2016 年全国两会、社会道德风气、房价、物价、食品安全、医疗等问题的了解程度一般。

从图 1-3-13 可以看出，媒体对 2014 年中央第二次新疆工作会议的报道较大程度地影响了南疆维吾尔族受众对于该事件及相关领域的了解，接触 1 小时以上和 1 小时以内的比例达到 48.7% 和 40.7%，大部分的受众更倾向于长时间地接触媒体；而没有对受众造成影响的接触比例也有 20% 左右，说明既有倾向的主观意识在受众中普遍存在。

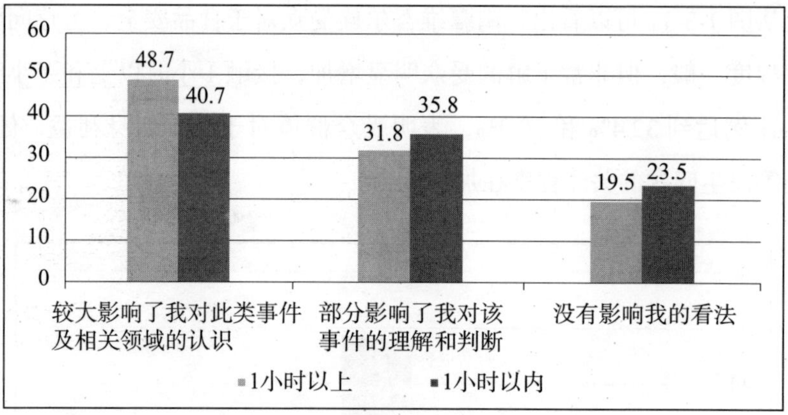

图 1-3-13　中央第二次新疆工作会议报道的影响程度（单位：%）

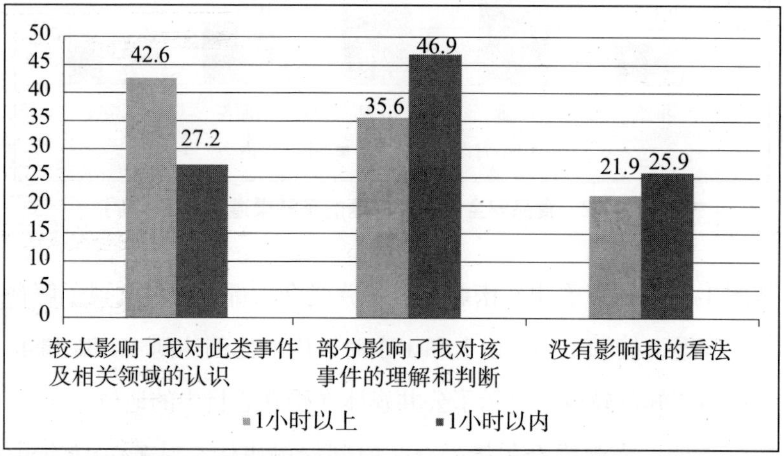

图 1-3-14　新疆维吾尔自治区第九次党代会报道的影响程度（单位：%）

从图 1-3-14 可以看出，南疆维吾尔族受众表示，对于新疆维吾尔自治区第九次党代会的报道较大程度地影响了其对于此类事件的认识和看法，且大多数受众更倾向于长时间地接触媒体，由此我们可以改善宣传的技巧，提高自身的影响力。

从图 1-3-15 可以看出，媒体对于社会道德风气问题的报道影响了部分南疆维吾尔族受众的理解和判断，接触 1 小时以上和 1 小时以内的比例达到 41.3% 和 45.7%，没有受到影响的受众接触 1 小时以上和 1 小时以内的比例达到 20.8% 和 29.6%，短时间接触媒体的受众较多。

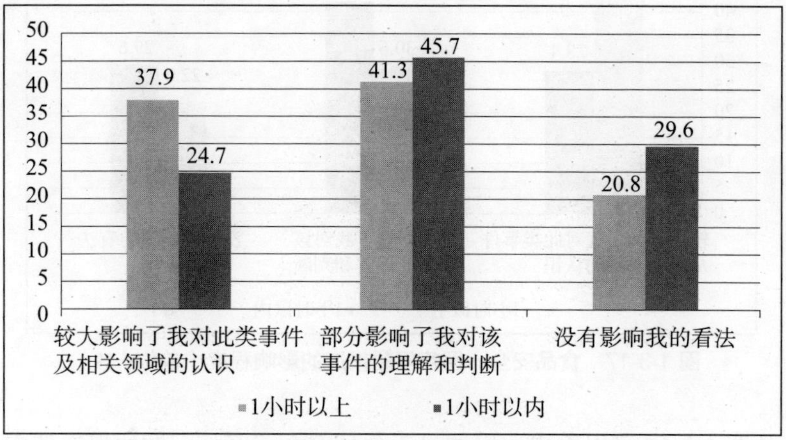

图 1-3-15　社会道德风气问题报道的影响程度（单位：%）

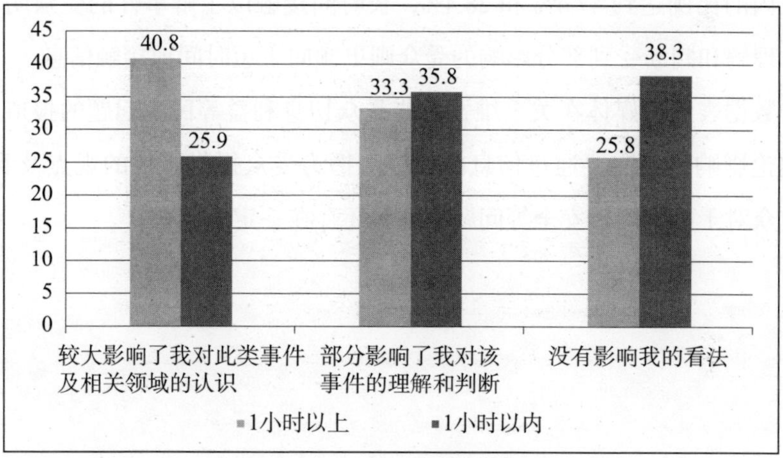

图 1-3-16　房价、物价问题报道的影响程度（单位：%）

从图 1-3-16 可以看出，大部分南疆维吾尔族受众对于房价、物价问题的报道受到了较大程度的影响，接触 1 小时以上和 1 小时以内的比例达到 40.8% 和 25.9%，较多的受众更倾向于长时间内接触媒体了解房价、物价问题，没有受到影响的受众则更喜欢在短时间内接触媒体，出现了两极分化。

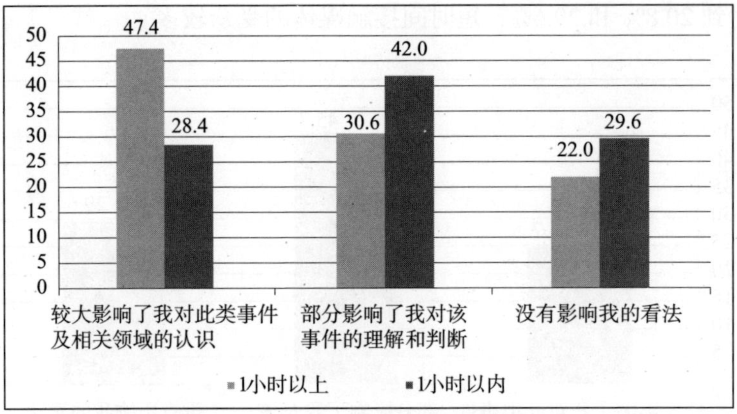

图 1-3-17　食品安全、医疗问题报道的影响程度（单位：%）

从图 1-3-17 可以看出，媒体对于食品安全、医疗问题的报道使广大南疆维吾尔族受众的认识和看法得到了较大的影响，接触 1 小时以上和 1 小时以内的比例达到 47.4% 和 28.4%，长时间接触以了解事件的受众明显增多，理解和判断受到部分影响的受众则更倾向于短时间地接触信息。

数据表明：媒体在关乎维吾尔族受众切身利益等民生问题的报道上缺乏舆论影响力，需要通过信息的积极传播为受众提供媒体的观点及看法，而受众对于如健康、安全等问题的理解还存在一定的偏差。

第二章
南疆维吾尔族受众对主流媒体的依赖性

对媒介依赖情况的研究不仅可以了解到受众对其信任度，同样可以了解到受众的需求空间及其对媒介的期望，因而了解受众对媒介的依赖程度可为今后媒体进行高效传播提供依据。研究新疆南疆维吾尔族受众对主流媒体的依赖性，主要从是否希望参与媒体互动、是否认同维吾尔语主流媒体传播的文化两方面着手，进一步细分为不同受众属性对各媒介的依赖表现。

第一节　参与主流媒体互动意愿

在研究是否希望参与媒体互动方面，我们主要从维吾尔族受众对主流媒体依赖的基本情况、媒体的选择和对事件的关注度三个方面展开分析。

一、受众依赖

根据调查，我们发现南疆维吾尔族受众参与媒体互动的意愿程度与其自身属性息息相关，具体表现如下：

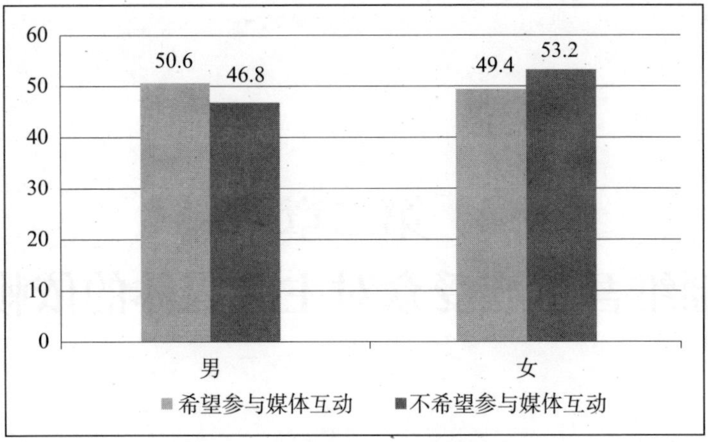

图 2-1-1 性别对比（单位：%）

从图 2-1-1 可以看出，南疆维吾尔语主流媒体受众在是否希望参与媒体互动问题上，不同性别表现出不同意向。在希望参与媒体互动的受众中，男性占 50.6%，女性占 49.4%，差异很小；在不希望参与媒体互动的受众中，男性、女性所占比例分别为 46.8% 和 53.2%，也表现出一定差别。

数据表明：在是否希望参与媒体互动问题上，南疆维吾尔语主流媒体受众中男性参与媒体互动的意愿要高于女性。

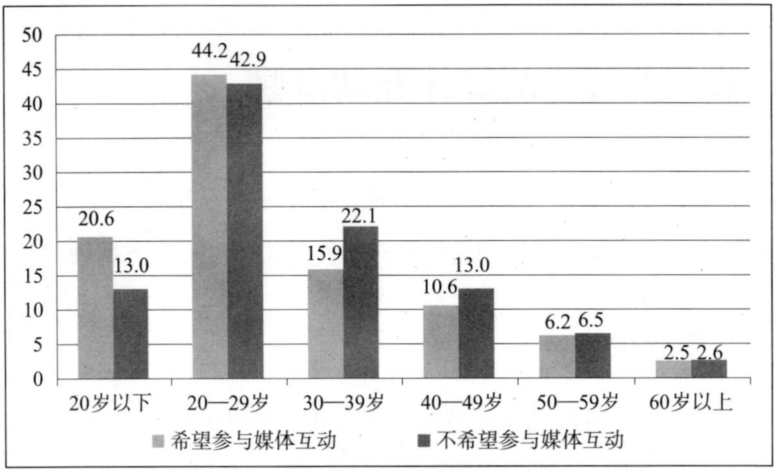

图 2-1-2 年龄对比（单位：%）

从图 2-1-2 可以看出，在南疆维吾尔族受众中，希望参与媒体互动的 20 岁以下的受众占 20.6%，20—29 岁的受众占 44.2%（所占比例最高），30—39 岁的受众占 15.9%，40—49 岁的受众占 10.6%，50—59 岁的受众占 6.2%，60 岁以上的受众占 2.5%（所占比例最小），低于其他各年龄层；不希望参与媒体互动的 20 岁以下的受众占 13.0%，20—29 岁的受众占 42.9%，30—39 岁的受众占 22.1%，40—49 岁的受众占 13.0%，50—59 岁的受众占 6.5%，60 岁以上的受众占 2.6%（所占比例最低）。

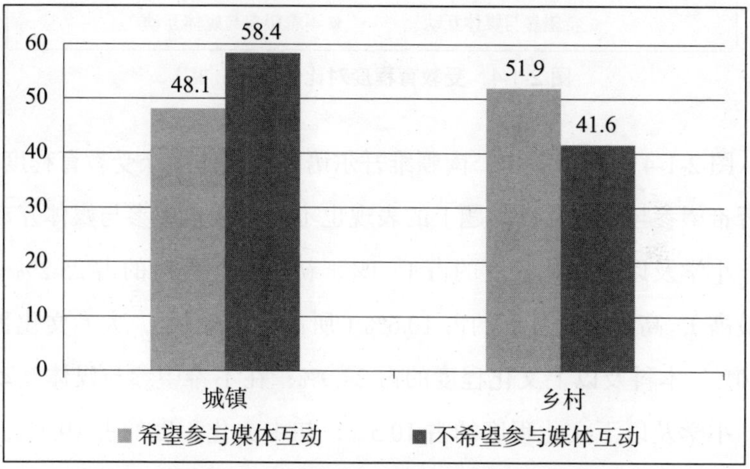

图 2-1-3　家庭所在地对比（单位：%）

从图 2-1-3 可以看出，南疆维吾尔族受众家庭所在地不同，在是否希望参与媒体互动问题上也表现出不同。在希望参与媒体互动的受众中，家庭所在地为城镇的占 48.1%，家庭所在地为乡村的占 51.9%，具有一定差异；在不希望参与媒体互动的受众中，城镇地区占 58.4%，乡村地区占 41.6%，具有较明显差异。

数据表明：在希望参与媒体互动的南疆维吾尔语主流媒体受众中，城镇受众比例低于乡村受众比例；在不希望参与媒体互动的南疆维吾尔语主流媒体受众中，城镇受众比例高于乡村受众比例。

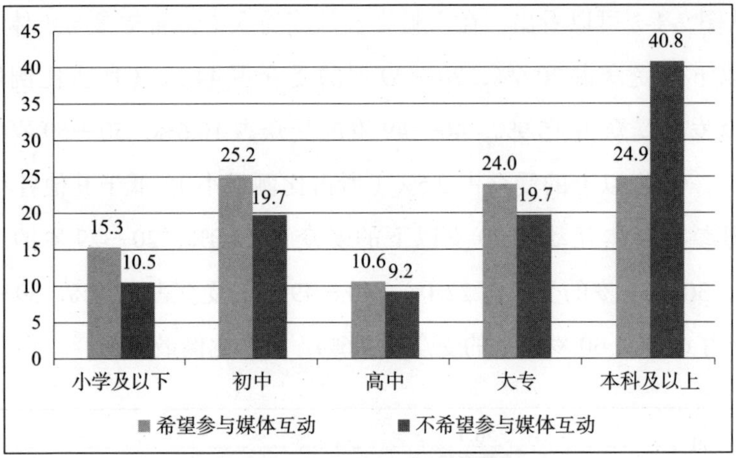

图 2-1-4　受教育程度对比（单位：%）

从图 2-1-4 中可以看出，南疆维吾尔语主流媒体受众受教育程度不同，在是否希望参与媒体互动问题上的表现也不同。在希望参与媒体互动的受众中，小学及以下文化程度的占 15.3%，初中文化程度的占 25.2%（所占比例最高），高中文化程度的占 10.6%（所占比例最低），大专文化程度的占 24.0%，本科及以上文化程度的占 24.9%；在不希望参与媒体互动的受众中，小学及以下文化程度的占 10.5%，初中文化程度的占 19.7%，高中文化程度的占 9.2%（所占比例最低），大专文化程度的占 19.7%，本科及以上文化程度的占 40.8%（所占比例最高）。

数据表明：在希望参与媒体互动的南疆维吾尔语主流媒体受众中，受教育程度为初中的受众所占比例最高，受教育程度为高中的受众所占比例最低；在不希望参与媒体互动的南疆维吾尔语主流媒体受众中，受教育程度为本科及以上的受众所占比例最高，受教育程度为高中的受众所占比例最低。

二、媒介依赖

根据调查，我们发现受众是否参与媒介互动与媒介类型有一定关系，不同媒介类型决定了参与互动的方式和频率，因此在讨论受众是否有互动意愿时需要考虑媒介类型因素。

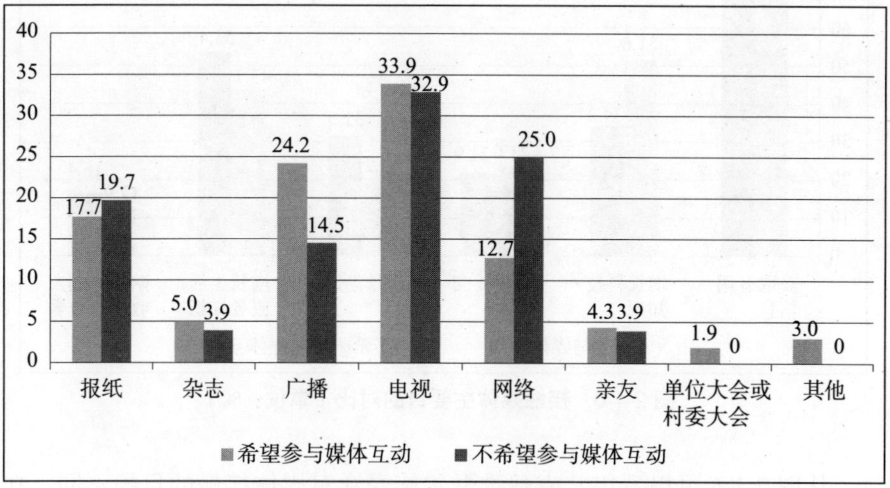

图 2-1-5　平时主要通过什么方式了解新闻对比（单位：%）

从图 2-1-5 可以看出，在是否希望参与媒体互动问题上，通过不同方式了解新闻的南疆维吾尔语主流媒体受众表现出不同倾向。在希望参与媒体互动的受众中，平时通过报纸了解新闻的占 17.7%，通过杂志的占 5.0%，通过广播的占 24.2%，通过电视的占 33.9%（所占比例最高），通过网络的占 12.7%，通过亲友的占 4.3%，通过单位大会或村委大会的占 1.9%（所占比例最低），通过其他方式的占 3.0%；在不希望参与媒体互动的受众中，通过报纸了解新闻的占 19.7%，通过杂志的占 3.9%，通过广播的占 14.5%，通过电视的占 32.9%（所占比例最高），通过网络的占 25.0%，通过亲友的占 3.9%，通过单位大会或村委大会和其他的比例为 0（所占比例最低）。

数据表明：在希望参与媒体互动的南疆维吾尔语主流媒体受众中，通过电视了解新闻的受众最多，通过单位大会或村委大会了解新闻的受众最少；在不希望参与媒体互动的南疆维吾尔语主流媒体受众中，通过电视了解新闻的受众最多，通过杂志、亲友了解新闻的受众较少。

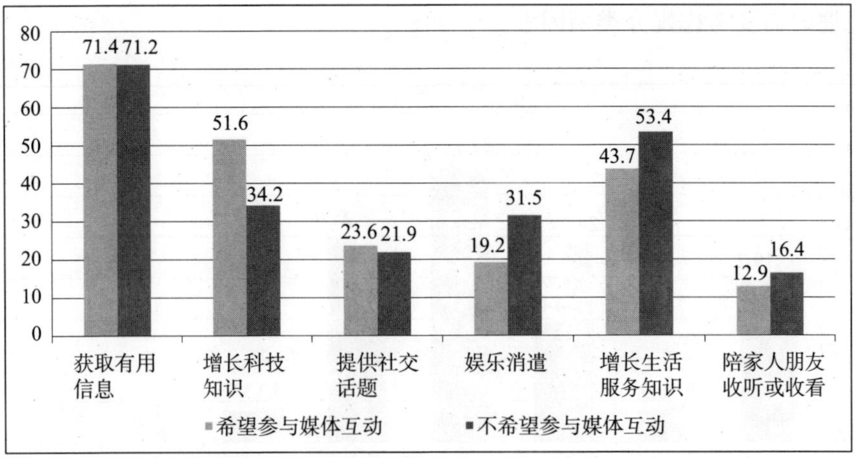

图 2-1-6　接触媒体主要目的对比（单位：%）

从图 2-1-6 可以看出，南疆维吾尔族受众对媒体接触的目的不同，在是否希望参与媒体互动的态度上也不同。在希望参与媒体互动的受众中，接触媒体主要目的为获取有用信息的占 71.4%（所占比例最高），主要目的为增长科技知识的占 51.6%，主要目的为提供社交话题的占 23.6%，主要目的为娱乐消遣的占 19.2%，主要目的为增长生活服务知识的占 43.7%，主要目的为陪家人朋友收听或收看的占 12.9%（所占比例最低）；在不希望参与媒体互动的受众中，接触媒体主要目的为获取有用信息的占 71.2%（所占比例最高），主要目的为增长科技知识的占 34.2%，主要目的为提供社交话题的占 21.9%，主要目的为娱乐消遣的占 31.5%，主要目的为增长生活服务知识的占 53.4%，主要目的为陪家人朋友收听或收看的占 16.4%（所占比例最低）。

从图 2-1-7 可以看出，南疆维吾尔族受众在是否希望参与媒体互动问题上会随感兴趣的内容不同表现出差异。在希望参与媒体互动的受众中，感兴趣的信息内容为政治类的占 41.9%，经济类的占 48.8%，农业类的占 34.7%，服务类的占 37.2%，文艺、体育类的占 59.7%（所占比例最高），其他的占 11.9%（所占比例最低）；在不希望参与媒体互动的受众中，感兴趣的信息内容为政治类的占 40.8%，经济类的占 46.1%，农业类的占

22.4%，服务类的占35.5%，文艺、体育类的占61.8%（所占比例最高），其他的占10.5%（所占比例最低）。

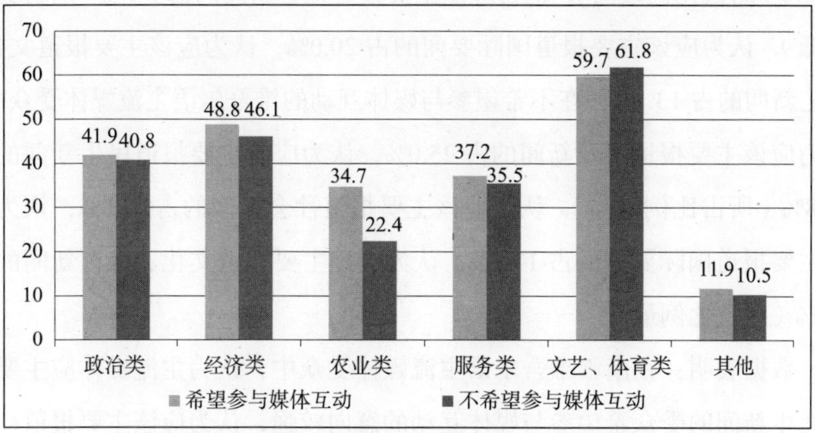

图 2-1-7　感兴趣的信息内容的对比（单位：%）

数据表明：在南疆维吾尔语主流媒体受众中，感兴趣内容为文艺、体育类的受众希望参与媒体互动的意向较强，感兴趣内容为其他的受众希望参与媒体互动的意向较弱。

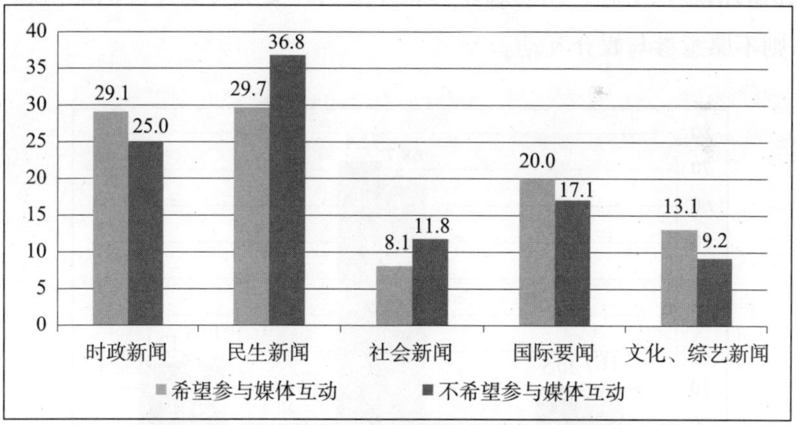

图 2-1-8　主流媒体新闻报道类型对比（单位：%）

从图2-1-8可以看出，南疆维吾尔族受众在认为新疆维吾尔语主流媒体应主要报道何种新闻的问题上看法不同，在是否希望参与媒体互动的意向上也表现出不同。在希望参与媒体互动的维吾尔语主流媒体受众中，认为应该主要报道时政新闻的占29.1%，认为应该主要报道民生新闻的占29.7%（所占比例最高），认为应该主要报道社会新闻的占8.1%（所占比例最低），认为应该主要报道国际要闻的占20.0%，认为应该主要报道文化、综艺新闻的占13.1%；在不希望参与媒体互动的维吾尔语主流媒体受众中，认为应该主要报道时政新闻的占25.0%，认为应该主要报道民生新闻的占36.8%（所占比例最高），认为应该主要报道社会新闻的占11.8%，认为应该主要报道国际要闻的占17.1%，认为应该主要报道文化、综艺新闻的占9.2%（所占比例最低）。

数据表明：在南疆维吾尔语主流媒体受众中，认为主流媒体应主要报道民生新闻的受众希望参与媒体互动的意向较强，认为应该主要报道社会新闻的受众希望参与媒体互动的意向较弱。

三、信息依赖

受众参与媒介互动的意愿程度还与媒介提供的信息相关。受众对媒介提供的信息较了解，则愿意参与媒介互动，受众对媒介提供的信息不了解，则不愿意参与媒介互动。

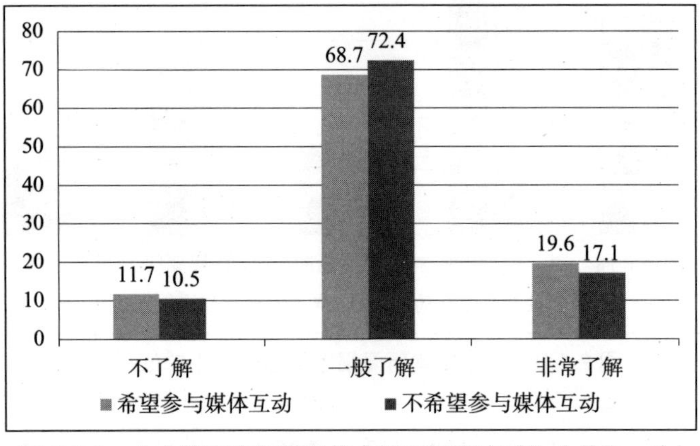

图 2-1-9　中央第二次新疆工作会议了解程度对比（单位：%）

从图 2-1-9 可以看出，南疆维吾尔族受众在对 2014 年中央第二次新疆工作会议的了解程度上存在差异，在是否希望参与媒体互动的意向上也表现出不同。在希望参与媒体互动的受众中，对 2014 年中央第二次新疆工作会议不了解的占 11.7%（所占比例最低），一般了解的占 68.7%（所占比例最高），非常了解的占 19.6%；在不希望参与媒体互动的受众中，对 2014 年中央第二次新疆工作会议不了解的占 10.5%（所占比例最低），一般了解的占 72.4%（所占比例最高），非常了解的占 17.1%。

数据表明：在南疆维吾尔族受众中，对 2014 年中央第二次新疆工作会议了解程度为一般了解的受众希望参与媒体互动的意向较强，了解程度为不了解的受众希望参与媒体互动的意向较弱。

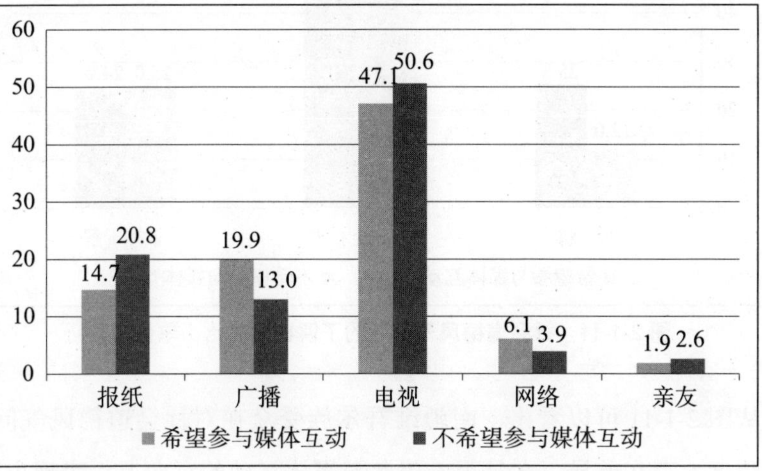

图 2-1-10　中央第二次新疆工作会议的了解渠道对比（单位：%）

从图 2-1-10 可以看出，在是否希望参与媒体互动问题上，了解 2014 年中央第二次新疆工作会议渠道不同的南疆维吾尔族受众表现出不同的倾向。在希望参与媒体互动的受众中，通过报纸了解 2014 年中央第二次新疆工作会议的占 14.7%，通过广播的占 19.9%，通过电视的占 47.1%（所占比例最高），通过网络的占 6.1%，通过亲友的占 1.9%（所占比例最低）；在不希望参与媒体互动的受众中，通过报纸了解 2014 年中央第二次新疆工作会议的占 28.0%，通过广播的占 13.0%，通过电视的占 50.6%（所占比例最高），通过网络的占 3.9%，通过亲友的占 2.6%（所占比例最低）。

数据表明：在希望参与媒体活动的南疆维吾尔族受众中，通过电视了解 2014 年中央第二次新疆工作会议的受众最多，通过亲友了解的受众最少；在不希望参与媒体互动的南疆维吾尔族受众中，通过电视了解 2014 年中央第二次新疆工作会议的受众最多，通过亲友了解的受众最少。

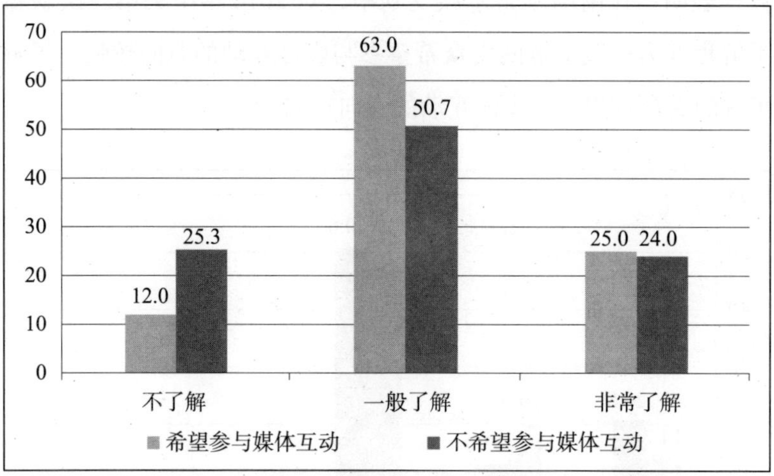

图 2-1-11　社会道德风气问题的了解程度对比（单位：%）

从图 2-1-11 可以看出，南疆维吾尔族受众在对社会道德风气问题的了解程度上存在差异，在是否希望参与媒体互动的意向上也表现出不同。在希望参与媒体互动的受众中，对社会道德风气问题不了解的占 12.0%（所占比例最低），一般了解的占 63.0%（所占比例最高），非常了解的占 25.0%；在不希望参与媒体互动的受众中，对社会道德风气问题不了解的占 25.3%，一般了解的占 50.7%（所占比例最高），非常了解的占 24.0%（所占比例最低）。

数据表明：在南疆维吾尔族受众中，社会道德风气问题的了解程度为一般了解的受众希望参与媒体互动的意向较强，了解程度为不了解的受众希望参与媒体互动的意向较弱。

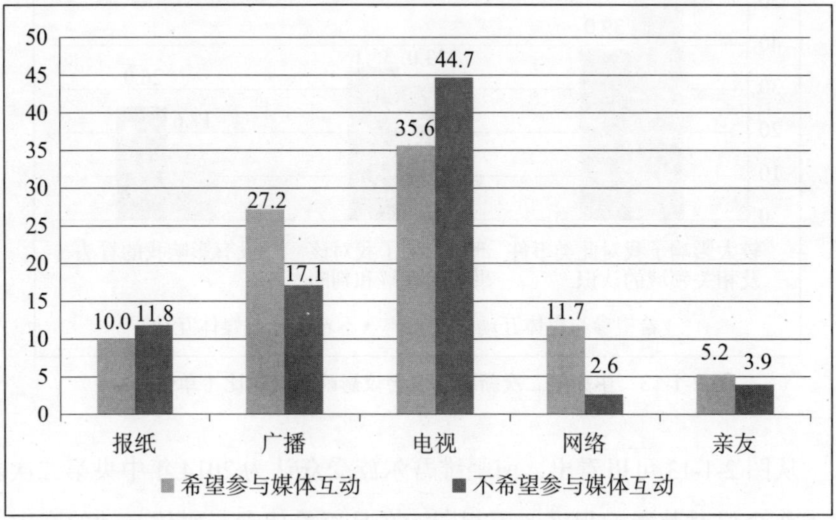

图 2-1-12　社会道德风气问题的了解渠道对比（单位：%）

从图 2-1-12 可以看出，在是否希望参与媒体互动问题上，了解社会道德风气问题渠道不同的南疆维吾尔族受众表现出不同的倾向。在希望参与媒体互动的受众中，通过报纸了解社会道德风气问题的占 10.0%，通过广播的占 27.2%，通过电视的占 35.6%（所占比例最高），通过网络的占 11.7%，通过亲友的占 5.2%（所占比例最低）；在不希望参与媒体互动的受众中，通过报纸了解社会道德风气问题的占 11.8%，通过广播的占 17.1%，通过电视的占 44.7%（所占比例最高），通过网络的占 2.6%（所占比例最低），通过亲友的占 3.9%。

数据表明：在希望参与媒体互动的南疆维吾尔族受众中，通过电视了解社会道德风气问题的受众参与媒体互动的意向较强，通过亲友了解的受众参与媒体互动的意向较弱；在不希望参与媒体互动的南疆维吾尔族受众中，通过电视了解社会道德风气问题的受众意向较强，通过网络了解的受众意向较弱。

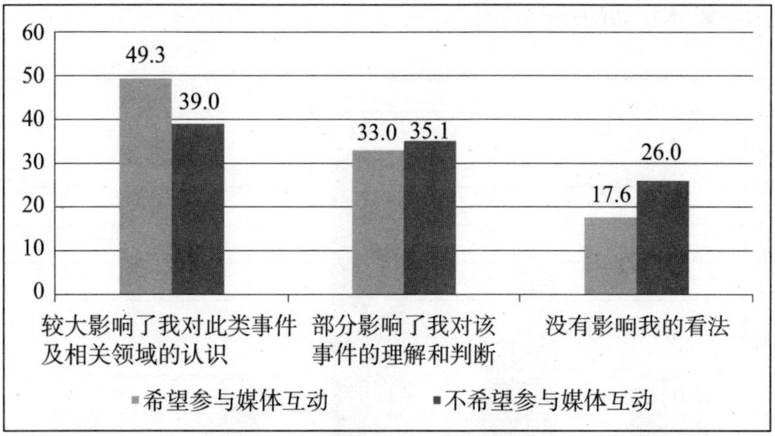

图 2-1-13 中央第二次新疆工作会议影响程度对比（单位：%）

从图 2-1-13 可以看出，南疆维吾尔族受众认为 2014 年中央第二次新疆工作会议对其影响程度各不相同，在是否希望参与媒体互动的意向上也表现出不同。在希望参与媒体互动的受众中，认为 2014 年中央第二次新疆工作会议“较大影响了我对此类事件及相关领域的认识”的占 49.3%（所占比例最高），认为“部分影响了我对该事件的理解和判断”的占 33.0%，认为“没有影响我的看法”的占 17.6%（所占比例最低）；在不希望参与媒体互动的受众中，认为 2014 年中央第二次新疆工作会议“较大影响了我对此类事件及相关领域的认识”的占 39.0%（所占比例最高），认为“部分影响了我对该事件的理解和判断”的占 35.1%，认为“没有影响我的看法”的占 26.0%（所占比例最低）。

数据表明：在南疆维吾尔族受众中，认为 2014 年中央第二次新疆工作会议对其影响程度为“较大影响了我对此类事件及相关领域的认识”的受众希望参与媒体互动的意向较强，认为“没有影响我的看法”的受众希望参与媒体互动的意向较弱。

第二节 认同主流媒体传播文化情况

除了参与互动意愿之外，南疆维吾尔族受众对维吾尔语主流媒体传播的文化是否认同也反映了维吾尔族受众是否依赖主流媒体。这一部分的数据分析主要从受众对其依赖的基本情况、媒体的选择和对事件的关注度展开。

一、受众认同

根据调查，我们发现不同受众属性对维吾尔语主流媒体传播的文化认同程度不同，具体表现如下：

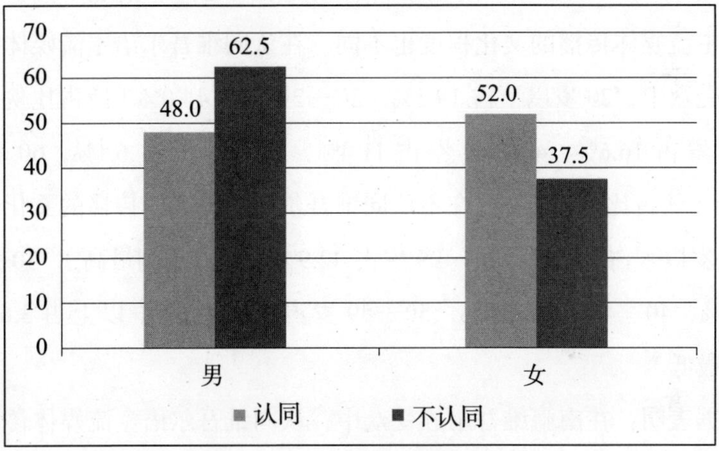

图 2-2-1 性别对比（单位：%）

从图 2-2-1 可以看出，南疆维吾尔族受众在是否认同维吾尔语主流媒体的传播文化问题上，不同性别表现出不同意向。在认同的受众中，男性占 48.0%，女性占 52.0%，具有一定差异；在不认同的受众中，男性女性所占比例分别为 62.5% 和 37.5%，表现出较大差异。

数据表明：在是否认同维吾尔语主流媒体传播的文化问题上，南疆维吾尔族受众中女性的认同程度要高于男性，男性的不认同程度高于女性。

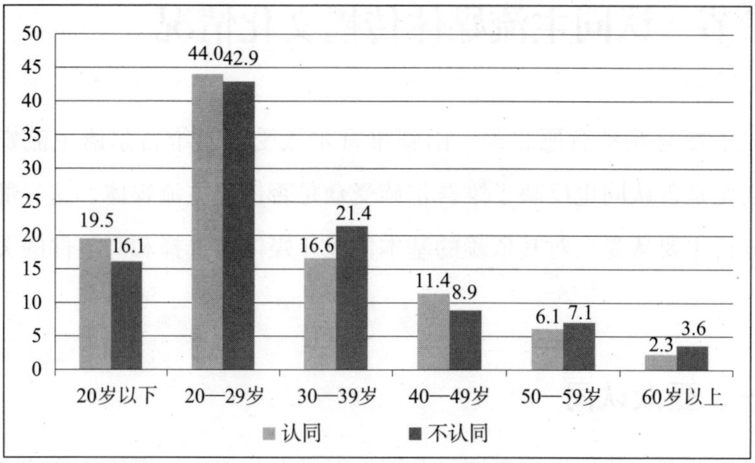

图 2-2-2　年龄对比（单位：%）

从图 2-2-2 可以看出，南疆维吾尔族受众所处的年龄层不同，认同维吾尔语主流媒体传播的文化程度也不同。在认同维吾尔语主流媒体传播的文化的受众中，20 岁以下占 19.5%，20—29 岁占 44.0%（所占比例最高），30—39 岁占 16.6%，40—49 岁占 11.4%，50—59 岁占 6.1%，60 岁以上占 2.3%（所占比例最低）；在不认同维吾尔语主流媒体传播的文化的受众中，20 岁以下占 16.1%，20—29 岁占 42.9%（所占比例最高），30—39 岁占 21.4%，40—49 岁占 8.9%，50—59 岁占 7.1%，60 岁以上占 3.6%（所占比例最低）。

数据表明：在南疆维吾尔族受众中，认同维吾尔语主流媒体传播的文化的 20—29 岁的受众所占比例较高，而 60 岁以上的受众所占比例很低；不认同维吾尔语主流媒体传播的文化的各年龄层受众中比例最高的依然是 20—29 岁，比例最低的也依然是 60 岁以上的受众。

从图 2-2-3 可以看出，南疆维吾尔族受众家庭所在地不同，在是否认同维吾尔语主流媒体传播的文化问题上也表现出不同。在认同维吾尔语主流媒体传播的文化的受众中，家庭所在地为城镇的占 46.5%，家庭所在地为乡村的占 53.5%，表现出一定差异；在不认同维吾尔语主流媒体传播的文化的受众中，家庭所在地为城镇的占 71.4%，家庭所在地为乡村地区的占 28.6%，有很大差异。

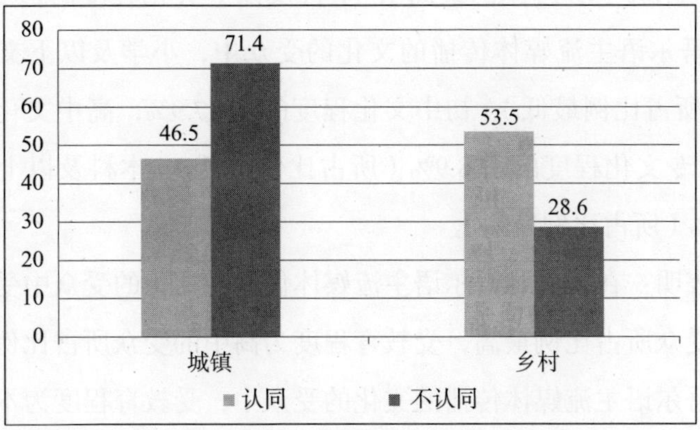

图 2-2-3　家庭所在地对比（单位：%）

数据表明：认同维吾尔语主流媒体传播的文化的南疆维吾尔族受众中，城镇受众比例低于乡村受众比例；不认同维吾尔语主流媒体传播的文化的受众中，城镇受众比例高于乡村受众比例。

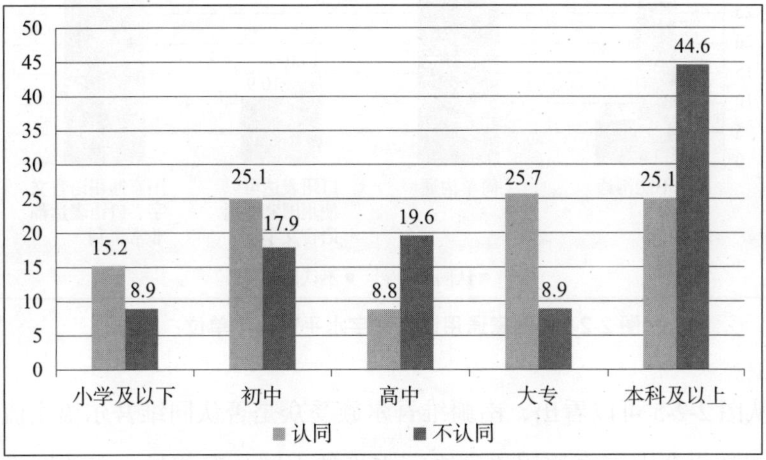

图 2-2-4　受教育程度对比（单位：%）

从图 2-2-4 可以看出，受教育程度不同，南疆维吾尔族受众在是否认同维吾尔语主流媒体传播的文化问题上表现也不同。在认同维吾尔语主流媒体传播的文化的受众中，小学及以下文化程度的占 15.2%，初中文化程度的占 25.1%，高中文化程度的占 8.8%（所占比例最低），大专文化程度的占 25.7%（所占比例最高），本科及以上文化程度的占 25.1%；在不认同维吾尔语主流媒体传播的文化的受众中，小学及以下文化程度的占 8.9%（所占比例最低），初中文化程度的占 17.9%，高中文化程度的占 19.6%，大专文化程度的占 8.9%（所占比例最低），本科及以上文化程度的占 44.6%（所占比例最高）。

数据表明：在认同维吾尔语主流媒体传播的文化的受众中受教育程度为大专的受众所占比例最高，受教育程度为高中的受众所占比例最低；在不认同维吾尔语主流媒体传播的文化的受众中，受教育程度为本科及以上的受众所占比例最高，受教育程度为小学及以下和大专的受众所占比例最低。

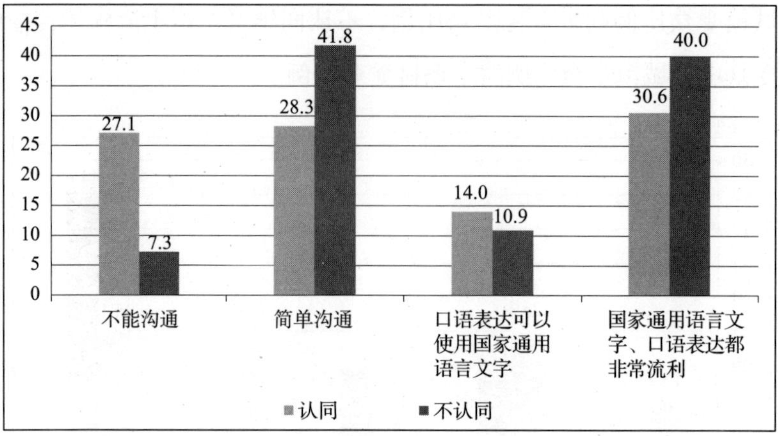

图 2-2-5　国家通用语言文字水平对比（单位：%）

从图 2-2-5 可以看出，南疆维吾尔族受众是否认同维吾尔语主流媒体传播的文化会因国家通用语言文字水平的不同而有差异。在认同维吾尔语主流媒体传播的文化的受众中，国家通用语言文字水平为不能沟通的受众比例为 27.1%，能简单沟通的受众比例为 28.3%，口语表达可以使用国家通用语言文字的受众比例为 14.0%（所占比例最低），国家通用语言文字、口语表达都非常流利的受众比例为 30.6%（所占比例最高）；在不认同维吾尔语主流媒体传播的文化的受众中，国家通用语言文字水平为不能沟通的受众比例为7.3%（所占比例最低），能简单沟通的受众比例为41.8%（所占比例最高），口语表达可以使用国家通用语言文字的受众比例为10.9%，国家通用语言文字、口语表达都非常流利的受众比例为40.0%。

数据表明：在认同维吾尔语主流媒体传播的文化的南疆维吾尔族受众中，国家通用语言文字、口语表达都非常流利的受众最多，口语表达可以使用国家通用语言文字的受众最少；在不认同维吾尔语主流媒体传播的文化的南疆维吾尔族受众中，国家通用语言文字水平为能简单沟通的受众最多，不能用国家通用语言文字沟通的受众最少。

二、媒介认同

根据调查，我们发现不同媒介类型使得南疆维吾尔族受众对维吾尔语主流媒体传播的文化的认同程度不同，具体表现如下：

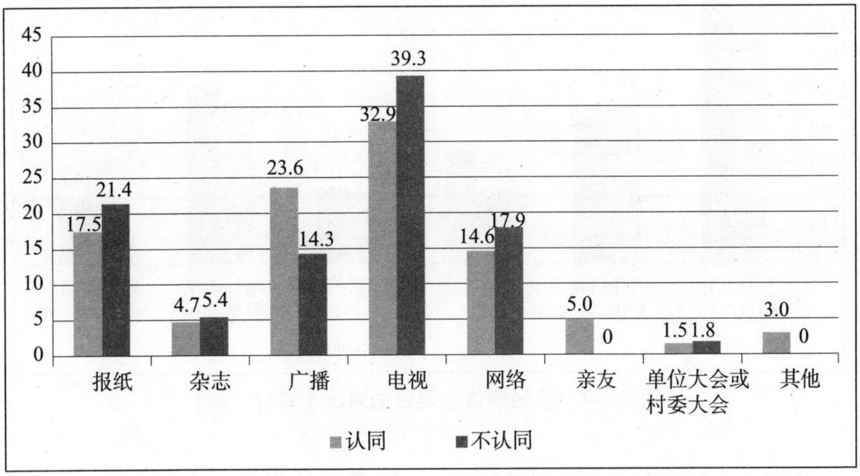

图 2-2-6　平时主要通过什么方式了解新闻对比（单位：%）

从图 2-2-6 可以看出，在是否认同维吾尔语主流媒体传播的文化问题上，通过不同方式了解新闻的受众表现出不同倾向。在认同维吾尔语主流媒体传播的文化的受众中，平时通过报纸了解新闻的占 17.5%，通过杂志的占 4.7%，通过广播的占 23.6%，通过电视的占 32.9%（所占比例最高），通过网络的占 14.6%，通过亲友的占 5.0%，通过单位大会或村委大会的占 1.5%（所占比例最低），通过其他方式的占 3.0%；在不认同维吾尔语主流媒体传播的文化的受众中，通过报纸了解新闻的占 21.4%，通过杂志的占 5.4%，通过广播的占 14.3%，通过电视的占 39.3%（所占比例最高），通过网络的占 17.9%，通过单位大会或村委大会的占 1.8%，通过亲友和其他的比例为 0（所占比例最低）。

数据表明：在认同维吾尔语主流媒体传播的文化的南疆维吾尔族受众中，通过电视了解新闻的受众最多，通过单位大会或村委大会了解新闻的受众最少；在不认同维吾尔语主流媒体传播的文化的南疆维吾尔族受众中，通过电视了解新闻的受众最多，通过亲友和其他了解新闻的受众最少。

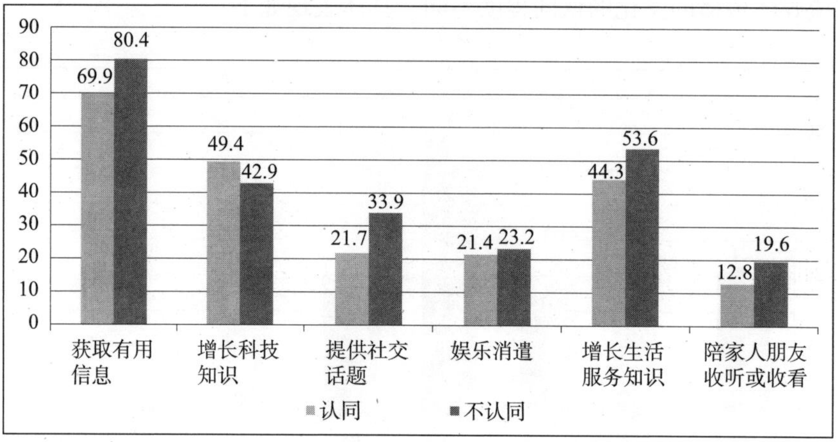

图 2-2-7　接触媒体主要目的对比（单位：%）

从图 2-2-7 可以看出，南疆维吾尔族受众接触媒体的主要目的不同，是否认同维吾尔语主流媒体传播的文化的态度也不同。在认同维吾尔语主流媒体传播的文化的受众中，接触媒体主要目的为获取有用信息的占 69.9%（所占比例最高），主要目的为增长科技知识的占 49.4%，主要目的为提供社交话题的占 21.7%，主要目的为娱乐消遣的占 21.4%，主要目的为增长生活服务知识的占 44.3%，主要目的为陪家人朋友收听或收看的占 12.8%（所占比例最低）；在不认同维吾尔语主流媒体传播的文化的受众中，接触媒体主要目的为获取有用信息的占 80.4%（所占比例最高），主要目的为增长科技知识的占 42.9%，主要目的为提供社交话题的占 33.9%，主要目的为娱乐消遣的占 23.2%，主要目的为增长生活服务知识的占 53.6%，主要目的为陪家人朋友收听或收看的占 19.6%（所占比例最低）。

数据表明：在认同维吾尔语主流媒体传播的文化的南疆维吾尔族受众中，接触媒体主要目的为获取有用信息的受众最多，主要目的为陪家人朋友收听或收看的受众最少；在不认同维吾尔语主流媒体传播的文化的南疆维吾尔族受众中，接触媒体主要目的为获取有用信息的受众最多，主要目的为陪家人朋友收听或收看的受众最少。

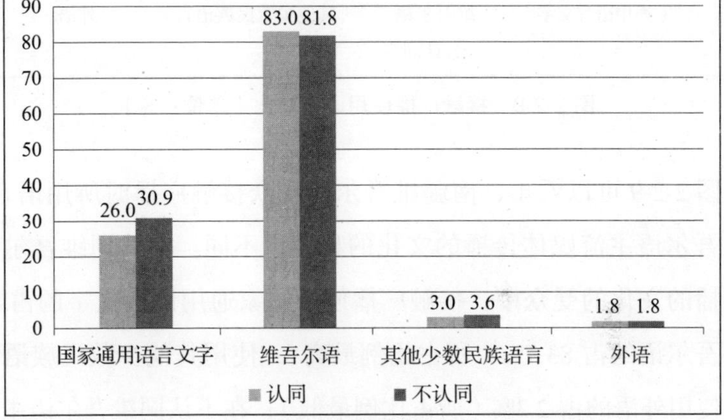

图 2-2-8　接触报纸使用语言对比（单位：%）

从图 2-2-8 可以看出，南疆维吾尔族受众接触报纸时所用语言不同，认同维吾尔语主流媒体传播的文化的程度也不同。在认同维吾尔语主流媒体传播的文化的受众中，接触报纸使用国家通用语言文字的占 26.0%，使用维吾尔语的占 83.0%（所占比例最高），使用其他少数民族语言的占 3.0%，使用外语的占 1.8%（所占比例最低）；在不认同维吾尔语主流媒体传播的文化的受众中，接触报纸使用国家通用语言文字的占 30.9%，使用维吾尔语的占 81.8%（所占比例最高），使用其他少数民族语言的占 3.6%，使用外语的占 1.8%（所占比例最低）。

数据表明：在南疆维吾尔族受众中，使用维吾尔语接触报纸的受众认同维吾尔语主流媒体传播的文化的意愿明显，使用外语接触报纸、杂志的受众认同维吾尔语主流媒体传播的文化的意愿较弱。

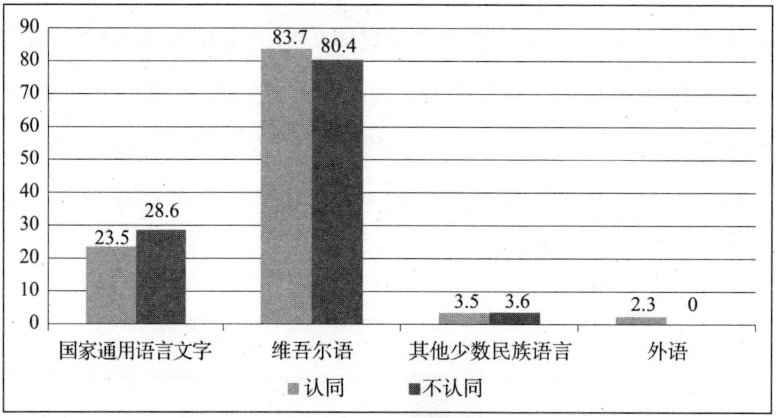

图 2-2-9　接触广播使用语言对比（单位：%）

从图 2-2-9 可以看出，南疆维吾尔族受众接触广播时所用语言不同，认同维吾尔语主流媒体传播的文化的程度也不同。在认同维吾尔语主流媒体传播的文化的受众中，接触广播使用国家通用语言文字的占 23.5%，使用维吾尔语的占 83.7%（所占比例最高），使用其他少数民族语言的占 3.5%，使用外语的占 2.3%（所占比例最低）；在不认同维吾尔语主流媒体传播的文化的受众中，接触广播使用国家通用语言文字的占 28.6%，使用维吾尔语的占 80.4%（所占比例最高），使用其他少数民族语言的占 3.6%，使用外语的比例为 0（所占比例最低）。

数据表明：在南疆维吾尔族受众中，使用维吾尔语接触广播的受众认同主流媒体传播的文化的意愿较强，使用外语接触广播的受众认同主流媒体传播的文化的意愿较弱；使用维吾尔语接触广播的受众不认同主流媒体传播的文化意愿较强，使用其他少数民族语言接触广播的受众不认同主流媒体传播的文化的意愿较弱。

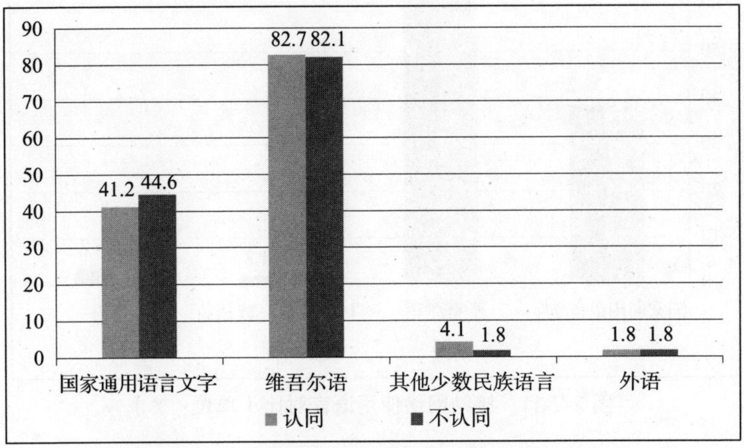

图 2-2-10　接触电视使用语言对比（单位：%）

从图 2-2-10 可以看出，南疆维吾尔族受众接触电视时所用语言不同，认同维吾尔语主流媒体传播的文化的程度也不同。在认同维吾尔语主流媒体传播的文化的受众中，接触电视使用国家通用语言文字的占 41.2%，使用维吾尔语的占 82.7%（所占比例最高），使用其他少数民族语言的占 4.1%，使用外语的占 1.8%（所占比例最低）；在不认同维吾尔语主流媒体传播的文化的受众中，接触电视使用国家通用语言文字的占 44.6%，使用维吾尔语的占 82.1%（所占比例最高），使用其他少数民族语言的占 1.8%（所占比例最低），使用外语的占 1.8%（所占比例最低）。

从图 2-2-11 可以看出，南疆维吾尔族受众接触网络时所用语言不同，认同维吾尔语主流媒体传播的文化的程度也不同。在认同维吾尔语主流媒体传播的文化的受众中，接触网络使用国家通用语言文字的占 34.9%，使用维吾尔语的占 63.6%（所占比例最高），使用其他少数民族语言的占 3.3%，使用外语的占 2.7%（所占比例最低）；在不认同维吾尔语主流媒体传播的文化的受众中，接触网络使用国家通用语言文字的占 38.2%，使用维吾尔语的占 61.8%（所占比例最高），使用其他少数民族语言的占 1.8%（所占比例最低），使用外语的占 3.6%。

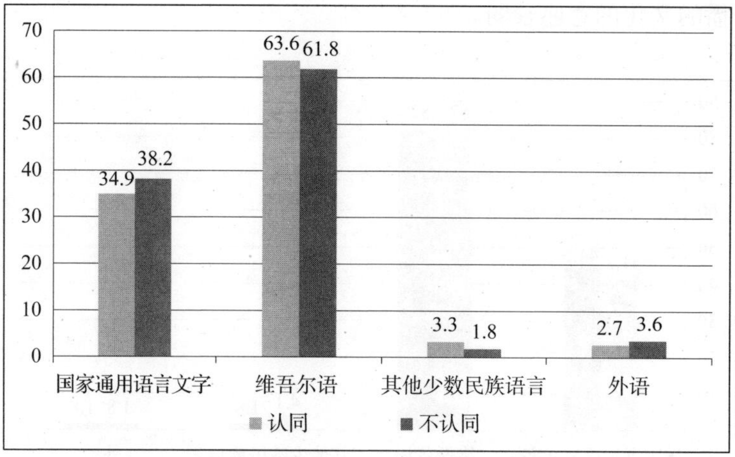

图 2-2-11　接触网络使用语言对比（单位：%）

数据表明：在南疆维吾尔族受众中，使用维吾尔语接触网络的受众认同维吾尔语主流媒体传播的文化的意向明显，使用外语接触网络的维吾尔语主流媒体受众认同维吾尔语主流媒体传播的文化的意向较弱；使用维吾尔语接触网络的受众不认同维吾尔语主流媒体传播的文化意向明显，使用其他少数民族语言接触网络的不认同维吾尔语主流媒体传播的文化的意向很弱。

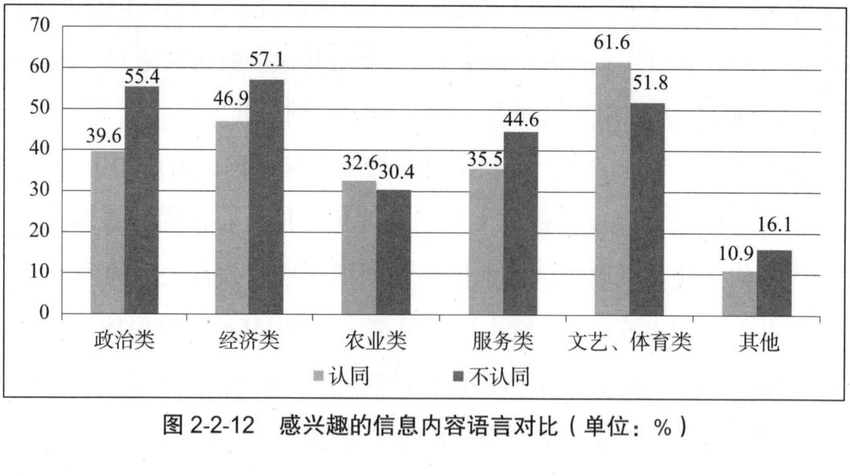

图 2-2-12　感兴趣的信息内容语言对比（单位：%）

从图 2-2-12 可以看出，南疆维吾尔族受众在是否认同维吾尔语主流媒体传播的文化问题上，会随感兴趣内容不同表现出差异。在认同维吾尔语主流媒体传播的文化的受众中，感兴趣的信息内容为政治类的占39.6%，经济类的占46.9%，农业类的占32.6%，服务类的占35.5%，文艺、体育类的占61.6%（所占比例最高），其他的占10.9%（所占比例最低）；在不认同维吾尔语主流媒体传播的文化的受众中，感兴趣的信息内容为政治类的占55.4%，经济类的占57.1%（所占比例最高），农业类的占30.4%，服务类的占44.6%，文艺、体育类的占51.8%，其他的占16.1%（所占比例最低）。

数据表明：在南疆维吾尔族受众中，感兴趣内容为文艺、体育类的受众认同维吾尔语主流媒体传播的文化的意向较强，感兴趣内容为其他的受众认同维吾尔语主流媒体传播的文化的意向较弱；感兴趣内容为经济类的受众不认同维吾尔语主流媒体传播的文化的意向较强，感兴趣内容为其他的受众不认同维吾尔语主流媒体传播的文化的意向较弱。

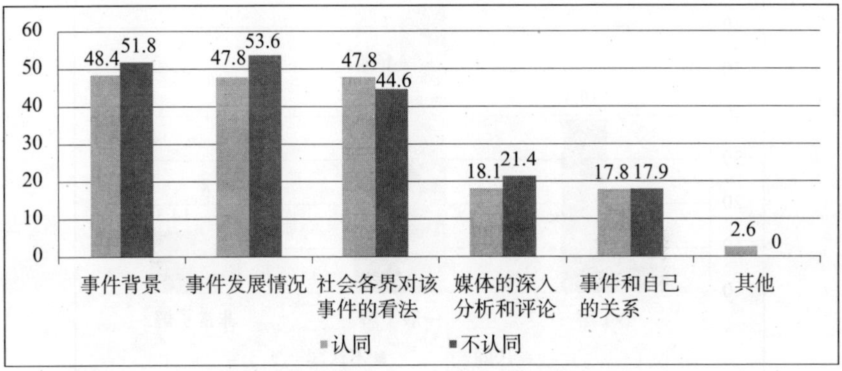

图2-2-13　针对新闻事件更倾向于了解哪方面信息对比（单位：%）

从图2-2-13可以看出，南疆维吾尔族受众针对新闻事件更倾向于了解的信息内容不同，在是否认同维吾尔语主流媒体传播的文化问题上也表现出差异。在认同维吾尔语主流媒体传播的文化的受众中，针对新闻事件更倾向于了解事件背景（所占比例最高）、事件发展情况、社会各界对该事件的看法、媒体的深入分析和评论、事件和自己的关系、其他（所占比例最低）的受众所占比例分别为 48.4%、47.8%、47.8%、18.1%、17.8%、2.6%；在不认同维吾尔语主流媒体传播的文化的受众中，针对新闻事件更倾向于了解事件背景、事件发展情况（所占比例最高）、社会各界对该事件的看法、媒体的深入分析和评论、事件和自己的关系、其他（所占比例最低）的受众所占比例分别为 51.8%、53.6%、44.6%、21.4%、17.9%、0。

数据表明：在南疆维吾尔族受众中，针对新闻事件更倾向于了解事件背景的受众认同维吾尔语主流媒体传播的文化的意向较强，更倾向于了解其他的受众认同维吾尔语主流媒体传播的文化的意向较弱。

三、信息认同

根据调查，我们发现不同信息类型也使得南疆维吾尔族受众对维吾尔语主流媒体传播的文化的认同程度不同，具体表现如下：

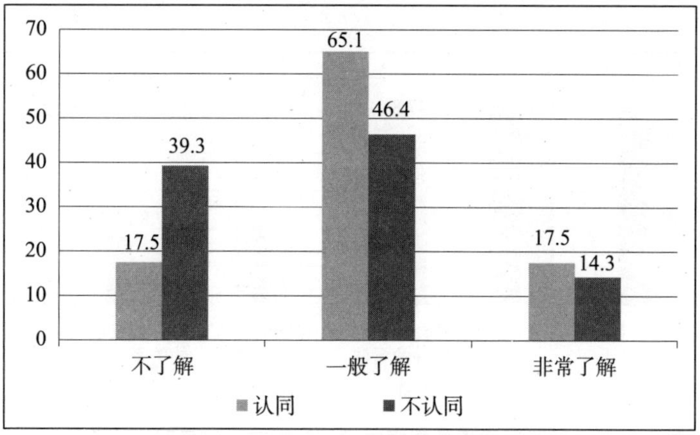

图 2-2-14　新疆维吾尔自治区第九次党代会的了解程度对比（单位：%）

从图 2-2-14 可以看出，南疆维吾尔族受众在对新疆维吾尔自治区第九次党代会的了解程度上存在差异，在是否认同维吾尔语主流媒体传播的文化问题上也表现出不同。在认同维吾尔语主流媒体传播的文化的受众中，对新疆维吾尔自治区第九次党代会不了解的占 17.5%（所占比例最低），一般了解的占 65.1%（所占比例最高），非常了解的占 17.5%（所占比例最低）；在不认同维吾尔语主流媒体传播的文化的受众中，对新疆维吾尔自治区第九次党代会不了解的占 39.3%，一般了解的占 46.4%（所占比例最高），非常了解的占 14.3%（所占比例最低）。

数据表明：南疆维吾尔族受众对新疆维吾尔自治区第九次党代会的了解程度为一般了解的受众认同维吾尔语主流媒体传播的文化的意向较强，了解程度为不了解和非常了解的受众认同维吾尔语主流媒体传播的文化的意向较弱。

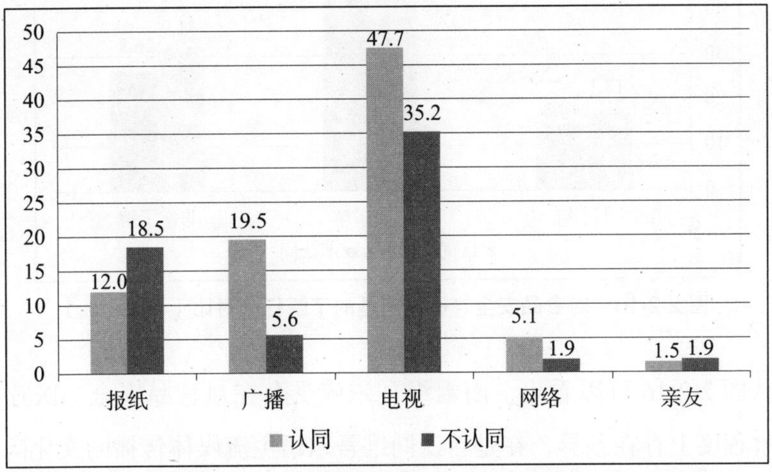

图 2-2-15　新疆维吾尔自治区第九次党代会的了解渠道对比（单位：%）

从图 2-2-15 可以看出，在是否认同维吾尔语主流媒体传播的文化问题上，了解新疆维吾尔自治区第九次党代会渠道不同的南疆维吾尔族受众表现出不同倾向。在认同维吾尔语主流媒体传播的文化的受众中，通过报纸了解新疆维吾尔自治区第九次党代会的占 12.0%，通过广播的占 19.5%，通过电视的占 47.7%（所占比例最高），通过网络的占 5.1%，通过亲友的占 1.5%（所占比例最低）；在不认同维吾尔语主流媒体传播的文化的受众中，通过报纸了解新疆维吾尔自治区第九次党代会的占 18.5%，通过广播的占 5.6%，通过电视的占 35.2%（所占比例最高），通过网络的占 1.9%（所占比例最低），通过亲友的占 1.9%（所占比例最低）。

数据表明：在认同主流媒体传播的文化的南疆维吾尔族受众中，通过电视了解新疆维吾尔自治区第九次党代会的受众认同维吾尔语主流媒体传播的文化的意向较强，通过亲友了解的受众认同维吾尔语主流媒体传播的文化的意向较弱。

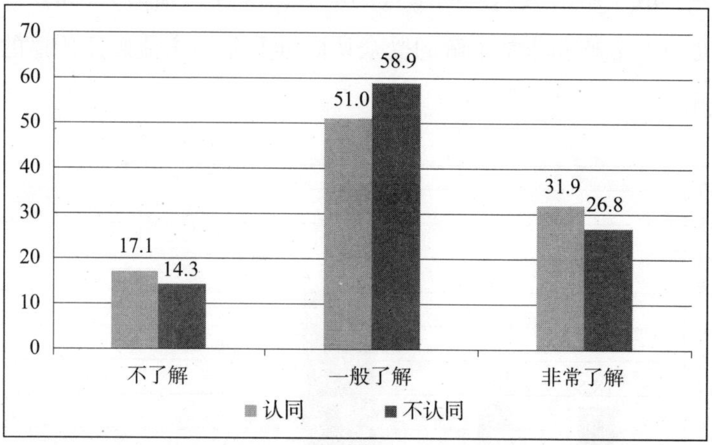

图 2-2-16　对食品安全、医疗问题的了解程度对比（单位：%）

从图 2-2-16 可以看出，南疆维吾尔族受众在对食品安全、医疗问题的了解程度上存在差异，在是否认同维吾尔语主流媒体传播的文化问题上也表现出不同。在认同维吾尔语主流媒体传播的文化的受众中，对食品安全、医疗问题不了解的占 17.1%（所占比例最低），一般了解的占 51.0%（所占比例最高），非常了解的占 31.9%；在不认同维吾尔语主流媒体传播的文化的受众中，对食品安全、医疗问题不了解的占 14.3%（所占比例最低），一般了解的占 58.9%（所占比例最高），非常了解的占 26.8%。

数据表明：南疆维吾尔族受众对食品安全、医疗问题的了解程度为一般了解的受众认同维吾尔语主流媒体传播的文化的意向较强，了解程度为不了解的受众认同维吾尔语主流媒体传播的文化的意向较弱。

从图 2-2-17 可以看出，在是否认同维吾尔语主流媒体传播的文化问题上，了解食品安全、医疗问题渠道不同的南疆维吾尔族受众表现出不同倾向。在认同维吾尔语主流媒体传播的文化的受众中，通过报纸了解食品安全、医疗问题的占 8.8%，通过广播的占 15.8%，通过电视的占 47.6%（所占比例最高），通过网络的占 10.3%，通过亲友的占 2.7%（所占比例最低）；在不认同维吾尔语主流媒体传播的文化的受众中，通过报纸了解食品安全、医疗问题的占 7.1%（所占比例最低），通过广播的占 12.5%，通过电视的占 44.6%（所占比例最高），通过网络的占 10.7%，通过亲友的占 12.5%。

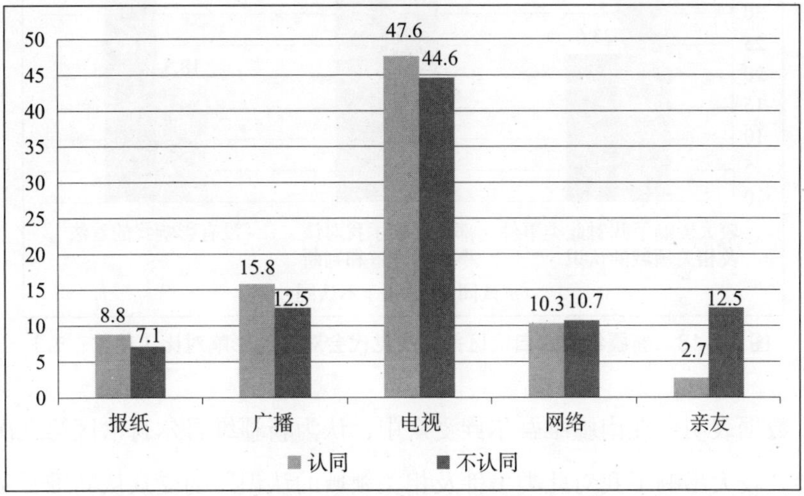

图 2-2-17 食品安全、医疗问题的了解渠道对比（单位：%）

数据表明：在南疆维吾尔族受众中，通过电视了解食品安全、医疗问题的受众认同维吾尔语主流媒体传播的文化的意向较强，通过亲友了解的受众认同维吾尔语主流媒体传播的文化的意向较弱。

从图 2-2-18 可以看出，新疆维吾尔自治区第九次党代会对南疆维吾尔族受众的影响程度各不相同，受众在是否认同维吾尔语主流媒体传播的文化问题上也表现出不同。在认同维吾尔语主流媒体传播的文化的受众中，认为新疆维吾尔自治区第九次党代会“较大影响了我对此类事件及相关领域的认识”的占 42.0%（所占比例最高），认为“部分影响了我对该事件的理解和判断”的占 39.6%，认为“没有影响我的看法”的占 18.3%（所占比例最低）；在不认同维吾尔语主流媒体传播的文化的受众中，认为新疆维吾尔自治区第九次党代会“较大影响了我对此类事件及相关领域的认识”的占23.6%（所占比例最低），认为“部分影响了我对该事件的理解和判断”的占38.2%（所占比例最高），认为“没有影响我的看法”的占38.2%（所占比例最高）。

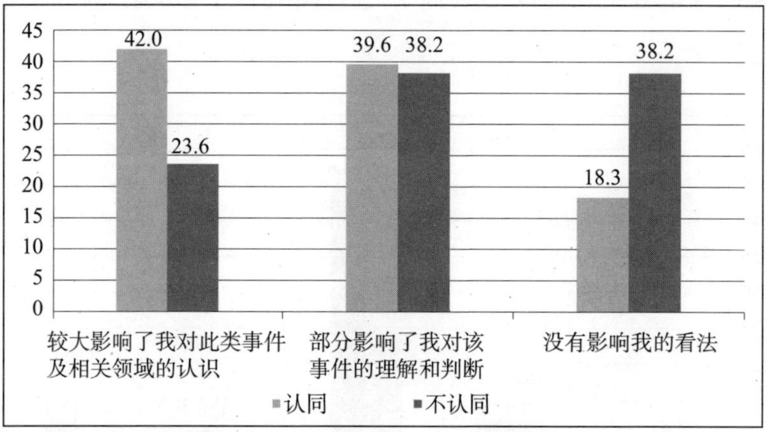

图 2-2-18　新疆维吾尔自治区第九次党代会对您的影响对比（单位：%）

数据表明：在南疆维吾尔族受众中，认为新疆维吾尔自治区第九次党代会“较大影响了我对此类事件及相关领域的认识”的受众认同维吾尔语主流媒体传播的文化的意向较强，认为“没有影响我的看法”的受众认同维吾尔语主流媒体传播的文化的意向较弱；认为“部分影响了我对该事件的理解和判断”的受众不认同维吾尔语主流媒体传播的文化的意向较强，认为“较大影响了我对此类事件及相关领域的认识”和“没有影响我的看法”的受众不认同维吾尔语主流媒体传播的文化的意向较弱。

从图 2-2-19 可以看出，食品安全、医疗问题对南疆维吾尔族受众的影响程度各不相同，受众在是否认同维吾尔语主流媒体传播的文化问题上也表现出不同。在认同维吾尔语主流媒体传播的文化的受众中，认为食品安全、医疗问题“较大影响了我对此类事件及相关领域的认识”的47.4%（所占比例最高），认为“部分影响了我对该事件的理解和判断”的占32.6%，认为“没有影响我的看法”的占19.9%（所占比例最低）；在不认同维吾尔语主流媒体传播的文化的受众中，认为食品安全、医疗问题“较大影响了我对此类事件及相关领域的认识”的23.2%（所占比例最低），认为“部分影响了我对该事件的理解和判断”的占39.3%（所占比例最高），认为“没有影响我的看法”的占37.5%。

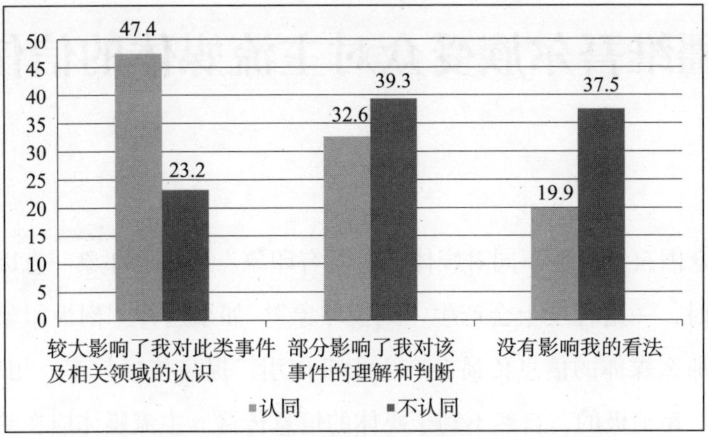

图 2-2-19　食品安全、医疗问题对您的影响对比（单位：%）

数据表明：在南疆维吾尔族受众中，认为食品安全、医疗问题对其影响程度为“较大影响了我对此类事件及相关领域的认识”的受众认同维吾尔语主流媒体传播的文化的意向较强，认为“没有影响我的看法”的受众认同维吾尔语主流媒体传播的文化的意向较弱。

第三章
南疆维吾尔族受众对主流媒体的信任度

受众因自身属性不同对媒体形成既有印象。当这种印象一直以一个形态持续时，一定程度上会产生“刻板印象”。如果这种“刻板印象”是积极的，那么媒体的信息传播会产生积极作用，提高传播效率；相反，“刻板印象”是消极的，自然不利于媒体的信息传播。主流媒体应在受众中打造一个权威、可信任、有影响力的“刻板印象”。树立可信任形象之前，应对受众进行调查、分析、研究，以此了解受众对主流媒体的既有印象如何，通过分析提出有关策略，进而提高媒体地位，强化受众的忠诚度和信任度。本章我们要从受众的基本情况、受众的媒体接触、受众对事件的关注程度等方面进行研究。

第一节　受众信任度

经过调查，南疆维吾尔族受众因性别、年龄、家庭所在地、受教育程度、国家通用语言文字水平、职业、收入情况等不同对维吾尔语主流媒体的信任程度有所不同，具体表现如下：

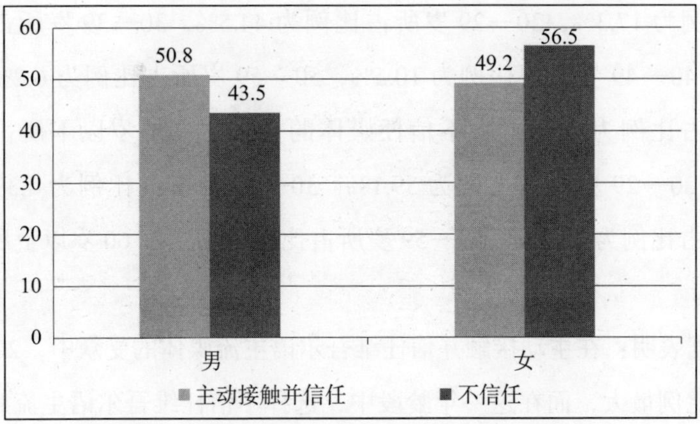

图 3-1-1　使用维吾尔语受众男女比例（单位：%）

从图 3-1-1 可以看出，南疆维吾尔族受众在获取信息时的媒体信任情况呈现出男女性别上的不同。在主动接触并信任媒体的受众中，男女所占比例差异不大，男性为 50.8%，女性为 49.2%；在不信任媒体的受众中，男女所占比例差距比较大，男女所占比例分别为 43.5% 和 56.5%。

数据表明：在南疆维吾尔族受众中，女性对媒体的不信任程度高于男性。

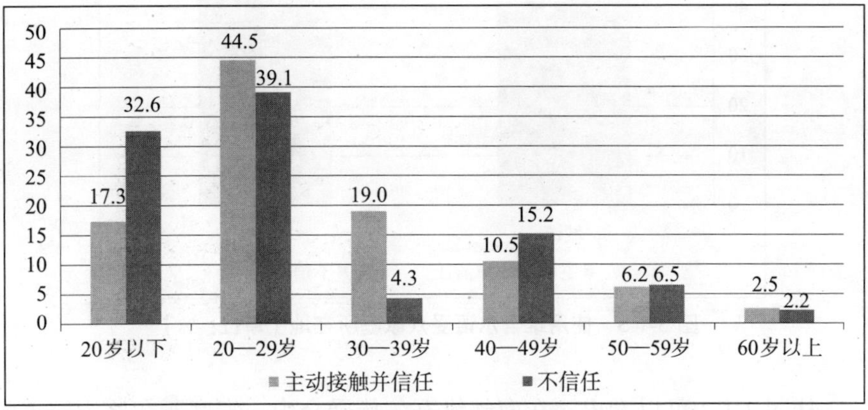

图 3-1-2　使用维吾尔语受众年龄的情况（单位：%）

从图 3-1-2 可以看出，南疆维吾尔族受众在获取信息时的媒体信任情况呈现出年龄段的差异。在主动接触并信任媒体的受众中，20 岁以下所占比例为 17.3%，20—29 岁所占比例为 44.5%，30—39 岁所占比例为 19.0%，40—49 岁所占比例为 10.5%，50—59 岁所占比例为 6.2%，60 岁以上所占比例为 2.5%；在不信任媒体的受众中，20 岁以下所占比例为 32.6%，20—29 岁所占比例为 39.1%，30—39 岁所占比例为 4.3%，40—49 岁所占比例为 15.2%，50—59 岁所占比例为 6.5%，60 岁以上所占比例为 2.2%。

数据表明：在主动接触并信任维吾尔语主流媒体的受众中，20—29 岁的受众比例最大，而在这一年龄段中，选择不信任维吾尔语主流媒体的受众比例也最大；在主动接触并信任维吾尔语主流媒体的受众中，60 岁以上的受众所占比例最小，而在这一年龄段中，选择不信任媒体的受众比例也最小；年龄段在 20 岁以下的受众中，选择不信任媒体的比例远高于主动接触并信任媒体的比例，而年龄段在 30—39 岁的受众中，选择不信任媒体的比例远低于主动接触并信任媒体的比例。

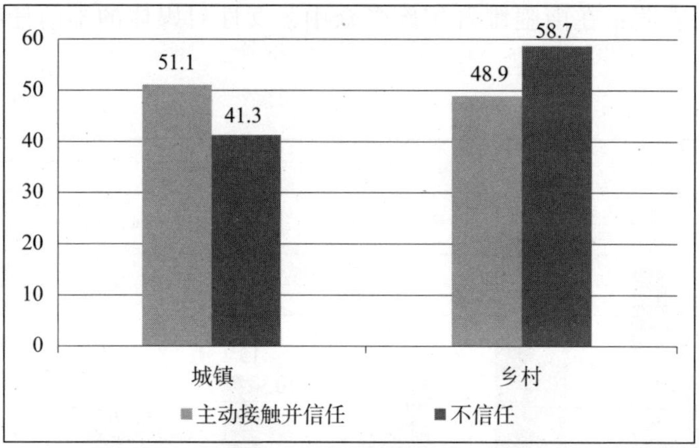

图 3-1-3　使用维吾尔语受众家庭所在地（单位：%）

从图 3-1-3 可以看出，在南疆维吾尔族受众中，家庭所在地为城镇的受众主动接触并信任媒体的比例为 51.1%，家庭所在地为乡村的受众主动接触并信任媒体的比例为 48.9%，二者差异不大；家庭所在地为城镇的受众不信任媒体的比例为 41.3%，家庭所在地为农村的受众不信任媒体的比例为 58.7%，二者差异明显。

数据表明：家庭所在地为乡村的受众对媒体的不信任程度远高于家庭所在地为城镇的受众。

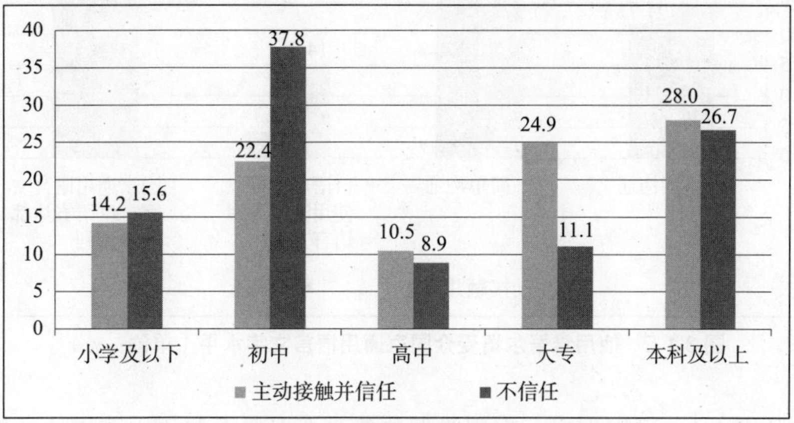

图 3-1-4　使用维吾尔语受众教育程度（单位：%）

从图 3-1-4 可以看出，南疆维吾尔族受众对维吾尔语主流媒体的信任度与其受教育程度有关。在主动接触并信任媒体的受众中，小学及以下文化程度所占比例为 14.2%，初中文化程度所占比例为 22.4%，高中文化程度所占比例为 10.5%，大专文化程度所占比例为 24.9%，本科及以上文化程度所占比例为 28.0%；在不信任媒体的受众中，小学及以下文化程度所占比例为 15.6%，初中文化程度所占比例为 37.8%，高中文化程度所占比例为 8.9%，大专文化程度所占比例为 11.1%，本科及以上文化程度所占比例为 26.7%。

数据表明：文化程度在本科及以上的受众，选择主动接触并信任媒体的比例是最高的；文化程度为高中的受众，选择主动接触并信任和不信任媒体的比例都是最低的；文化程度为初中的受众，选择不信任媒体的比例大大高于主动接触并信任媒体的比例，说明在这一文化程度上，大部分人不信任媒体；文化程度为大专的受众，选择不信任媒体的比例低于选择主动接触并信任媒体的比例，说明在这一文化程度上，大部分人选择信任媒体。

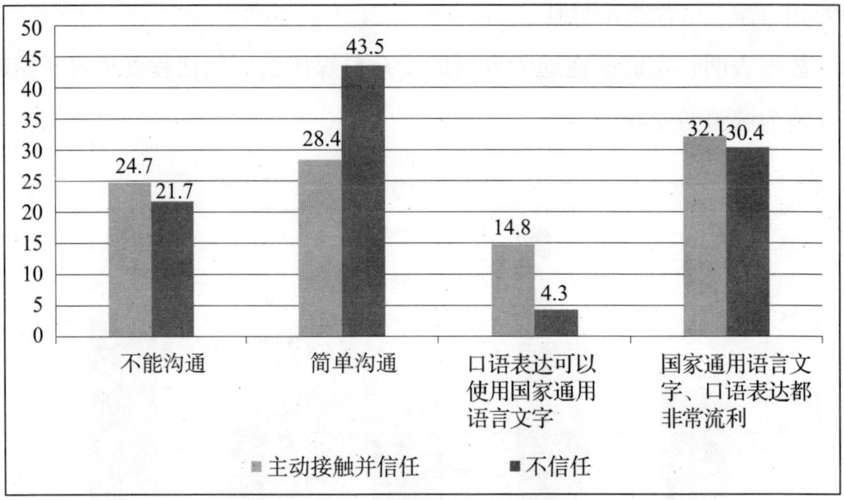

图 3-1-5 使用维吾尔语受众国家通用语言文字水平（单位：%）

从图 3-1-5 可以看出，南疆维吾尔族受众对维吾尔语主流媒体的信任度与其国家通用语言文字水平有关。在主动接触并信任维吾尔语主流媒体的受众中，不能使用国家通用语言文字进行沟通的比例为 24.7%，能使用国家通用语言文字简单沟通的比例为 28.4%，口语表达可以使用国家通用语言文字的比例为 14.8%，国家通用语言文字、口语表达都非常流利的比例为 32.1%；在不信任维吾尔语主流媒体的受众中，不能使用国家通用语言文字沟通的比例为 21.7%，能使用国家通用语言文字简单沟通的比例为 43.5%，口语表达可以使用国家通用语言文字的比例为 4.3%，国家通用语言文字、口语表达都非常流利的比例为 30.4%。

数据表明：能流利使用国家通用语言文字的受众对主流媒体的信任度高；能使用国家通用语言文字简单沟通的受众中，选择不信任主流媒体的比例远高于主动接触并信任主流媒体的比例。

从图 3-1-6 可以看出，南疆维吾尔族受众对主流媒体的信任度与其职业有关。在选择主动接触并信任媒体的受众中，学生的比例为 31.7%，工人的比例为 8.9%，农民的比例为 22.6%，公务员或事业单位人员的比例为 24.0%，个体从业者的比例为 9.1%，其他职业的比例为 3.7%；在选择不信任媒体的受众中，学生的比例为39.1%，工人的比例为4.3%，农民的比例为23.9%，公务员或事业单位人员的比例为30.4%，个体从业者的比例为2.2%，其他职业的比例为0。

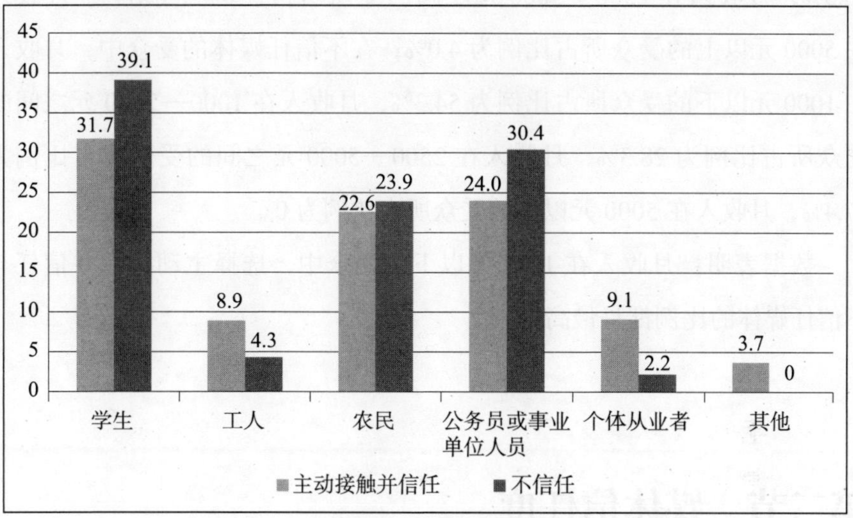

图 3-1-6　使用维吾尔语受众职业（单位：%）

数据表明：在选择主动接触并信任和不信任媒体的受众中，学生的比例都是最高的。

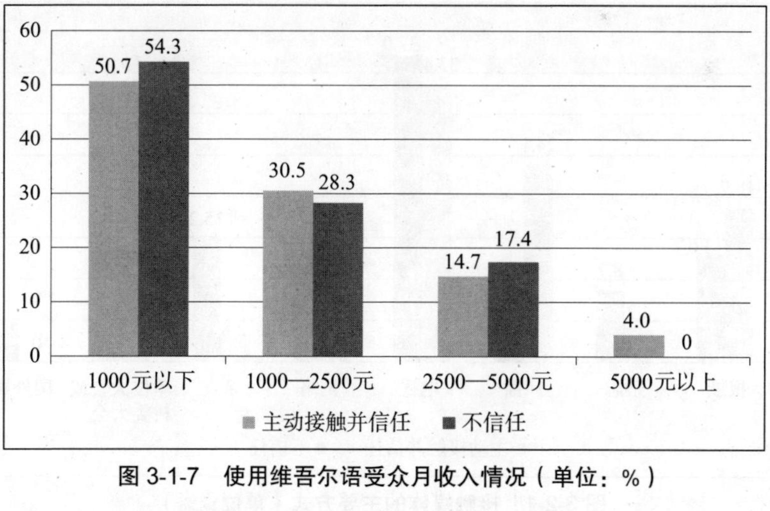

图 3-1-7　使用维吾尔语受众月收入情况（单位：%）

从图3-1-7可以看出，南疆维吾尔族受众对媒体的信任度与其收入情况有关。在主动接触并信任媒体的受众中，月收入在1000元以下的受众所占比例为50.7%，月收入在1000—2500元之间的受众所占比例为30.5%，月收入在2500—5000元之间的受众所占比例为14.7%，月收入在5000元以上的受众所占比例为4.0%；在不信任媒体的受众中，月收入在1000元以下的受众所占比例为54.3%，月收入在1000—2500元之间的受众所占比例为28.3%，月收入在2500—5000元之间的受众所占比例为17.4%，月收入在5000元以上的受众所占比例为0。

数据表明：月收入在1000元以下的受众中，选择主动接触并信任与不信任媒体的比例都是最高的。

第二节　媒体信任度

接触不同类型的媒介、不同的接触方式、不同的接触目的等都反映出南疆维吾尔族受众对维吾尔语主流媒体的信任程度，具体情况如下：

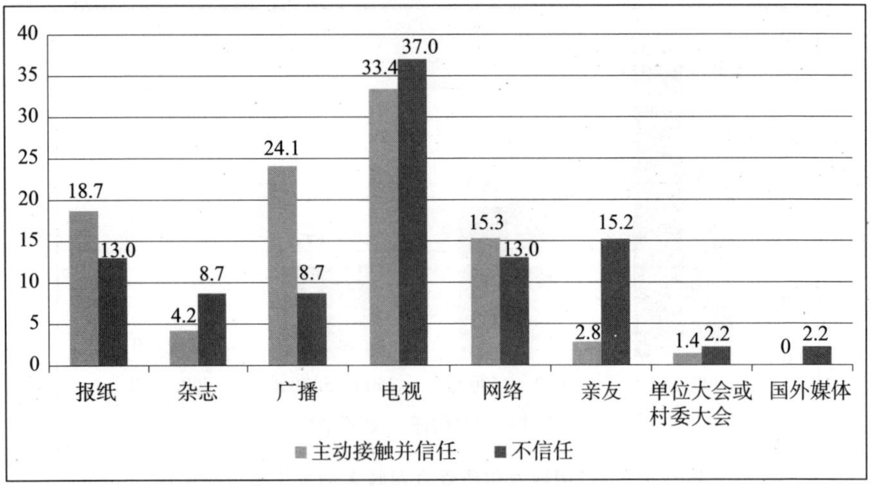

图3-2-1　接触媒体的主要方式（单位：%）

从图 3-2-1 可以看出，在主动接触并信任媒体的南疆维吾尔族受众中，以报纸方式接触媒体的受众所占比例为 18.7%，以杂志方式接触媒体的受众所占比例为 4.2%，以广播方式接触媒体的受众所占比例为 24.1%，以电视方式接触媒体的受众所占比例为 33.4%，以网络方式接触媒体的受众所占比例为 15.3%，通过亲友获取信息的受众所占比例为 2.8%，通过单位大会或村委大会获取信息的受众所占比例为 1.4%，通过国外媒体获取信息的受众所占比例为 0；在不信任媒体的南疆维吾尔族受众中，以报纸方式接触媒体的受众所占比例为 13.0%，以杂志方式接触媒体的受众所占比例为 8.7%，以广播方式接触媒体的受众所占比例为 8.7%，以电视方式接触媒体的受众所占比例为 37.0%，以网络方式接触媒体的受众所占比例为 13.0%，通过亲友获取信息的受众所占比例为 15.2%，通过单位大会或村委大会获取信息的受众所占比例为 2.2%，通过国外媒体获取信息的受众所占比例为 2.2%。

数据表明：在同样以电视方式接触媒体的受众中，主动接触并信任与不信任媒体的比例均比以其他方式接触媒体的比例高。在以广播为主要接触媒体的方式的受众中，选择主动接触并信任媒体的比例远高于不信任的比例，说明听广播的受众大部分对媒体较信任；在通过亲友获取信息的受众中，选择不信任的比例高于主动接触并信任的比例，说明大部分人对通过亲友获取信息这一方式持不信任态度。

从图 3-2-2 可以看出，在主动接触并信任媒体的南疆维吾尔族受众中，以方便为标准的受众比例为 55.7%，以权威、可信度高为标准的受众比例为 18.5%，以免费或费用低为标准的受众比例为 8.8%，以内容好、能满足自身需求为标准的受众比例为 14.8%，其他原因的受众比例为 2.3%；在不信任媒体的南疆维吾尔族受众中，以方便为标准的受众比例为 52.2%，以权威、可信度高为标准的受众比例为 10.9%，以免费或费用低为标准的受众比例为 13.0%，以内容好、能满足自身需求为标准的受众比例为 21.7%，其他原因的受众比例为 2.2%。

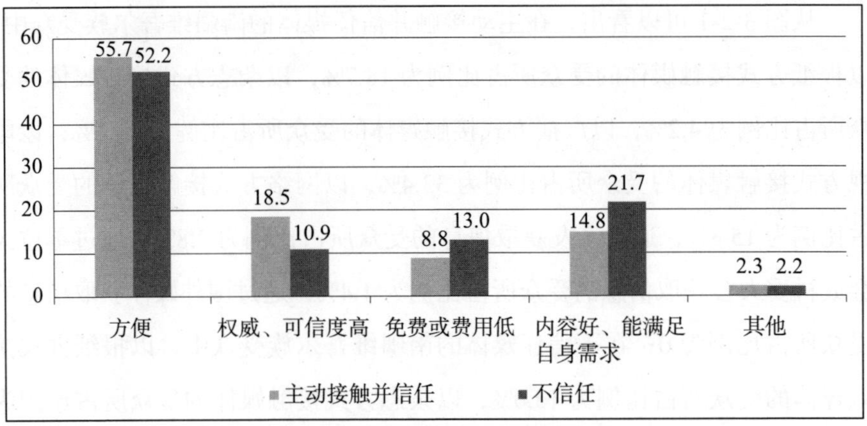

图 3-2-2　选择某种接触方式的原因（单位：%）

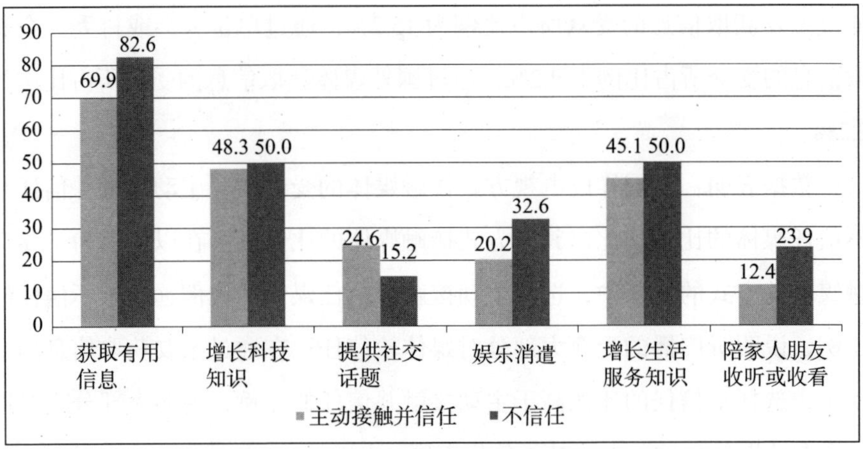

图 3-2-3　接触媒体的主要目的（单位：%）

从图 3-2-3 可以看出，南疆维吾尔族受众对媒体信任度与其接触媒体的目的有关。在主动接触并信任媒体的受众中，接触媒体的主要目的是获取有用信息的受众所占比例为 69.9%，接触媒体的主要目的是增长科技知识的受众所占比例为 48.3%，接触媒体的主要目的是提供社交话题的受众所占比例为 24.6%，接触媒体的主要目的是娱乐消遣的受众所占比例为 20.2%，接触媒体的主要目的是增长生活服务知识的受众所占比例为 45.1%，接触媒体的主要目的是陪家人朋友收听或收看的受众所占比例为 12.4%；在不信任媒体的受众中，接触媒体的主要目的是获取有用信息的受众所占比例为 82.6%，接触媒体的主要目的是增长科技知识的受众所占比例为 50.0%，接触媒体的主要目的是提供社交话题的受众所占比例为 15.2%，接触媒体的主要目的是娱乐消遣的受众所占比例为 32.6%，接触媒体的主要目的是增长生活服务知识的受众所占比例为 50.0%，接触媒体的主要目的是陪家人朋友收听或收看的受众所占比例为 23.9%。

数据表明：在接触媒体的主要目的是获取有用信息的受众中，选择不信任媒体的比例大于主动接触并信任媒体的比例，说明大部分人会对自己获知的信息产生怀疑或不确定性；在接触媒体的主要目的是娱乐消遣的受众中，选择不信任媒体的比例大于主动接触并信任媒体的比例，说明大部分人从媒体中得不到自己预期的娱乐消遣程度的满足；在接触媒体的主要目的是陪家人朋友收听或收看的受众中，选择不信任媒体的比例大于主动接触并信任媒体的比例，说明不是出于自身需求选择媒体的大部分受众对媒体的信任度不高。

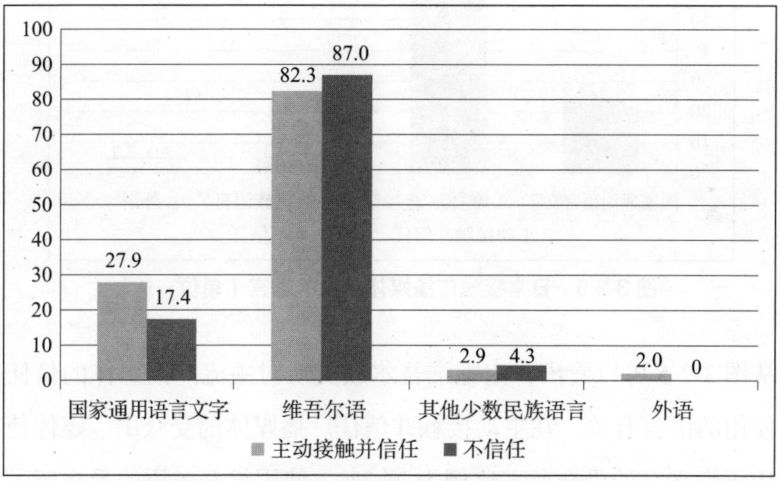

图 3-2-4　日常接触报纸媒体使用的语言（单位：%）

从图 3-2-4 可以看出，南疆维吾尔族受众对主流报纸媒体的信任度与其所使用的语言有关。在主动接触并信任报纸媒体的受众中，媒体使用国家通用语言文字的受众所占比例为27.9%，使用维吾尔语的受众所占比例为82.3%，使用其他少数民族语言的受众所占比例为2.9%，使用外语的受众所占比例为2.0%；在不信任报纸媒体的受众中，媒体使用国家通用语言文字的受众所占比例为17.4%，使用维吾尔语的受众所占比例为87.0%，使用其他少数民族语言的受众所占比例为4.3%，使用外语的受众所占比例为0。

数据表明：当报纸媒体使用维吾尔语刊发时，主动接触并信任和不信任媒体的受众比例都是最高的，而当报纸媒体使用国家通用语言文字刊发时，主动接触并信任媒体的受众比例远远高于不信任媒体的受众比例，说明当主流报纸媒体采用国家通用语言文字刊发时，大部分受众会选择相信媒体。

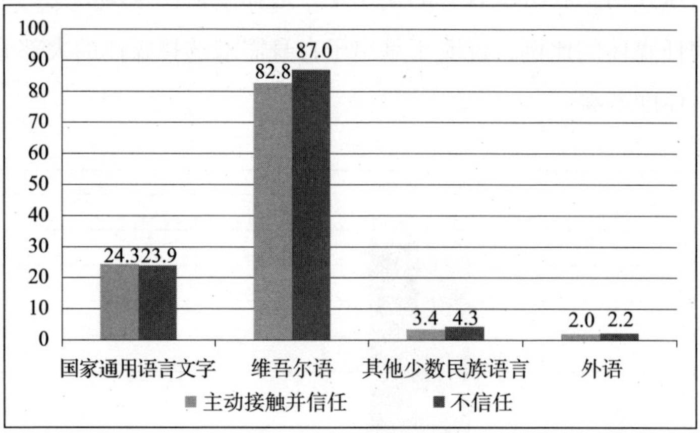

图 3-2-5 日常接触广播媒体使用的语言（单位：%）

从图3-2-5可以看出，南疆维吾尔族受众对主流广播媒体的信任度与其所使用的语言有关。在主动接触并信任广播媒体的受众中，媒体使用国家通用语言文字的受众所占比例为24.3%，使用维吾尔语的受众所占比例为82.8%，使用其他少数民族语言的受众所占比例为3.4%，使用外语的受众所占比例为2.0%；在不信任广播媒体的南疆维吾尔族受众中，媒体使用国家通用语言文字的受众所占比例为23.9%，使用维吾尔语的受众所占比例为 87.0%，使用其他少数民族语言的受众所占比例为 4.3%，使用外语的受众所占比例为 2.2%。

数据表明：如果受众日常接触的广播媒体用维吾尔语播出，受众对媒体的信任度高。

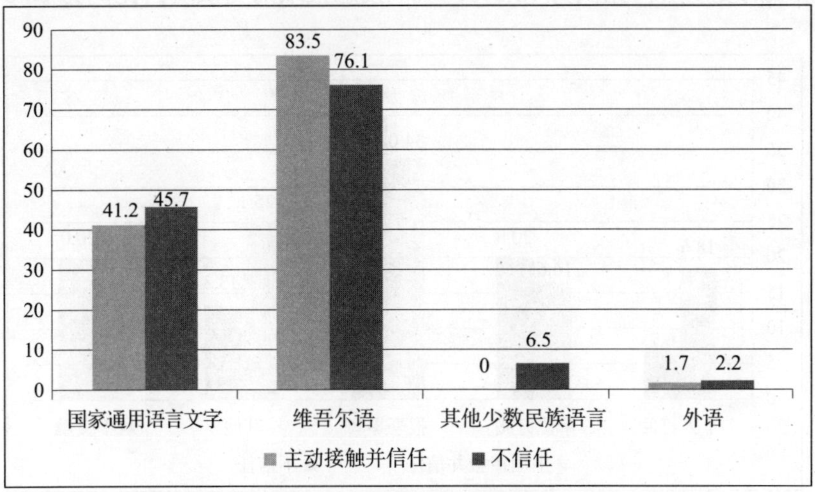

图 3-2-6　日常接触电视媒体使用的语言（单位：%）

从图 3-2-6 可以看出，南疆维吾尔族受众对主流电视媒体的信任度与其所使用的语言有关。在主动接触并信任电视媒体的受众中，媒体使用国家通用语言文字的受众所占比例为 41.2%，使用维吾尔语的受众所占比例为 83.5%，使用其他少数民族语言的受众所占比例为 0，使用外语的受众所占比例为 1.7%；在不信任电视媒体的南疆维吾尔族受众中，媒体使用国家通用语言文字的受众所占比例为 45.7%，使用维吾尔语的受众所占比例为 76.1%，使用其他少数民族语言的受众所占比例为 6.5%，使用外语的受众所占比例为 2.2%。

从图 3-2-7 可以看出，南疆维吾尔族受众对报纸媒体的信任度与其接触报纸的途径有关。在主动接触并信任报纸媒体的受众中，通过个人订阅接触报纸的受众所占比例为 18.6%，通过单位订阅接触报纸的受众所占比例为 16.6%，通过报亭零售接触报纸的受众所占比例为 34.0%，通过其他途径接触报纸的受众所占比例为 25.1%，从不接触报纸的受众所占比例为 5.7%；在不信任报纸媒体的南疆维吾尔族受众中，通过个人订阅接触报纸的受众所占比例为 6.7%，通过单位订阅接触报纸的受众所占比例为 20.0%，通过报亭零售接触报纸的受众所占比例为 40.0%，通过其他途径接触报纸的受众所占比例为 13.3%，从不接触报纸的受众所占比例为 20.0%。

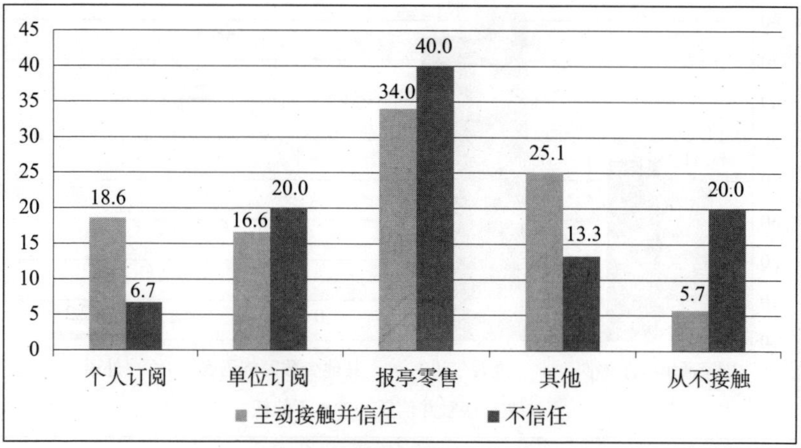

图 3-2-7　日常接触报纸的途径（单位：%）

数据表明：通过个人订阅接触报纸的受众中，大部分人对报纸的信任度比较高，而从不接触报纸媒体的受众中，大部分人对报纸的信任度偏低。

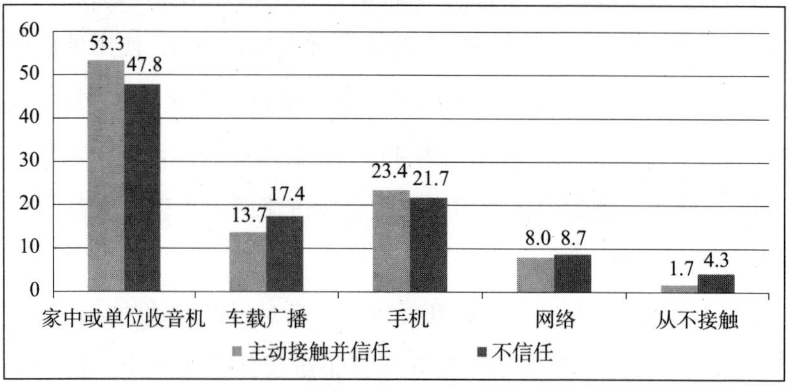

图 3-2-8　日常接触广播的途径（单位：%）

从图 3-2-8 可以看出，南疆维吾尔族受众对广播媒体的信任度与其接触报纸的途径有关。在主动接触并信任广播媒体的受众中，通过家中或单位收音机接触广播的受众所占比例为 53.3%，通过车载广播接触广播的受众所占比例为 13.7%，通过手机接触广播的受众所占比例为 23.4%，通过网络接触广播的受众所占比例为 8.0%，从不接触广播的受众所占比例为 1.7%；在不信任广播媒体的受众中，通过家中或单位收音机接触广播的受众所占比例为 47.8%，通过车载广播接触广播的受众所占比例为 17.4%，通过手机接触广播的受众所占比例为 21.7%，通过网络接触广播的受众所占比例为 8.7%，从不接触广播的受众所占比例为 4.3%。

数据表明：日常接触广播的途径是家中或单位收音机的受众对媒体的信任度最高，其次是使用手机接触广播的受众。

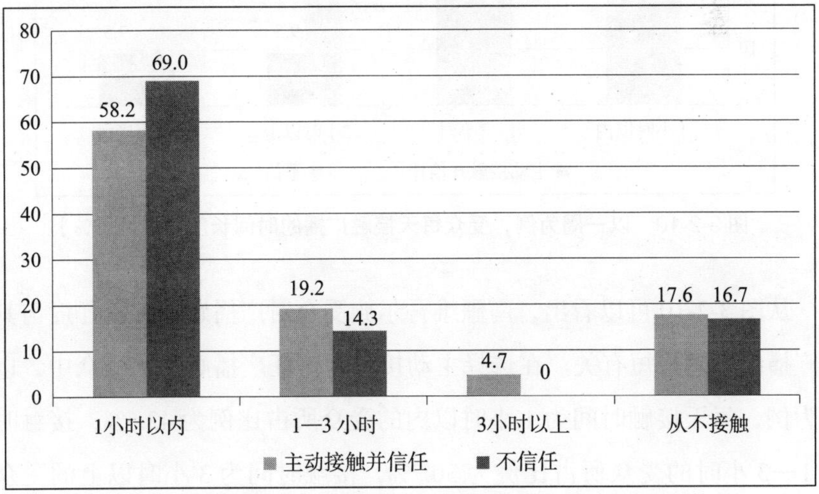

图 3-2-9　以一周为例，受众每天接触报纸的时间长度（单位：%）

从图 3-2-9 可以看出，南疆维吾尔族受众对报纸媒体的信任度与其接触报纸的时间长短有关。在选择主动接触并信任报纸媒体的受众中，以一周为例，每天接触时间为 1 小时以内的受众所占比例为 58.2%，接触时间为 1—3 小时的受众所占比例为 19.2%，接触时间为 3 小时以上的受众所占比例为 4.7%，从不接触的受众所占比例为 17.6%；在选择不信任报纸媒体的受众中，以一周为例，每天接触时间为 1 小时以内的受众所占比例为 69.0%，接触时间为 1—3 小时的受众所占比例为 14.3%，接触时间为 3 小时以上的受众所占比例为 0，从不接触的受众所占比例为 16.7%。

数据表明：以一周为例，每天接触报纸媒体 1 小时以内的受众，对报纸不信任的比例高于主动接触并信任的比例，说明接触报纸媒体时间较少的受众中，较多的人对媒体的信任度偏低。

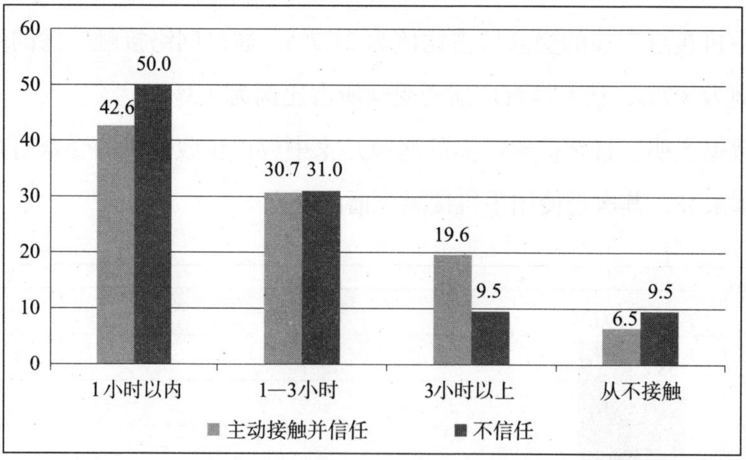

图 3-2-10　以一周为例，受众每天接触广播的时间长度（单位：%）

从图 3-2-10 可以看出，南疆维吾尔族受众对广播媒体的信任度与其接触广播的时间长短有关。在选择主动接触并信任广播媒体的受众中，以一周为例，每天接触时间为 1 小时以内的受众所占比例为 42.6%，接触时间为 1—3 小时的受众所占比例为 30.7%，接触时间为 3 小时以上的受众所占比例为 19.6%，从不接触的受众所占比例为 6.5%；在选择不信任广播媒体的受众中，以一周为例，每天接触时间为 1 小时以内的受众所占比例为 50.0%，接触时间为 1—3 小时的受众所占比例为 31.0%，接触时间为 3 小时以上的受众所占比例为 9.5%，从不接触的受众所占比例为 9.5%。

数据表明：南疆维吾尔族受众接触广播媒体时间越短，信任度越高；接触广播媒体时间越长，信任度反而越低。

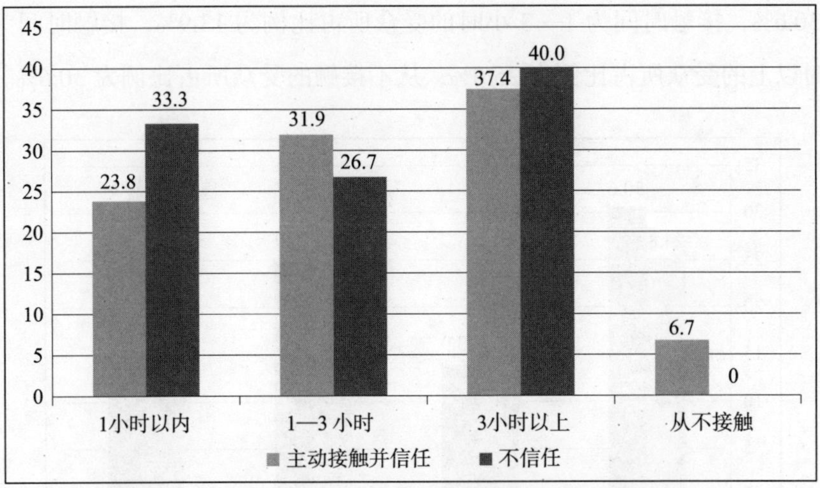

图 3-2-11 以一周为例，受众每天接触电视的时间长度（单位：%）

从图 3-2-11 可以看出，南疆维吾尔族受众对电视媒体的信任度与其接触电视的时间长短有关。在选择主动接触并信任电视媒体的受众中，以一周为例，每天接触时间为 1 小时以内的受众所占比例为 23.8%，接触时间为 1—3 小时的受众所占比例为 31.9%，接触时间为 3 小时以上的受众所占比例为 37.4%，从不接触的受众所占比例为 6.7%；在选择不信任电视媒体的受众中，以一周为例，每天接触时间为 1 小时以内的受众所占比例为 33.3%，接触时间为 1—3 小时的受众所占比例为 26.7%，接触时间为 3 小时以上的受众所占比例为 40.0%，从不接触的受众所占比例为 0。

数据表明：以一周为例，每天接触电视媒体的时间超过 3 小时的受众对媒体的信任度低。

从图 3-2-12 可以看出，南疆维吾尔族受众对网络媒体的信任度与其接触网络的时间长短有关。在选择主动接触并信任网络媒体的受众中，以一周为例，每天接触时间为 1 小时以内的受众所占比例为 24.8%，接触时间为 1—3 小时的受众所占比例为 23.5%，接触时间为 3 小时以上的受众所占比例为 19.9%，从不接触的受众所占比例为 30.2%；在选择不信任网络媒体的受众中，以一周为例，每天接触时间为 1 小时以内的受众所占比例为 30.6%，接触时间为 1—3 小时的受众所占比例为 13.9%，接触时间为 3 小时以上的受众所占比例为 25.0%，从不接触的受众所占比例为 30.6%。

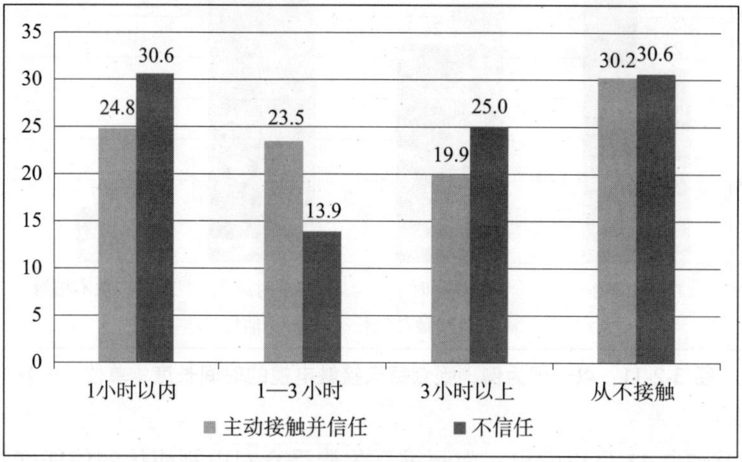

图 3-2-12　以一周为例，受众每天接触网络的时间长度（单位：%）

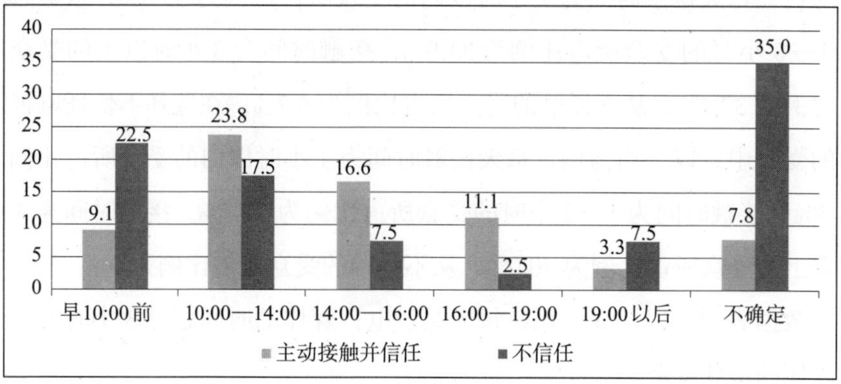

图 3-2-13　受众日常接触报纸媒体的主要时段（单位：%）

从图 3-2-13 可以看出，南疆维吾尔族受众对报纸媒体的信任度与其接触报纸的时间段有关。在主动接触并信任报纸媒体的受众中，选择在早 10:00 前接触报纸的受众所占比例为 9.1%，在 10:00—14:00 接触报纸的受众所占比例为 23.8%，在 14:00—16:00 接触报纸的受众所占比例为 16.6%，在 16:00—19:00 接触报纸的受众所占比例为 11.1%，在

19：00以后接触报纸的受众所占比例为3.3%，不确定时间段接触报纸的受众比例为7.8%；在不信任报纸媒体的受众中，选择在早10：00前接触报纸的受众所占比例为22.5%，在10：00—14：00接触报纸的受众所占比例为17.5%，在14：00—16：00接触报纸的受众所占比例为7.5%，在16：00—19：00接触报纸的受众所占比例为2.5%，在19：00以后接触报纸的受众所占比例为7.5%，不确定时间段接触报纸的受众比例为35.0%。

数据表明：在早10：00前和在不确定时间段接触报纸媒体的受众中，大部分人对报纸的信任度偏低，可见报社工作人员可以将报纸发行时间进行适当调整和改变。

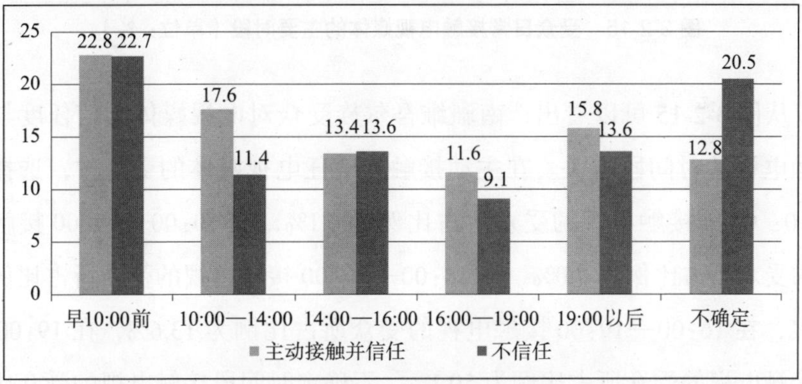

图3-2-14　受众日常接触广播媒体的主要时段（单位：%）

从图3-2-14可以看出，南疆维吾尔族受众对广播媒体的信任度与其接触广播的时间段有关。在主动接触并信任广播媒体的受众中，选择在早10：00前接触广播的受众所占比例为22.8%，在10：00—14：00接触广播的受众所占比例为17.6%，在14：00—16：00接触广播的受众所占比例为13.4%，在16：00—19：00接触广播的受众所占比例为11.6%，在19：00以后接触广播的受众所占比例为15.8%，不确定时间段接触广播的受众比例为12.8%；在不信任广播媒体的受众中，选择在早10：00前接触广播的受众所占比例为22.7%，在10：00—14：00接触广播的受众所占比例为11.4%，在14：00—16：00接触广播的受众所占比例为13.6%，在

16: 00—19: 00 接触广播的受众所占比例为 9.1%，在 19: 00 以后接触广播的受众所占比例为 13.6%，不确定时间段接触广播的受众比例为 20.5%。

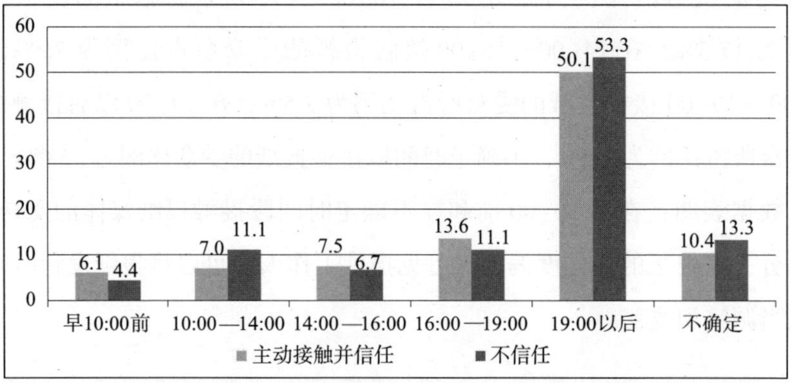

图 3-2-15　受众日常接触电视媒体的主要时段（单位：%）

从图 3-2-15 可以看出，南疆维吾尔族受众对电视媒体的信任度与其接触电视的时间段有关。在主动接触并信任电视媒体的受众中，选择在早 10：00 前接触电视的受众所占比例为 6.1%，在 10:00—14:00 接触电视的受众所占比例为 7.0%，在 14:00—16:00 接触电视的受众所占比例为 7.5%，在 16:00—19:00 接触电视的受众所占比例为 13.6%，在 19:00 以后接触电视的受众所占比例为 50.1%，不确定时间段接触电视的受众比例为 10.4%；在不信任电视媒体的受众中，选择在早 10:00 前接触电视的受众所占比例为 4.4%，在 10:00—14:00 接触电视的受众所占比例为 11.1%，在 14:00—16:00 接触电视的受众所占比例为 6.7%，在 16:00—19:00 接触电视的受众所占比例为 11.1%，在 19:00 以后接触电视的受众所占比例为 53.3%，不确定时间段接触电视的受众比例为 13.3%。

数据表明：南疆维吾尔族受众日常接触电视媒体的主要时段在 19:00 以后的受众对媒体的信任度低。

从图 3-2-16 可以看出，南疆维吾尔族受众对网络媒体的信任度与其接触网络的时间段有关系。在主动接触并信任网络媒体的受众中，选择在早 10:00 前接触媒体的受众所占比例为 6.4%，在 10:00—14:00 接触网络的受众所占比例为3.3%，在14:00—16:00接触网络的受众所占比例为9.4%，在16:00—19:00接触网络的受众所占比例为9.0%，在19:00以后接触网络的受众所占比例为21.1%，不确定时间段接触网络的受众比例为38.1%；在不信任网络媒体的受众中，选择在早10:00前接触网络的受众所占比例为5.6%，在10:00—14:00接触网络的受众所占比例为2.8%，在14:00—16:00接触网络的受众所占比例为2.8%，在16:00—19:00接触网络的受众所占比例为13.9%，在19:00以后接触网络的受众所占比例为33.3%，不确定时间段接触网络的受众比例为30.6%。

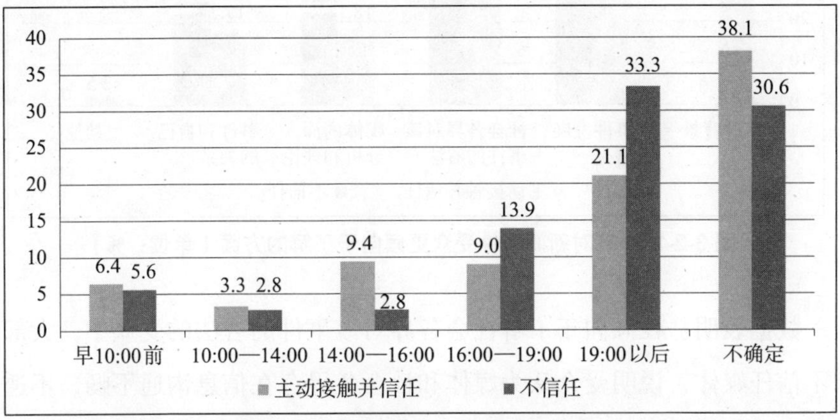

图3-2-16　受众日常接触网络媒体的主要时段（单位：%）

数据表明：在19:00以后接触网络媒体的南疆维吾尔族受众对媒体的信任度较低。

从图3-2-17可以看出，南疆维吾尔族受众对媒体信任度与其关注新闻信息内容有关。在主动接触并信任媒体的受众中，倾向于了解新闻事件背景的受众所占比例为49.4%，倾向于了解新闻事件发展情况的受众所占比例为48.6%，倾向于了解社会各界对该事件的看法的受众所占比例为45.8%，倾向于了解媒体的深入分析和评论的受众所占比例为18.1%，倾向于了解事件和自己的关系的受众所占比例为17.2%，倾向于了解其他方面的受众所占比例为2.5%；在不信任媒体的受众中，倾向于了解新闻事件发展情况的受众所占比例为48.9%，倾向于了解社会各界对该事件的看法的受众所占比例为60.0%，倾向于了解媒体的深入分析和评论的受众所占比例为22.2%，倾向于了解事件和自己的关系的受众所占比例为22.2%，倾向于了解新闻事件背景和其他方面的受众所占比例为0。

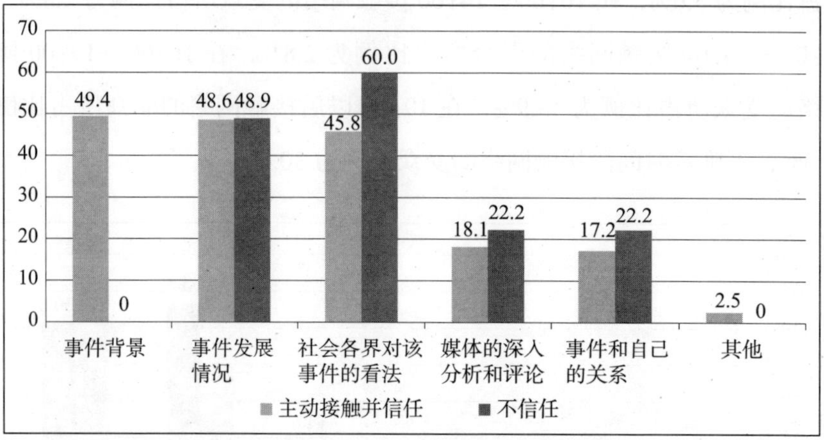

图 3-2-17　针对新闻事件受众更倾向于了解的方面（单位：%）

数据表明：在倾向于了解社会各界对该事件的看法的受众中，大部分人不信任媒体，说明受众认为媒体和社会各界存在信息沟通不畅、不透明等诸多问题。

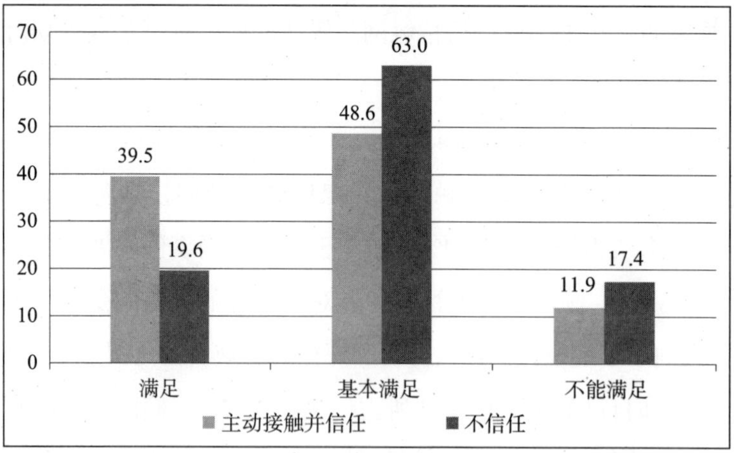

图 3-2-18　主流媒体提供的信息对受众信息需求的满足程度（单位：%）

从图 3-2-18 可以看出，南疆维吾尔族受众对媒体信任度与主流媒体提供的信息能否让受众得到满足密切有关。在主动接触并信任媒体的受众中，认为能满足其信息需求的受众所占比例为 39.5%，认为基本能满足其信息需求的受众所占比例为 48.6%，认为不能满足其信息需求的受众所占比例为 11.9%；在不信任媒体的受众中，认为能满足其信息需求的受众所占比例为 19.6%，认为基本能满足其信息需求的受众所占比例为 63.0%，认为不能满足其信息需求的受众所占比例为 17.4%。

数据表明：认为能满足自身信息需求的受众中，大部分人选择信任媒体。

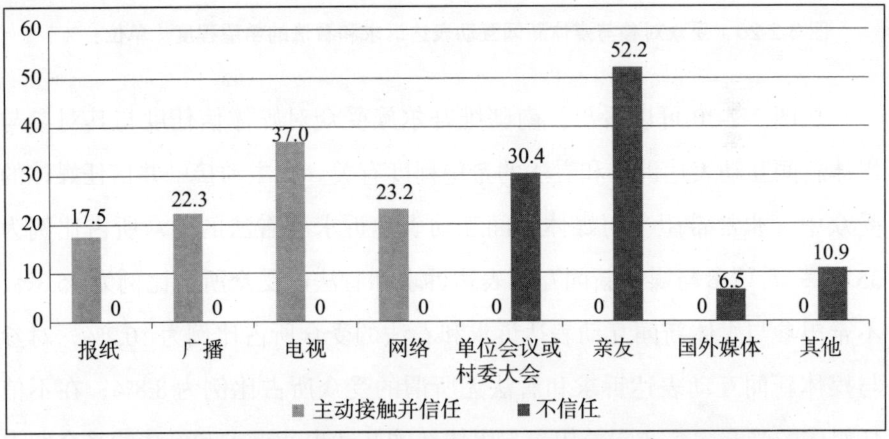

图 3-2-19 遇到重大新闻事件时受众最信任的信息获取渠道（单位：%）

从图 3-2-19 可以看出，南疆维吾尔族受众对媒体信任度与在遇到重大新闻事件时受众信任哪种信息获取渠道有关。在主动接触并信任媒体的受众中，选择报纸的受众所占比例为 17.5%，选择广播的受众所占比例为 22.3%，选择电视的受众所占比例为 37.0%，选择网络的受众所占比例为 23.2%；在不信任媒体的受众中，选择单位会议或村委大会的受众所占比例为 30.4%，选择亲友的受众所占比例为 52.2%，选择国外媒体的受众所占比例为 6.5%，选择其他渠道的受众所占比例为 10.9%。

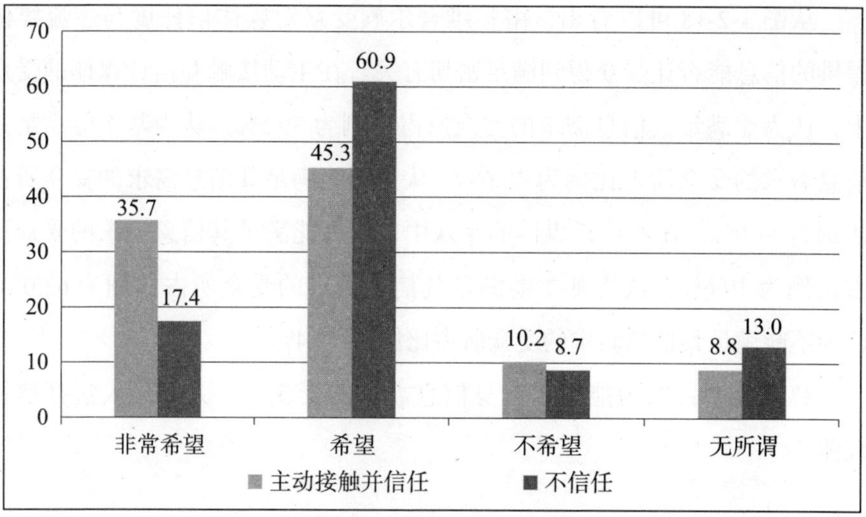

图 3-2-20 受众对参与媒体新闻互动表达诉求和看法的希望程度（单位：%）

从图 3-2-20 可以看出，南疆维吾尔族受众对媒体信任度与其对参与媒体新闻互动表达诉求和看法的希望程度有关。在主动接触并信任媒体的受众中，非常希望参与媒体新闻互动表达诉求和看法的受众所占比例为 35.7%，希望参与媒体新闻互动表达诉求和看法的受众所占比例为 45.3%，不希望参与媒体新闻互动表达诉求和看法的受众所占比例为 10.2%，对参与媒体新闻互动表达诉求和看法无所谓的受众所占比例为 8.8%；在不信任媒体的受众中，非常希望参与媒体新闻互动表达诉求和看法的受众所占比例为 17.4%，希望参与媒体新闻互动表达诉求和看法的受众所占比例为 60.9%，不希望参与媒体新闻互动表达诉求和看法的受众所占比例为 8.7%，对参与媒体新闻互动表达诉求和看法无所谓的受众所占比例为 13.0%。

数据表明：非常希望参与媒体新闻互动表达诉求和看法的受众，其主动接触并信任媒体的比例远远高于不信任的比例，说明越希望参与媒体新闻互动表达诉求和看法的受众越信任媒体。

第三节 信息信任度

根据调查，南疆维吾尔族受众信任的媒体信息具体如下：

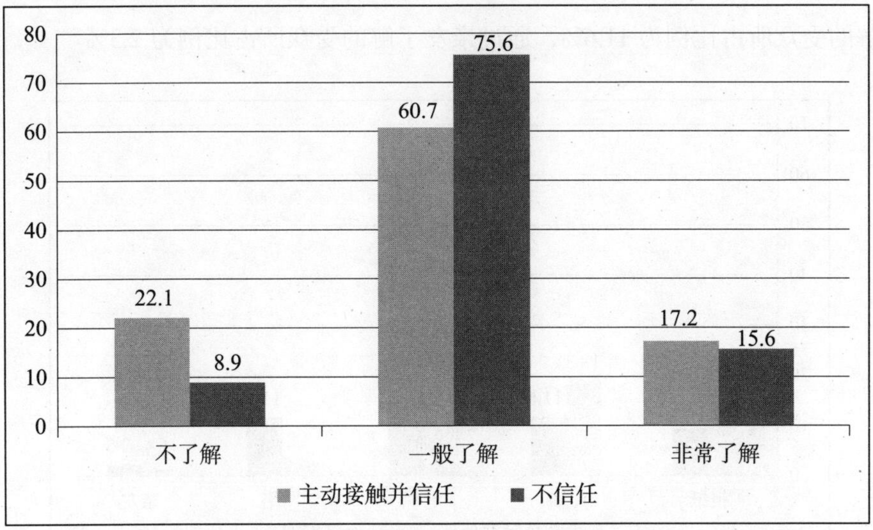

图 3-3-1 受众对新疆维吾尔自治区第九次党代会的了解程度（单位：%）

从图 3-3-1 可以看出，南疆维吾尔族受众对媒体信任度与其对新疆维吾尔自治区第九次党代会的了解程度有关。在主动接触并信任媒体的受众中，对新疆维吾尔自治区第九次党代会不了解的受众所占比例为 22.1%，对新疆维吾尔自治区第九次党代会一般了解的受众所占比例为 60.7%，对新疆维吾尔自治区第九次党代会非常了解的受众所占比例为 17.2%；在不信任媒体的受众中，对新疆维吾尔自治区第九次党代会不了解的受众所占比例为 8.9%，对新疆维吾尔自治区第九次党代会一般了解的受众所占比例为 75.6%，对新疆维吾尔自治区第九次党代会非常了解的受众所占比例为 15.6%。

从图 3-3-2 可以看出，南疆维吾尔族受众对媒体信任度与其对新疆维吾尔自治区第九次党代会的了解渠道有关。在主动接触并信任媒体的受众中，通过报纸了解的受众所占比例为 13.4%，通过广播了解的受众所占比例为18.3%，通过电视了解的受众所占比例为44.2%，通过网络了解的受众所占比例为3.8%，通过亲友了解的受众所占比例为1.5%；在不信任媒体的受众中，通过报纸了解的受众所占比例为9.3%，通过广播了解的受众所占比例为11.6%，通过电视了解的受众所占比例为60.5%，通过网络了解的受众所占比例为11.6%，通过亲友了解的受众所占比例为2.3%。

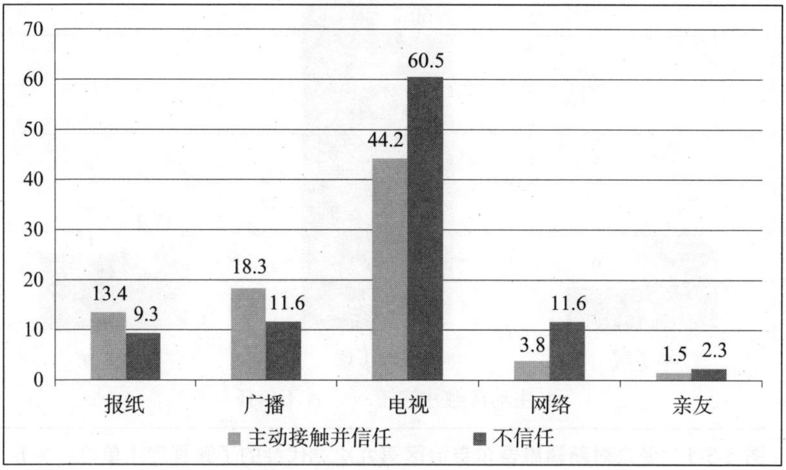

图3-3-2　受众对新疆维吾尔自治区第九次党代会的了解渠道（单位：%）

数据表明：通过电视媒体了解新疆维吾尔自治区第九次党代会的受众对媒体的信任度高，其次是广播媒体。

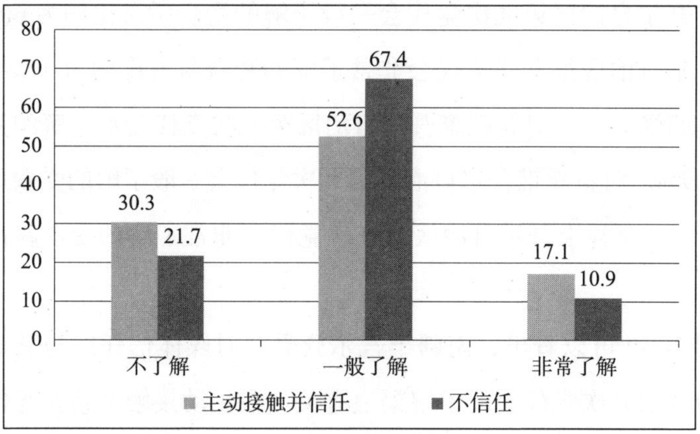

图3-3-3　受众对中国—亚欧博览会的了解程度（单位：%）

从图 3-3-3 可以看出，南疆维吾尔族受众对媒体信任度与其对中国—亚欧博览会的了解程度有关。在主动接触并信任媒体的受众中，对中国—亚欧博览会不了解的受众所占比例为 30.3%，对中国—亚欧博览会一般了解的受众所占比例为 52.6%，对中国—亚欧博览会非常了解的受众所占比例为 17.1%；在不信任媒体的受众中，对中国—亚欧博览会不了解的受众所占比例为 21.7%，对中国—亚欧博览会一般了解的受众所占比例为 67.4%，对中国—亚欧博览会非常了解的受众所占比例为 10.9%。

数据表明：对中国—亚欧博览会一般了解的受众，其对媒体的信任比例远低于不信任比例。

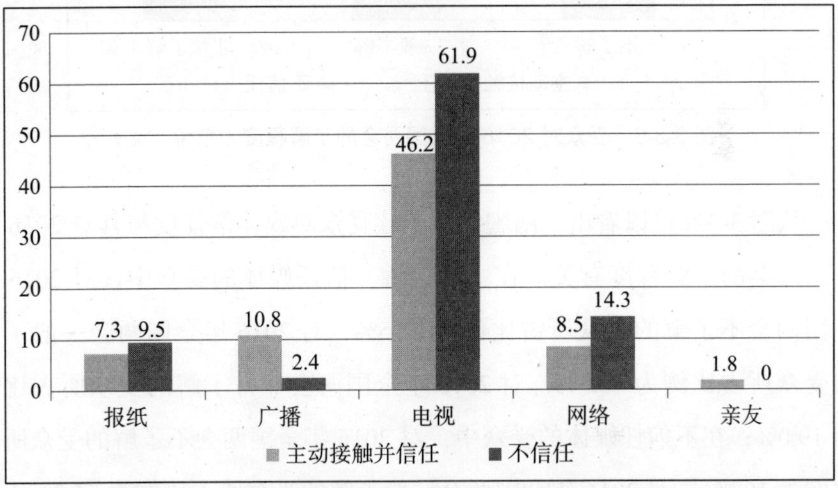

图 3-3-4　受众对中国—亚欧博览会的了解渠道（单位：%）

从图 3-3-4 可以看出，南疆维吾尔族受众对媒体信任度与其对中国—亚欧博览会的了解渠道有关。在主动接触并信任媒体的受众中，通过报纸了解的受众所占比例为 7.3%，通过广播了解的受众所占比例为 10.8%，通过电视了解的受众所占比例为 46.2%，通过网络了解的受众所占比例为 8.5%，通过亲友了解的受众所占比例为 1.8%；在不信任媒体的受众中，通过报纸了解的受众所占比例为 9.5%，通过广播了解的受众所占比例为 2.4%，通过电视了解的受众所占比例为 61.9%，通过网络了解的受众所占比例为 14.3%，通过亲友了解的受众所占比例为 0。

数据表明：通过电视媒体了解中国—亚欧博览会的受众对媒体的信任度高，其次是广播媒体。

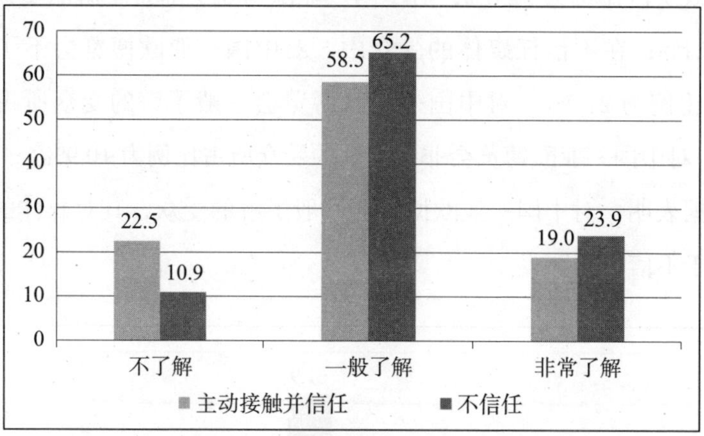

图 3-3-5　受众对 2016 年全国两会的了解程度（单位：%）

从图 3-3-5 可以看出，南疆维吾尔族受众对媒体信任度与其对 2016 年全国两会的了解程度有关。在主动接触并信任媒体的受众中，对 2016 年全国两会不了解的受众所占比例为 22.5%，对 2016 年全国两会一般了解的受众所占比例为 58.5%，对 2016 年全国两会非常了解的受众所占比例为 19.0%；在不信任媒体的受众中，对 2016 年全国两会不了解的受众所占比例为 10.9%，对 2016 年全国两会一般了解的受众所占比例为 65.2%，对 2016 年全国两会非常了解的受众所占比例为 23.9%。

从图 3-3-6 可以看出，南疆维吾尔族受众对媒体信任度与其对 2016 年全国两会的了解渠道有关。在主动接触并信任媒体的受众中，通过报纸了解的受众所占比例为 10.6%，通过广播了解的受众所占比例为 17.6%，通过电视了解的受众所占比例为 44.0%，通过网络了解的受众所占比例为 5.6%，通过亲友了解的受众所占比例为 1.5%；在不信任媒体的受众中，通过报纸了解的受众所占比例为 8.7%，通过广播了解的受众所占比例为 8.7%，通过电视了解的受众所占比例为 58.7%，通过网络了解的受众所占比例为 8.7%，通过亲友了解的受众所占比例为 10.9%。

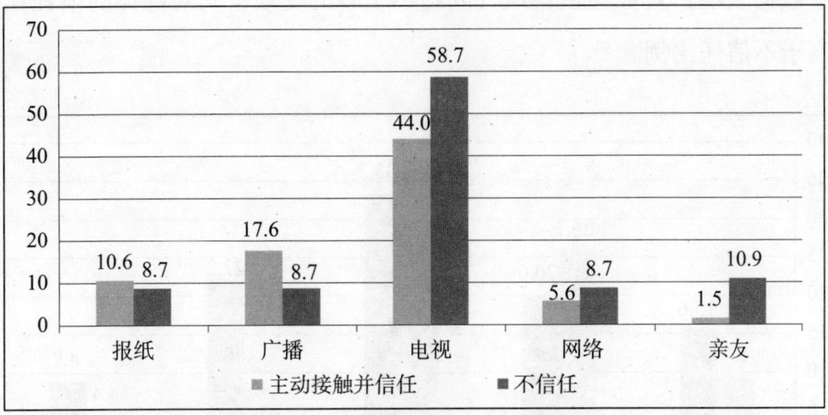

图 3-3-6　受众对 2016 年全国两会的了解渠道（单位：%）

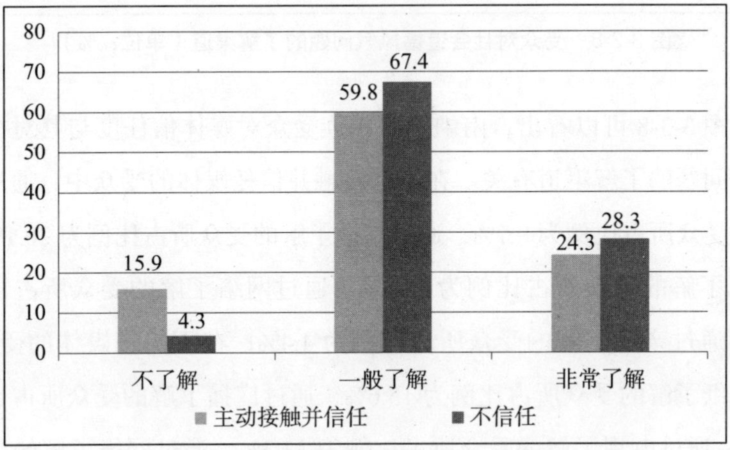

图 3-3-7　受众对社会道德风气问题的了解程度（单位：%）

从图 3-3-7 可以看出，南疆维吾尔族受众对媒体信任度与其对社会道德风气问题的了解程度有关。在主动接触并信任媒体的受众中，对社会道德风气问题不了解的受众所占比例为 15.9%，对社会道德风气问题一般了解的受众所占比例为 59.8%，对社会道德风气问题非常了解的受众所占比例为 24.3%；在不信任媒体的受众中，对社会道德风气问题不了解的受众所占比例为 4.3%，对社会道德风气问题一般了解的受众所占比例为

67.4%，对社会道德风气问题非常了解的受众所占比例为28.3%。

数据表明：对社会道德风气问题不了解的受众，其对媒体的信任比例远高于不信任比例。

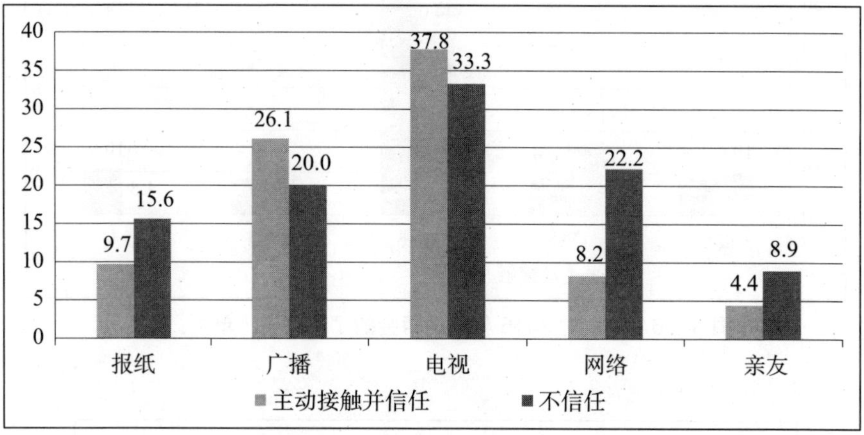

图 3-3-8 受众对社会道德风气问题的了解渠道（单位：%）

从图3-3-8可以看出，南疆维吾尔族受众对媒体信任度与其对社会道德风气问题的了解渠道有关。在主动接触并信任媒体的受众中，通过报纸了解的受众所占比例为9.7%，通过广播了解的受众所占比例为26.1%，通过电视了解的受众所占比例为37.8%，通过网络了解的受众所占比例为8.2%，通过亲友了解的受众所占比例为4.4%；在不信任媒体的受众中，通过报纸了解的受众所占比例为15.6%，通过广播了解的受众所占比例为20.0%，通过电视了解的受众所占比例为33.3%，通过网络了解的受众所占比例为22.2%，通过亲友了解的受众所占比例为8.9%。

从图3-3-9可以看出，南疆维吾尔族受众对媒体信任度与其对网上购票、火车票实名制的了解程度有关。在主动接触并信任媒体的受众中，对网上购票、火车票实名制不了解的受众所占比例为35.2%，对网上购票、火车票实名制一般了解的受众所占比例为36.7%，对网上购票、火车票实名制非常了解的受众所占比例为28.1%；在不信任媒体的受众中，对网上购票、火车票实名制不了解的受众所占比例为26.7%，对网上购票、火车票实名制一般了解的受众所占比例为 60.0%，对网上购票、火车票实名制非常了解的受众所占比例为 13.3%。

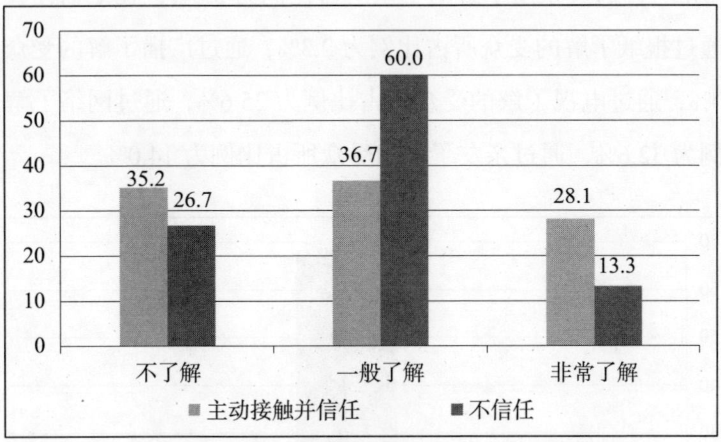

图 3-3-9　受众对网上购票、火车票实名制的了解程度（单位：%）

数据表明：对网上购票、火车票实名制一般了解的受众，其对媒体的信任比例远低于不信任比例；而对网上购票、火车票实名制非常了解的受众，其对媒体的信任比例远高于不信任比例。

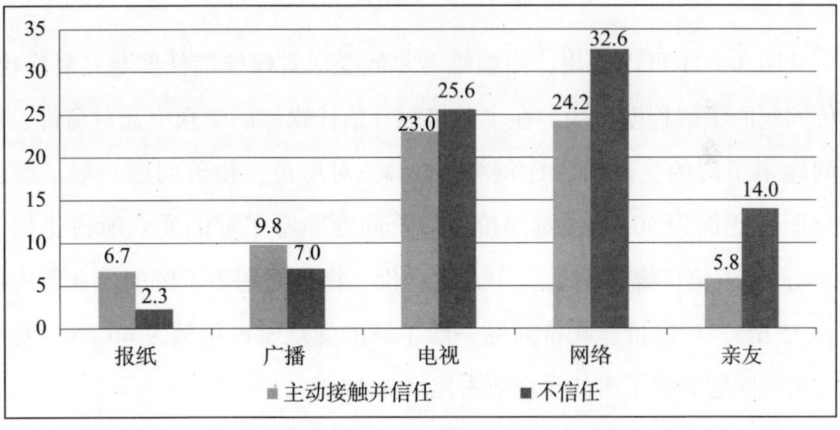

图 3-3-10　受众对网上购票、火车票实名制的了解渠道（单位：%）

从图 3-3-10 可以看出，南疆维吾尔族受众对媒体信任度与其对网上购票、火车票实名制的了解渠道有关。在主动接触并信任媒体的受众中，通过报纸了解的受众所占比例为 6.7%，通过广播了解的受众所占比例为 9.8%，通过电视了解的受众所占比例为 23.0%，通过网络了解的受众所占比例为 24.2%，通过亲友了解的受众所占比例为 5.8%；在不信任媒体的受众中，通过报纸了解的受众所占比例为 2.3%，通过广播了解的受众所占比例为 7.0%，通过电视了解的受众所占比例为 25.6%，通过网络了解的受众所占比例为 32.6%，通过亲友了解的受众所占比例为 14.0%。

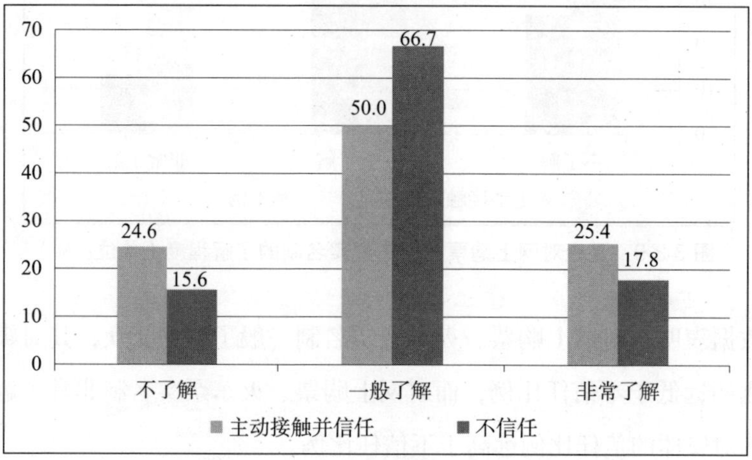

图 3-3-11　受众对房价、物价问题的了解程度（单位：%）

从图 3-3-11 可以看出，南疆维吾尔族受众对媒体信任度与其对房价、物价问题的了解程度有关。在主动接触并信任媒体的受众中，对房价、物价问题不了解的受众所占比例为 24.6%，对房价、物价问题一般了解的受众所占比例为 50.0%，对房价、物价问题非常了解的受众所占比例为 25.4%；在不信任媒体的受众中，对房价、物价问题不了解的受众所占比例为 15.6%，对房价、物价问题一般了解的受众所占比例为 66.7%，对房价、物价问题非常了解的受众所占比例为 17.8%。

数据表明：对房价、物价问题一般了解的受众，其对媒体的信任比例远低于不信任比例。

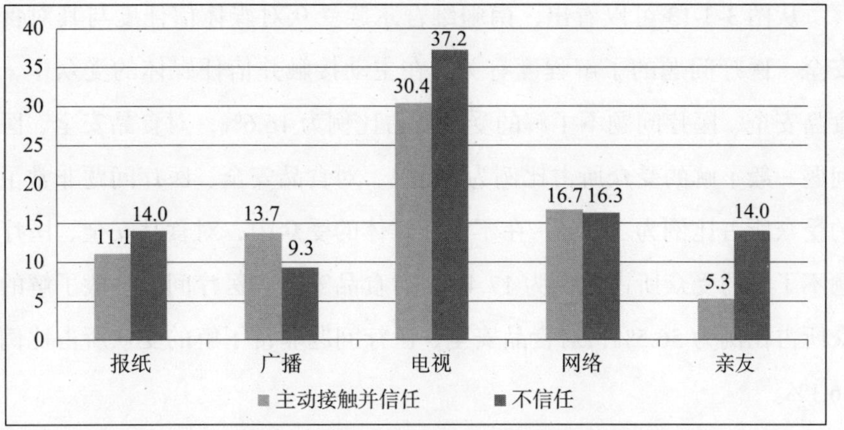

图 3-3-12　受众对房价、物价问题的了解渠道（单位：%）

从图 3-3-12 可以看出，南疆维吾尔族受众对媒体信任度与其对房价、物价问题的了解渠道有关。在主动接触并信任媒体的受众中，通过报纸了解的受众所占比例为 11.1%，通过广播了解的受众所占比例为 13.7%，通过电视了解的受众所占比例为 30.4%，通过网络了解的受众所占比例为 16.7%，通过亲友了解的受众所占比例为 5.3%；在不信任媒体的受众中，通过报纸了解的受众所占比例为 14.0%，通过广播了解的受众所占比例为 9.3%，通过电视了解的受众所占比例为 37.2%，通过网络了解的受众所占比例为 16.3%，通过亲友了解的受众所占比例为 14.0%。

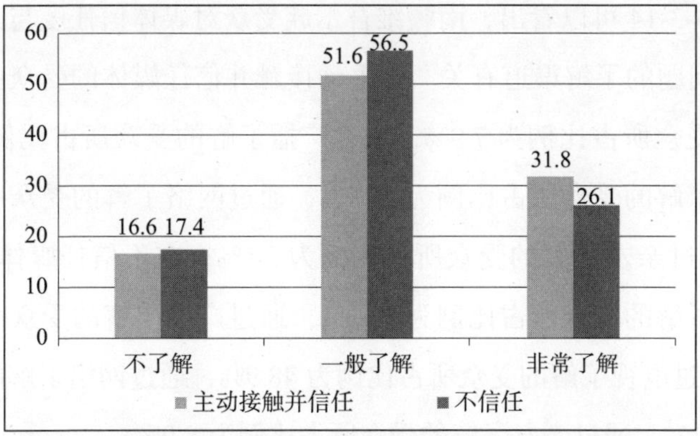

图 3-3-13　受众对食品安全、医疗问题的了解程度（单位：%）

从图 3-3-13 可以看出，南疆维吾尔族受众对媒体信任度与其对食品安全、医疗问题的了解程度有关。在主动接触并信任媒体的受众中，对食品安全、医疗问题不了解的受众所占比例为 16.6%，对食品安全、医疗问题一般了解的受众所占比例为 51.6%，对食品安全、医疗问题非常了解的受众所占比例为 31.8%；在不信任媒体的受众中，对食品安全、医疗问题不了解的受众所占比例为 17.4%，对食品安全、医疗问题一般了解的受众所占比例为 56.5%，对食品安全、医疗问题非常了解的受众所占比例为 26.1%。

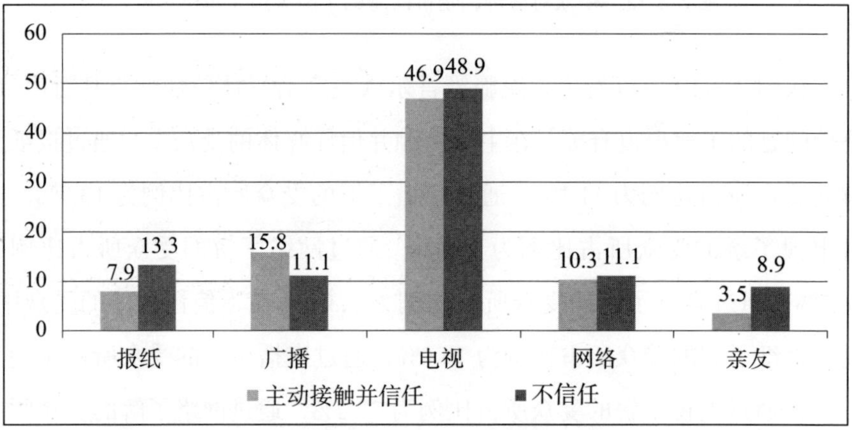

图 3-3-14　受众对食品安全、医疗问题的了解渠道（单位：%）

从图 3-3-14 可以看出，南疆维吾尔族受众对媒体信任度与其对食品安全、医疗问题的了解渠道有关。在主动接触并信任媒体的受众中，通过报纸了解的受众所占比例为 7.9%，通过广播了解的受众所占比例为 15.8%，通过电视了解的受众所占比例为 46.9%，通过网络了解的受众所占比例为 10.3%，通过亲友了解的受众所占比例为 3.5%；在不信任媒体的受众中，通过报纸了解的受众所占比例为 13.3%，通过广播了解的受众所占比例为 11.1%，通过电视了解的受众所占比例为 48.9%，通过网络了解的受众所占比例为 11.1%，通过亲友了解的受众所占比例为 8.9%。

数据表明：通过电视媒体了解食品安全、医疗问题的受众对媒体的信任度高，其次是广播媒体。

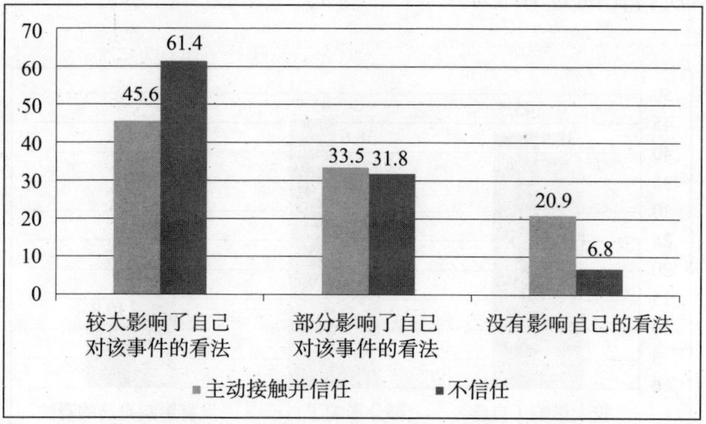

图 3-3-15　2014 年中央第二次新疆工作会议报道对受众的影响程度（单位：%）

从图 3-3-15 可以看出，南疆维吾尔族受众对媒体信任度与 2014 年中央第二次新疆工作会议报道对其的影响程度有关。在主动接触并信任媒体的受众中，认为较大影响了自己对该事件的看法的受众所占比例为 45.6%，认为部分影响了自己对该事件的看法的受众所占比例为 33.5%，认为没有影响自己的看法的受众所占比例为 20.9%；在不信任媒体的受众中，认为较大影响了自己对该事件的看法的受众所占比例为 61.4%，认为部分影响了自己对该事件的看法的受众所占比例为 31.8%，认为没有影响自己的看法的受众所占比例为 6.8%。

数据表明：受众认为新闻报道对自己的影响程度与他们对媒体的信任度呈正相关。

从图 3-3-16 可以看出，南疆维吾尔族受众对媒体信任度与新疆维吾尔自治区第九次党代会报道对其的影响程度有关。在主动接触并信任媒体的受众中，认为较大影响了自己对该事件的看法的受众所占比例为 38.9%，认为部分影响了自己对该事件的看法的受众所占比例为 38.6%，认为没有影响自己的看法的受众所占比例为 22.5%；在不信任媒体的受众中，认为较大影响了自己对该事件的看法的受众所占比例为 43.5%，认为部分影响了自己对该事件的看法的受众所占比例为 45.7%，认为没有影响自己的看法的受众所占比例为 10.9%。

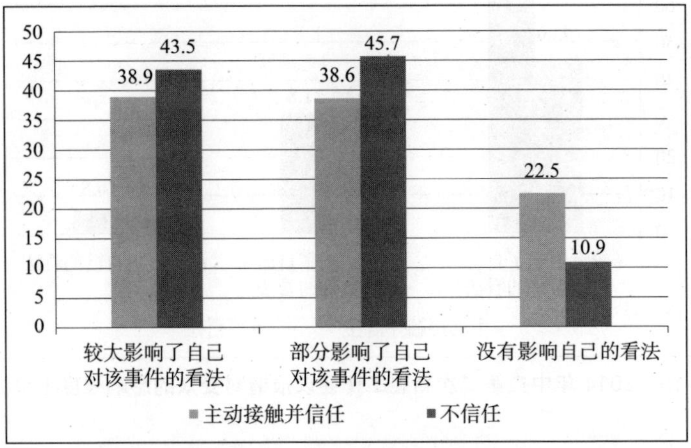

图 3-3-16　新疆维吾尔自治区第九次党代会报道对受众的影响程度（单位：%）

数据表明：受众认为新闻报道对自己的影响程度与他们对媒体的信任度呈正相关。

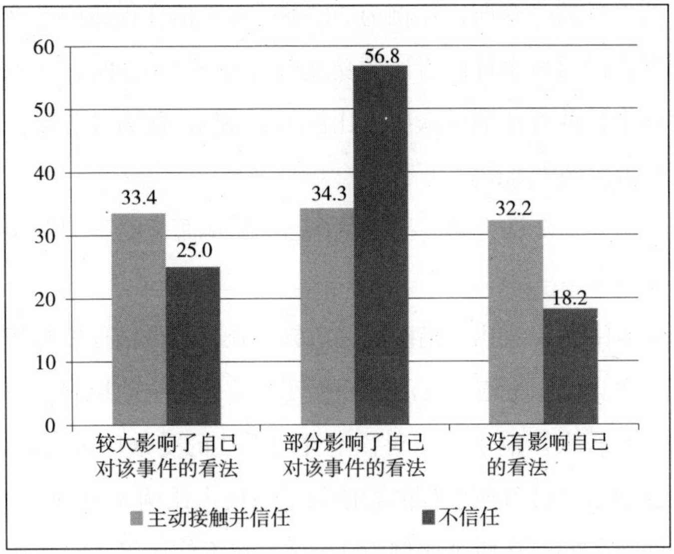

图 3-3-17　中国—亚欧博览会报道对受众的影响程度（单位：%）

从图 3-3-17 可以看出，南疆维吾尔族受众对媒体信任度与中国—亚欧博览会报道对其的影响程度有关。在主动接触并信任媒体的受众中，认为较大影响了自己对该事件的看法的受众所占比例为 33.4%，认为部分影响了自己对该事件的看法的受众所占比例为 34.3%，认为没有影响自己的看法的受众所占比例为 32.2%；在不信任媒体的受众中，认为较大影响了自己对该事件的看法的受众所占比例为 25.0%，认为部分影响了自己对该事件的看法的受众所占比例为 56.8%，认为没有影响自己的看法的受众所占比例为 18.2%。

数据表明：受众认为新闻报道对自己的影响程度与他们对媒体的信任度呈正相关。

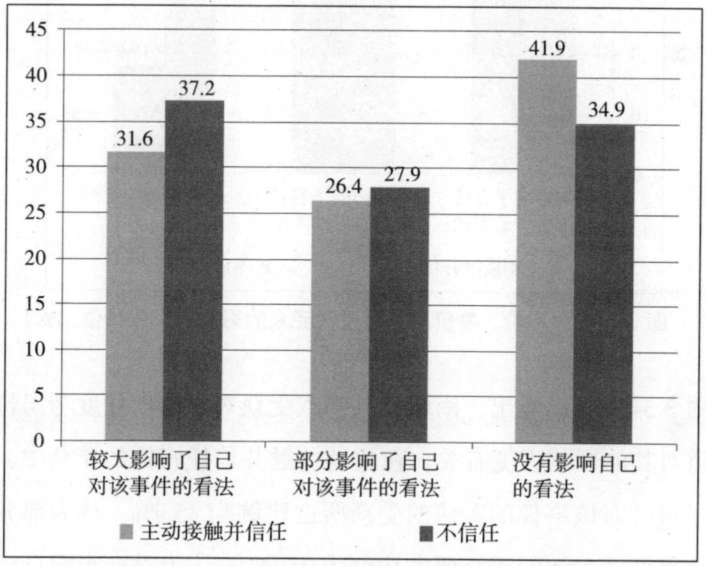

图 3-3-18　网上购票、火车票实名制问题报道对受众的影响程度（单位：%）

从图 3-3-18 可以看出，南疆维吾尔族受众对媒体信任度与网上购票、火车票实名制问题报道对其的影响程度有关。在主动接触并信任媒体的受众中，认为较大影响了自己对该事件的看法的受众所占比例为 31.6%，认为部分影响了自己对该事件的看法的受众所占比例为 26.4%，认为没有影响自己的看法的受众所占比例为 41.9%；在不信任媒体的受众中，认为较大影响了自己对该事件的看法的受众所占比例为 37.2%，认为部分影响了自己对该事件的看法的受众所占比例为 27.9%，认为没有影响自己的看法的受众所占比例为 34.9%。

数据表明：认为媒体报道没有影响自己的看法的受众对媒体信任度较高。

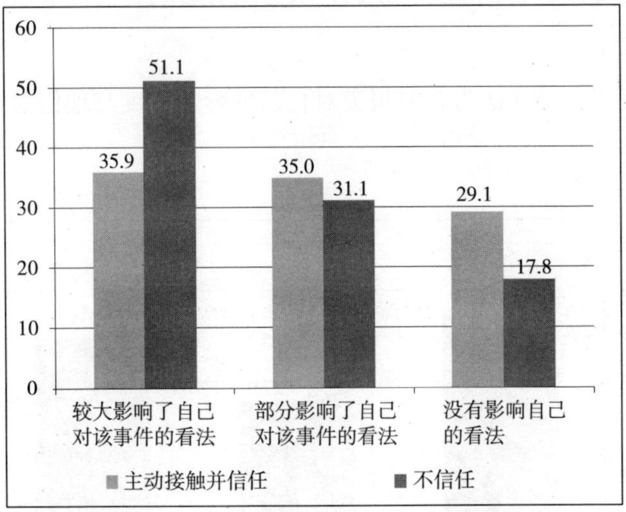

图 3-3-19　房价、物价问题报道对受众的影响程度（单位：%）

从图 3-3-19 可以看出，南疆维吾尔族受众对媒体信任度与房价、物价问题报道对其的影响程度有关。在主动接触并信任媒体的受众中，认为较大影响了自己对该事件的看法的受众所占比例为 35.9%，认为部分影响了自己对该事件的看法的受众所占比例为 35.0%，认为没有影响自己的看法的受众所占比例为 29.1%；在不信任媒体的受众中，认为较大影响了自己对该事件的看法的受众所占比例为 51.1%，认为部分影响了自己对该事件的看法的受众所占比例为 31.1%，认为没有影响自己的看法的受众所占比例为 17.8%。

数据表明：受众认为新闻报道对自己的影响程度与他们对媒体的信任

度呈正相关。

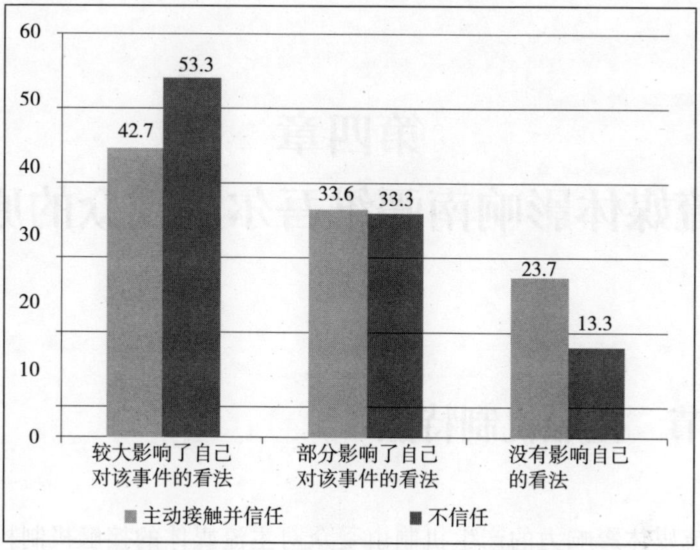

图 3-3-20　食品安全、医疗问题报道对受众的影响程度（单位：%）

从图 3-3-20 可以看出，南疆维吾尔族受众对媒体信任度与食品安全、医疗问题报道对其的影响程度有关。在主动接触并信任媒体的受众中，认为较大影响了自己对该事件的看法的受众所占比例为 42.7%，认为部分影响了自己对该事件的看法的受众所占比例为 33.6%，认为没有影响自己的看法的受众所占比例为 23.7%；在不信任媒体的受众中，认为较大影响了自己对该事件的看法的受众所占比例为 53.3%，认为部分影响了自己对该事件的看法的受众所占比例为 33.3%，认为没有影响自己的看法的受众所占比例为 13.3%。

数据表明：受众认为新闻报道对自己的影响程度与他们对媒体的信任度呈正相关。

第四章
主流媒体影响南疆维吾尔族受众的原因

第一节　接触机制特点

主流媒体影响力的产生机制由受众对主流媒体的接触机制构成，而主流媒体影响力发挥作用则主要依靠受众对主流媒体的信任维持。通过接触主流媒体、信任主流媒体两个方面对受众属性、媒介属性、信息属性的考察，我们发现，不同接触态度下的受众、媒介、信息均呈现出不同的特点，但南疆维吾尔族受众对主流媒体及其提供的内容期望存在一定的相似性。

基于对调研所得具体数据的分析描述，总结出目前主流媒体接触机制、信任机制的特点，并通过受众、媒介、信息这三个层面讨论提升主流媒体影响力及有效发挥主流媒体作用效果的可能性。

不同接触态度下，南疆维吾尔族受众对主流媒体的媒介及信息偏好不同，受众自身也存在一定的分层特点。

一、本科及以上学历的受众接触媒体的时间最长

主流媒体的受众属性不同，对是否主动接触主流媒体的态度也不同。根据调研及数据分析，主流媒体的受众属性存在生态分布的特点。

（一）自然属性生态分布

选择主流媒体的南疆维吾尔族受众在自然属性方面表现出了一定的特点，具体表现为：

1. 性别分布

女性接触报纸、广播、电视、网络媒体时语言选择多样性明显高于男性。南疆维吾尔族受众在接触四大媒体时，相同的是，男性选择维吾尔语的比例要高于女性，女性在接触这些媒体时语言的选择更加多样；不同的是，男性在接触四大媒体时不选择维吾尔语的比例是不断增加的。

男性和女性在生理和心理上的不同决定了他们在文化的态度上的不同：男性比较在意权威和尊严，信奉自己而不盲从；而女性更易于包容和接纳各种主流文化和非主流文化。所以在接触媒体时，一方面，女性的语言选择多样性要优于男性；另一方面，主流媒体跟不上信息技术的发展，受众在接触报纸、广播、电视、网络媒体时不选择维吾尔语的比例在不断增加。

2. 年龄分布

不选择维吾尔语的受众呈年轻化趋势。受众在接触四大媒体时，20—29 岁的受众不选择维吾尔语的比例远高于其他年龄段，选择语言更加多样化、更加灵活；而年老的受众在接触媒体时的语言选择则相对集中在维吾尔语上。

（二）社会属性生态分布

不同选择态度下的受众在社会属性分布方面也存在一些特点，具体表现为：

1. 家庭所在地分布

城镇不选择维吾尔语受众多于乡村。在南疆维吾尔族受众中，城镇居民在接触主流媒体时不选择维吾尔语多于乡村，呈现出更多的选择性；乡村受众语言选择主要以维吾尔语为主，选择相对单一。

造成上面差异的原因主要在于城镇居民的受教育程度普遍高于乡村受众，城镇的经济水平高，各种媒体的发展较乡村更快，城镇居民接触各种媒体的机会较多；而乡村受众受教育程度低，媒体发展相对滞后，接触报纸和网络媒体的机会很少。

2. 职业分布

学生、公务员是选择维吾尔语和非维吾尔语的主体，网络媒体选择非维吾尔语高于传统媒体报纸、广播、电视。受众接触四大主流媒体的共同点可以概括如下：首先，在选择维吾尔语和不选择维吾尔语的受众中都是学生和公务员的比例占大多数，而农民选择维吾尔语的比例高，选择其他语言的比例低，工人和个体对四大媒体接触少，他们的比例都很低；其次，学生和公务员在接触四大媒体时的语言选择都更加灵活多样，且倾向于选择第二语言。不同点是，各种职业在接触四大媒体时对语言的选择在比例上会有些许的差异，如对学生在接触传统媒体报纸、广播、电视时选择使用第二语言的比例低于在接触网络媒体时的比例。

这些特点的形成，首先是学生和公务员受教育程度相对较高，因平时工作和学习的需要，接触各种媒体尤其是网络媒体的机会较多，且接触欲望强烈，因此他们是接触各种媒体的主流，同时在接触媒体时语言选择比较灵活，针对不同需要去选择。而农民和工人等受教育程度相对较低，平时对媒体接触没有要求，因此他们接触媒体机会相对较少，语言选择也相对单一。其次是某些媒体的特性，如广播和电视对语言的要求相对较低，而报纸和网络对受众的语言和受教育程度要求较高，因此在语言选择上报纸和网络的受众选择第二语言的比例较高。

3. 受教育程度分布

受教育程度越高，接触媒体语言选择性越强；同等条件下，网络媒体的语言选择性优于传统媒体。不同受教育程度的受众在接触四大媒体时的情况有共同点，主要表现在：受众的受教育程度越高，在接触媒体时对语言的选择就越多样，也越倾向于选择其他语言去获取信息，而受教育程度越低的受众在接触媒体时对语言的选择越单一，主要以自己的民族语言为主。不同点是，受教育程度高的受众在接触网络媒体时不选择维吾尔语的比例高于接触电视、广播和报纸传统媒体的比例，而受教育程度低的受众在接触传统媒体时选择维吾尔语的比例则高于接触网络媒体的比例。

造成上面特点的原因可以简单地归结为：受教育程度高的受众媒介素养更高，通过不同语言获取信息的能力强，且对信息的需求更旺盛，因此会通过不同渠道去获取信息；受教育程度低的则与之相反。

4. 受众国家通用语言文字水平、学习类型分布

国家通用语言文字水平越高，接触主流媒体的语言选择性更多；网络媒体的非维吾尔语选择明显。受众在接触四大主流媒体时的共同点是：国家通用语言文字水平高的接触媒体时语言选择更加多样化，尤其是在接触网络媒体时更愿意使用其他语言，而国家通用语言文字水平低的仍主要停留在维吾尔语的选择上。不同点是，受众接触不同的媒体选择语言的情况有所差别，在接触报纸和网络时，受教育程度高的不选择维吾尔语的比例高于接触电视和广播的比例，而受教育程度低的则选择维吾尔语的比例高于接触电视、广播、网络的比例。

南疆维吾尔族受众的学习类型主要是以民考民（少数民族用维吾尔语参加考试）为主，选择维吾尔语和不选择维吾尔语的受众中都是民考民的比例明显超过其他学习类型。在接触主流媒体时，民考民学习类型的受众选择语言比较多样，民考汉（少数民族用国家通用语言文字参加考试）的受众更愿意选择其他语言，双语教育的受众选择语言也比较灵活。唯一的不同是，在接触具体的媒体时会有一些差异，民考民受众接触广播时更倾向不选择维吾尔语，而在接触其他三大媒体时则选择维吾尔语的愿望强烈。

国家通用语言文字水平和学习类型能够影响受众接触媒体时的语言选择，取决于不同的国家通用语言文字水平和学习类型的受众的信息获取能力和语言选择习惯不同。国家通用语言文字水平高的受众在选择维吾尔语

满足不了自己信息需求时会选择其他语言，而民考民的受众由于语言使用习惯会选择维吾尔语，但其他语言也是他们获取信息的一个补充。

二、电视和广播最受受众欢迎

不同接触态度下的受众选择接触的媒介类型不同，受众根据自身的条件和需求选择媒介，而选择不同媒介的原因、目的、期望等呈现出以下特点。

（一）电视和广播成为受众接触时间最长的两个媒体类型

南疆维吾尔族受众在接触报纸、电视、广播、网络各类媒体时，长时间接触各类媒体的受众大多是通过电视了解新闻的，对广播的接触时间比例高于对报纸的接触时间比例。网络媒体作为新兴媒体，维吾尔族受众接触时间并不多，相对于其他类型媒体来说处于劣势。此外，对于杂志的接触时间在各类媒体中最短。

在接触各类媒体的过程中，由于有线通信技术的发展和电视的普及，各级电视台为党和人民建立了良好的沟通桥梁。电视媒体作为现代信息社会中影响力极大的媒体，在传达公共政策、引导社会舆论、影响消费者决策等方面起着举足轻重的作用。其中，网络媒体虽然是新兴媒体，但是其信息大量重复造成有用、可用信息不多，发表的观点和看法往往仅代表部分人，不够客观。

（二）便捷性成为受众接触主流媒体的主要原因

南疆维吾尔族受众群体在接触报纸、电视、广播、网络各类媒体时，便捷性成为维吾尔族受众长时间接触各类媒体了解新闻的主要原因。在接触各类媒体的过程中，维吾尔族受众因为投入的时间和精力有限，更依赖通过媒体获取信息。现代传媒的快速发展亦为广大维吾尔族受众提供了便捷的窗口，扩大了受众的视野。其中，科技的发展和技术的革新为传播事业的进步插上了翅膀，媒介方便快捷的发展方向将会一直延续下去。

（三）获取有用信息成为受众接触主流媒体的主要目的

南疆维吾尔族受众在接触报纸、电视、广播、网络各类媒体时，长时间接触主流媒体的维吾尔族受众接触各类媒体的主要目的是获取有用信息。其中，受众长时间接触媒体以增长科技知识和生活服务知识的比重在增加。受众在接触各类媒体的过程中，从外界获取信息，消除不确性，从而使自身不被孤立，是受众接触媒体的主要目的和任务。现代传媒为受众提供了一个好的平台，技术的革新和理念的深化使受众能够更好地增长见识，提高生活质量。

（四）受众接触媒体时大多使用维吾尔语，国家通用语言文字居第二位

南疆维吾尔族受众在接触报纸、电视、广播、网络各类媒体时，长时间接触各类媒体的维吾尔族受众在日常接触各类媒体时所使用的语言是维吾尔语，使用国家通用语言文字的比重并不大，使用最少的是外语。受众群体所生活的环境对语言的选择产生了很大影响，使用什么样的语言就选择什么样的媒体进行接触。因而，在长时间接触维吾尔族主流媒体的过程中，大多数维吾尔族受众都选择使用自己的母语。

南疆维吾尔族受众在接触报纸、电视、广播、网络各类媒体时，长时间接触各类媒体的受众日常接触报纸的途径为报亭零售，而接触广播的途径为家中或单位的收音机。受众在接触各类媒体的过程中，大多时候会选择比较闲散的时间接触报纸，报亭零售的报纸更符合现代人的生活方式和节奏，且不受场地的限制，而个人订阅的报纸则不太自由，面对各类报纸刊物无法自由地选择自己喜欢的内容。受众在接触广播时，大多数会选择在家中或单位正在忙于其他事情的时候进行接触，而不会一直专心地收听广播。因为广播灵活性很大，方便携带，而且只借用听觉系统就能接触信息，既能了解新闻动态，还能愉悦身心。

（五）早 10:00 前、19:00 后成为受众接触各类媒体的高峰

南疆维吾尔族受众群体在接触报纸、电视、广播、网络各类媒体时，长时间接触各类媒体的受众接触报纸的时间并不确定，以早 10:00 前为主。受众接触广播的主要时段是早 10:00 前，接触电视的主要时段是 19:00 后，接触网络的时间也不集中。受众接触报纸的时间段往往比较分散、不集中。受众往往喜欢在一天的早晨接触广播，因为受众在一天的开始接触新闻、了解时事的动机明显而强烈，逐渐形成了一种生活习惯。接触电视的受众则表示一天之中只有晚上下班回家之后才能有足够的时间，电视媒体也大大迎合了受众需求，在晚间安排的节目内容往往比较丰富，以供广大受众观看。网络的发展给受众提供了便利，信息扩张在网络媒体上表现得尤为明显，几乎所有的新闻报道、时事动态、知识信息都可以在网络上获取，因此受众完全可以根据自身的喜好有选择地获取信息，时间上较为分散。

（六）突发事件中受众最信任电视报道

南疆维吾尔族受众群体在接触报纸、电视、广播、网络各类媒体时，长时间接触各类媒体的受众遇到重大新闻事件，最信任的信息获取渠道为电视媒体。由于受众长时间接触网络的时间比重在增加，网络媒体渐渐赢得了受众的信任。电视台是党和人民之间沟通的桥梁，向广大受众宣传政策和法规，为维护社会和谐稳定起到了重要的作用。

受众在接触主流媒体时，主流媒体的公信力在广大受众心目中树立了良好的形象。主流媒体传播的内容往往是信息的前因后果，具有真实性、严谨性，深得受众的信赖。

南疆维吾尔族受众在接触报纸、电视、广播、网络各类媒体时，长时间接触各类媒体的受众了解社会热点议题的渠道普遍为电视媒体。其中，受众长时间通过广播了解各类议题的时间比重较通过报纸了解各类议题的比重大。在南疆维吾尔族受众群体中，通过电视媒体了解社会热点议题的最为普遍。由于电视信息传播及时、传播画面直观易懂、传播覆盖面广且

不受文化层次限制便能很好地接收信息。而且电视在受众家庭中相当普遍，技术发展也日益成熟，是一个相对稳定的信息传播平台。

南疆维吾尔族受众群体在接触报纸、电视、广播、网络各类媒体时，长时间接触各类媒体的受众认为维吾尔语主流媒体与国家通用语言文字主流媒体相比较区别不大，维吾尔语主流媒体译制国家通用语言文字节目多、自办少。受众在长时间接触媒体过程中，维吾尔语主流媒体由于先天条件不足、地域环境受限，其传播相对滞后。维吾尔语主流媒体在与国家通用语言文字主流媒体竞争时处于劣势，节目的更新较慢，且大多来自国家通用语言文字节目的译制。

（七）受众期望主流媒体提升更新速度，增加节目原创

南疆维吾尔族受众在接触报纸、电视、广播、网络各类媒体时，长时间接触各类媒体的受众认为本地电视台应提升节目更新速度，以满足受众需求。其中，受众长时间接触各类媒体过程中，认为形式多样、娱乐性强、与观众互动性强的节目比重在增加。受众长时间接触各类媒体的过程中认为本地电视台想要有所突破和发展，必须与时俱进，顺应市场方向，满足受众不同的需求。由于地理位置上的不足和缺陷，本地电视台的发展较滞后，表现出难以适应市场经济的冲击。

南疆维吾尔族受众群体在接触报纸、电视、广播、网络各类媒体时，长时间接触各类媒体的受众认为本地报纸（维吾尔语版）需要改进的地方为增加民族原创。其中，受众长时间接触各类媒体过程中，认为本地报纸（维吾尔语版）需要在政策解读更贴近百姓生活、增加互动等方面得以改进的比重有所增加。媒体要想不断满足受众的需求，不能以自身的主观意识主导传播内容，只有了解受众的偏好，媒体才能从受众的需求出发不断改进。

三、受众更倾向于长时间接触专题报道

不同接触态度下的受众具有不同的信息偏好，接触主流媒体时间长的

受众与接触主流媒体时间短的受众所感兴趣的信息内容、报道形式及信息满足与否都不相同，具体特点如下。

（一）受众更倾向于长时间接触文艺、体育类的内容

南疆维吾尔族受众在接触报纸、电视、广播、网络各类媒体时，更倾向于长时间接触文艺、体育类的内容，其次是政经类的内容，接触时间最少的是农业类和服务类的内容。受众在接触各类媒体的过程中，由于文艺、体育类的节目娱乐性较强，迎合了广大受众消遣放松、愉悦身心的需求，其次是文艺、体育类的内容与受众的生活较贴近，使受众更容易、更喜欢接受；相反，政经类、农业类的内容略显枯燥，只有特殊需求的受众才会主动接触。

（二）受众更倾向于长时间接触专题报道

南疆维吾尔族受众在接触报纸、电视、广播、网络各类媒体时，更关注的新闻形式是专题报道。受众长时间接触以各地日报（维吾尔语版）为代表的报纸媒体的新闻形式是专题报道；受众长时间接触以电台维吾尔语频率为代表的广播媒体的新闻形式是专题报道；受众长时间接触以本地电视台维吾尔语频道为代表的电视媒体的新闻形式也是专题报道和现场报道；受众长时间接触以网络（维吾尔语版）媒体新闻形式为配发图片。

南疆维吾尔族受众在接触报纸、电视、广播、网络各类媒体时，专题报道的形式深受广大受众喜爱，不仅是因为它对现实生活中某些具有典型意义和较高新闻价值的新闻人物、事件、问题、社会现象等进行记录、调查、分析、解释、评述，而且专题报道能够深入系统而又生动反映其发生、发展和结果及影响的全过程，揭示主题的深刻意义。所以，专题报道的新闻形式对受众了解整个事态的发展有很强的影响力。其中，受众在接触网络媒体时则更倾向于接触网站上配发的图片，由于网站方便快捷，且图片是较直观的信息视角，对受众的视觉冲击较大。

（三）受众对主流媒体提供的新闻信息欠缺了解

南疆维吾尔族受众群体在接触报纸、电视、广播、网络各类媒体时，长时间接触各类媒体的受众对于主流媒体提供的议题缺乏深度了解。例如，受众对于2014年中央第二次新疆工作会议，新疆维吾尔自治区第九次党代会，中国—亚欧博览会，2016年全国两会，社会道德风气问题，网上购票、火车票实名制，房价、物价，食品安全、医疗等社会热点议题的了解程度一般。南疆维吾尔族受众群体对各类社会热点议题的了解并不够深刻。一方面，与受众本身的既有倾向有关，对以上议题有一定的定式思维；另一方面，与媒体的传播方式和技巧有一定的关系，导致受众在接收信息上比较困难，没能很好地抓住受众的内心，理解受众的真正需求。

南疆维吾尔族受众群体在接触报纸、电视、广播、网络各类媒体时，长时间接触各类媒体的议题中，较大影响了受众对此类事件及相关领域的认识的社会热点议题有2014年中央第二次新疆工作会议，新疆维吾尔自治区第九次党代会，房价、物价，食品安全、医疗；部分影响了受众对该事情的理解和判断的社会热点议题有中国—亚欧博览会、社会道德风气问题；没有影响受众的看法的社会热点问题是网上购票、火车票实名制问题。其中，受众在接触报纸、电视、广播、网络各类媒体的过程中，长时间接触新疆维吾尔自治区第九次党代会这一社会热点议题时，受众的理解和判断部分受到影响的比例明显增加。

（四）受众认为主流媒体的新闻报道缺乏贴近性

南疆维吾尔族受众在接触报纸、电视、广播、网络各类媒体时，长时间接触各类媒体的受众认为主流媒体应该主要报道关于百姓生活的新闻。在南疆维吾尔族受众中，长时间接触主流媒体的过程中更习惯接触关于百姓生活的新闻。主流媒体越“亲民”，越深得广大受众的喜爱。受众往往喜欢和自身利益相关的有价值的报道，不仅是因为该类新闻报道较为轻松愉悦，百姓身边的故事喜闻乐见，而且受众可以融入自身的生活中并指导生活。

第二节　信任机制特点

受众属性、信息属性、媒介属性共同作用的基础上形成了受众对主流媒体的信任机制的特点，以下具体分析三种性质的属性如何影响受众对主流媒体信任机制特点的形成。

一、受众对主流媒体的信任度研究

受众是否信任主流媒体，与受众的自然属性和社会属性均有一定关系。南疆维吾尔族男性受众比女性受众更加信任主流媒体；年龄在20—29岁的受众更加信任主流媒体，该年龄段的受众基本处在接受高等教育或刚参加工作的人生阶段，且这部分人年纪轻，具有活力，接受新事物、新观点的能力强；对主流媒体信任度城镇的受众高于乡村的受众，城镇的经济发展水平和百姓生活水平相较于乡村要强，城镇的受众对信息的需求相较于乡村的受众要多是很重要的原因；学生群体对主流媒体的信任度高，学生社会经验较少，大部分信息的获取渠道都是媒体；公务员或事业单位人员对媒体的信任度高，这两部分群体文化层次较高，文化层次越高的受众对媒体的信任度越高；受众的国家通用语言文字水平越高，其对主流媒体的信任度越高。

二、受众对媒体接触时间和对媒体信任度呈相关性

不同信任程度的受众对媒介的态度也不尽相同，具体表现如下。

（一）受众对传统媒体的信任度要高于对新媒体的信任度

受众获取信息的主要途径为传统媒体（报纸、广播、电视）和新媒体（网络）。报纸、广播、电视是传统媒体，尤其是电视，由于它的覆盖面广，是权威的新闻发布机构。而网络媒体的信息海量，非主流媒体网站发布的不实信息充斥网络，影响了网民对主流媒体网站的信任度，造成对网

络新闻的真实性的疑虑。

（二）受众的信任度与媒介的便利程度和公信力呈正相关

接触某种媒介是由于该媒介方便及认为该媒介权威、可信度高的受众对媒体的信任度高。受众对某种媒体的易得性，使受众长期容易接触到某一种或某几种媒体，听到有限的观点和见解，其对信息的可选择性较少。

获取有用信息、增长科技知识、娱乐消遣、增长生活服务知识都是受众接触媒体的主要目的。被调查受众中接触媒体的主要目的是获取有用信息、增长科技知识、娱乐消遣、增长生活服务知识和陪家人朋友收听或收看的受众对媒体的信任度低，接触媒体的主要目的是提供社交话题的受众对媒体的信任度较高。可以提供社交话题的前提是充分了解新闻事件本身，只有充分相信媒体，才能更大容量地接收信息。

（三）母语是影响受众对媒体信任程度的关键因素

南疆维吾尔族受众日常所接触的媒体，无论是报纸、广播、电视还是网络，如果使用维吾尔语刊播，受众对媒体的信任度很高，其次是使用国家通用语言文字刊播的媒体。受众日常接触的媒介所使用的语言是其他少数民族语言和外语，受众对媒体的信任度就低。南疆维吾尔族受众的母语是维吾尔语，如果受众的国家通用语言文字水平和外语水平不高，其对用国家通用语言文字和其他语言刊播的媒体的理解水平有限，所以对媒体的信任度不高。

（四）看电视时间长的受众对媒体的信任度较高

受众阅读报纸、收听广播的时间在1小时以内的对媒体的信任度较高，看电视时间超过3小时的受众和从不接触网络的受众对媒体的信任度高；在早10:00前听广播，在10:00—14:00看报纸，在19:00后看电视和上网的受众对媒体的信任度高。电视已经成为当今受众接触频率最高的媒体，看电视超过3个小时的受众可以全面地了解新闻事件。网上信息鱼龙混杂，真假难辨，信息的发布者权威性不高，从不接触网络的受众不会得到虚假信息，所以对媒体的信任度比较高。

遇到重大新闻事件，认为自己最信任的信息获取渠道是报纸、广播、电视和网络的受众对媒体的信任度高，其中受众对报纸、广播、电视媒体的信任度又高于网络，报纸、广播、电视是当前传播信息的三大传统媒体，其权威性和可信度都比网络媒体高。

（五）对广播非常满意的受众对主流媒体信任度较高

对媒体的接触态度非常满意的受众中，接触报纸、广播这两种媒介形式时，受众对媒体的信任度较高。对媒体的接触态度一般满意的受众中，接触报纸、网络这两种媒介形式时，受众对媒体的信任度较低，而当接触电视这种媒介形式时，受众对媒体的信任度高。无论是硬新闻，还是软新闻，维吾尔族受众大多通过电视媒体获取信息。

三、受众对媒体越信任对信息的认同程度越高

不同的信息构成及报道方式，受众主流媒体的信任程度也不同，具体表现如下。

（一）受众倾向于信任政经类、农业类的内容

文艺、体育类的内容的主要作用是娱乐消遣，服务类的内容大多刊登在不被受众信任的平面媒体上，而政经类、农业类的内容对受众的生产、生活具有指导性作用。受众对报纸上的配套图片和社论、社评的信任度低；受众对广播媒体中听众热线的信任度高；观看电视的受众对专题报道和专家连线两种新闻形式的信任度高；上网关注论坛的受众对媒体的信任度较低。

当受众更倾向于了解社会各界对新闻事件的看法时，认为主流媒体提供的信息能够满足自身需要的受众对媒体的信任度较高，认为主流媒体新闻应当报道国内时政新闻的受众对媒体的信任度较高。

（二）认同新疆各少数民族文化是中华民族文化组成部分的受众对媒体的信任度很高

认同新疆各少数民族文化是中华民族文化组成部分的受众对新疆维吾尔语主流媒体的信任度也高。认为主流媒体所传播文化的特点具有先进性，受众对媒体的信任度高。主流媒体所传播的主流价值观本身具有先进性，能指导受众的实践活动，所以维吾尔族受众信任媒体。

第五章
主流媒体提高影响力对策

2016 年 2 月 19 日，习近平总书记在党的新闻舆论工作座谈会上强调，“党的新闻舆论工作是党的一项重要工作，是治国理政、定国安邦的大事。做好党的新闻舆论工作，事关旗帜和道路，事关贯彻落实党的理论和路线方针政策，事关顺利推进党和国家各项事业，事关全党全国各族人民凝聚力和向心力，事关党和国家前途命运。必须从党的工作全局出发把握党的新闻舆论工作，做到思想上高度重视、工作上精准有力。”在新时代下，主流媒体要积极与党和人民同呼吸、与时代共进步，积极宣传马克思主义真理，宣传党的主张，反映人民伟大实践和精神风貌，主流媒体要唱响主旋律，传播正能量，有力激发全党全国各族人民为实现中华民族伟大复兴的中国梦而团结奋斗。在当前舆论环境中，主流媒体要主动担负起时代赋予的光荣使命和神圣责任，高举党的旗帜，明确真理谬误，提升主流媒体的传播力、引导力、影响力和公信力，厘清“四力”的内涵及相互关系，积极引导正确舆论，坚持正面宣传，坚持以人民为中心，做好党的政策主张的传播者、时代风云的记录者和社会进步的推动者。

第一节　传播力、引导力、影响力、公信力的内涵及相互关系

习近平总书记在“2·19”讲话中强调，“新闻舆论工作要坚持党的领导，坚持正确政治方向，坚持以人民为中心的工作导向，尊重新闻传播规律，创新方法手段，切实提高党的新闻舆论传播力、引导力、影响力、公信力。”主流媒体在开展舆论宣传工作的过程中首先要明确媒体的传播力、引导力、影响力、公信力的基本内涵。

传播力是指媒体机构通过多种手段对新闻信息进行传播的能力，这种能力能够对一定范围内的受众群体产生潜移默化的影响。清华大学刘建明教授认为，“传播力是媒介传播力的简称，指媒介的实力及其搜集信息、报道新闻、对社会产生影响的能力。”媒体的传播方式、传播渠道、传播内容等因素都会影响到媒体的传播力。主流媒体的传播力是其自身具备的一种潜在素质，这一素质是在主流媒体进行新闻传播实践的过程中逐渐衍生出来的，其中传播效果是评估主流媒体传播力的重要指标。

引导力是指新闻媒体按照一定的预期根据自己设置的议题来引导受众进行认知和理解的能力。主流媒体具备良好的引导力，能够实现“高举旗帜、引领导向”的效果。主流媒体通过预期的引导方向，在传播一定的事实与观点的基础上影响受众的意见、态度和倾向。主流媒体由于受众基数大、知名度高、权威性高，其引导力也就越强，因此主流媒体必须要把控好舆论引导力。

影响力是指新闻媒体通过传播信息在社会舆论界引起关注，并且对受众的态度、认知和行为产生影响，进而影响整个社会的一种能力，也可以认为影响力是“媒介或媒体为了达到某种传播效果，借助特定的传播手段向受众传递需求信息而对社会发生作用的力度”。主流媒体的影响力指标包括受众规模大小、获取独家信息的能力、重大事件的报道能力、改变受

众行为的能力等。

公信力是指新闻媒体在长期的新闻传播实践过程中赢得受众认可和信任的一种能力。媒体公信力是媒体机构、传播渠道、传播内容和受众群体相互作用的产物。有学者认为，媒介公信力反映了新闻媒体以新闻报道为主体的信息产品被受众认可、信任乃至赞美的程度。主流媒体公信力的大小取决于受众的信任程度，受众对主流媒体公信力的认可表现在对主流媒体组织的信任和对主流媒体所传播的信息产生信任，所以主流媒体与受众之间会形成一种相互作用的信任关系，这种信任关系就体现在公信力上。

在明确传播力、引导力、影响力和公信力基本内涵的基础上，主流媒体还需厘清“四力”之间的相互关系。“四力”之间并不是一方决定另一方的单向性关系，而是相互影响和共同作用的多向性关系。主流媒体必须要从整体上认知和理解新闻舆论的四大生产力要素，进而有针对性地为自身发展提出改善措施。

一、传播力是媒体把握引导力、产生影响力和赢得公信力的重要基础

随着互联网和移动媒体的崛起，媒体之间的竞争日趋加剧，而传播力作为衡量媒体竞争能力的重要指标，被媒体不断提及。《传媒》杂志在2006年第8期曾专门推出“传播力专题探讨”及“2006年中国百家最具传播力创新传媒评选”活动，并在编者按中指出：“随着媒体竞争的加剧，‘传播力’越来越多地被人们提及。”众多新闻传播领域的学者参与了对传播力的理论研究和探讨活动。关于传播力的话题也引起了政府部门的重视。早在2013年1月4日，时任中宣部部长的刘奇葆在全国宣传部长会议上提出，要“提高媒体传播力、公信力、影响力，更好地服务经济社会发展”；2014年8月18日，在中央全面深化改革领导小组第四次会议审议通过的《关于推动传统媒体和新兴媒体融合发展的指导意见》中指出，“建成几家拥有强大实力和传播力、公信力、影响力的新型媒体集团”；在

习近平总书记的“2·19”讲话中，传播力再一次被提及。

在媒介环境中，主流媒体的引导力、影响力和公信力都依赖于传播力，传播力是主流媒体把握引导力、产生影响力和赢得公信力的重要基础。首先，主流媒体是基于一定的内容和事实来掌控舆论引导力的，而传递内容和事实则需要主流媒体有效的传播力去实现。其次，主流媒体的影响力是通过传播信息在社会舆论界引起关注，并且对受众的态度、认知和行为产生影响，进而影响整个社会的一种能力，它是信息有效传播后取得的效果，而这种效果取决于构成主流媒体传播力的组织机构效能、高品质内容、传播渠道等要素。主流媒体通过畅通的传播渠道为受众传播高品质的内容，进而产生影响力，传播力越强，影响力越大。最后，公信力是新闻媒体在长期的新闻传播实践过程中赢得受众认可和信任的一种能力，一方面是对主流媒体机构的信任，另一方面是对主流媒体所传播的内容的认可。主流媒体通过有效的传播力，使组织机构和传播的信息赢得受众的公信力。因此说，传播力是主流媒体把握引导力、产生影响力和赢得公信力的重要基础。

二、引导力是媒体增强传播力、扩大影响力和获得公信力的引领方向

习近平总书记在“2·19”讲话中首次将引导力与传播力、影响力、公信力综合在一起，对于“党的新闻舆论引导力”进行了深刻表述。新闻舆论工作各个方面、各个环节都要坚持正确舆论导向，主流媒体要牢牢坚持正确舆论导向，发挥引导力的作用。主流媒体的舆论引导力就是根据一定的事实和议题对舆论的发展趋势进行引导，让舆论能够体现广大人民群众的根本利益和基本诉求。由于社会利益诉求多元化、新媒体格局形成和受众分化等因素的影响，主流媒体在掌控舆论引导力方面需要持续发力，要明确认知主流媒体引导力与传播力、影响力、公信力之间的相互关系。

主流媒体的引导力与传播力、影响力、公信力之间的关系主要表现

在：首先，主流媒体要依据舆论方向的引导进行内容传播，没有特定方向的传播行为容易造成信息泛化，无法取得良好的传播效果，主流媒体会依据舆论引导方向的明确性来增强传播力。其次，主流媒体通过预期的引导方向，在传播一定的事实与观点的基础上影响受众和社会生活，正是基于明确的引导方向，主流媒体的内容影响力才会不断扩大，才会在受众层面进行有针对性的影响。最后，主流媒体的公信力对于做好新闻舆论工作具有重要作用，正确的引导方向有利于主流媒体在受众心目中构建权威性的媒体形象，对于引导主流价值观的树立和维护社会和谐具有重要意义。因此说，引导力是主流媒体增强传播力、扩大影响力和获得公信力的引领方向。

三、影响力是媒体提升传播力、掌控引导力和加深公信力的目标诉求

主流媒体的影响力是通过专业的内容、正确的舆论导向来弘扬主流价值观，帮助受众认识世界并且形成正确的世界观、人生观和价值观。当前，新闻传播领域对影响力的解读主要从三个方面进行建构。第一，“效果说”侧重主流媒体的传播效果，包括在政治、经济、文化、日常生活等方面对受众产生影响。例如，郑保卫撰文指出：“党报的影响力，是指党报所具有的对群众思想及行动产生影响和引导作用的能力，通常体现在日常对民众思想、行动和生活的影响中。”第二，“方式说”侧重主流媒体如何产生影响，通过何种方式来影响受众。例如，陆小华撰文指出：“媒体的舆论影响力，是指通过信息选择、处理、提供及分析、判断、见识等手段……从而实现影响人们的认识与行为的能力。”第三，“综合说”则综合概括了传播效果和传播过程。例如，喻国明撰文指出：“媒体影响力的本质特征是媒体作为资讯传播渠道对其受众的社会认知、社会判断、社会决策和社会行为打上的属于自己的那种‘渠道烙印’。”

在当前的舆论环境中，无论从哪个方面来解读主流媒体的影响力，它

都与主流媒体的传播力、引导力和公信力密不可分，相互作用。首先，影响力是主流媒体的传播力在传播终端实现信息的“传通”，不仅要把信息传送出去，而且要通达于各个受众群体，从而产生影响力。影响力就是主流媒体传播信息的目的，主流媒体提升传播力就是为了增强影响力。其次，对于主流媒体而言，良好的引导力能够起到举旗定向和树正纠偏的舆论效果。主流媒体掌控好舆论引导力的方向就是为了抓住时机，使预先设定好的议题能够在受众群体中产生影响力。在重大新闻事件的报道中，只要主流媒体把握好舆论引导的方向和策略，就能够在事件报道中产生重要影响力。最后，主流媒体获取公信力的最终表征就是影响力。具有影响力的新闻信息才会在受众群体中引起共鸣，如果缺失影响力就说明主流媒体的信息传播效果欠缺，公信力自然就会下降。因此说，影响力是主流媒体提升传播力、掌控引导力和加深公信力的目标诉求。

四、公信力是媒体加强传播力、把控引导力和维持影响力的重要保障

主流媒体的公信力对于媒体的生存和发展具有举足轻重的作用，是主流媒体机构、传播渠道、传播信息和受众群体共同作用的结果。主流媒体具备良好的公信力能够在受众群体中取得有信则立的传播效果。主流媒体的公信力是在长期的新闻实践过程中形成的一种无形的信任资源。主流媒体的公信力与新闻媒体一贯坚持的新闻真实性原则、勇于开展新闻舆论监督等行为密切相关。与此相反，如果经常传播一些虚假新闻，不敢揭露和批评社会上出现的不良现象与问题，或者习惯于说一些大话、空话、假话，那么媒体的公信力就无从谈起。

主流媒体的公信力与传播力、引导力、影响力之间的关系主要表现在：首先，主流媒体的传播力受到公信力的保障。主流媒体在长期的新闻实践中积累了公信力，赢得了一批稳定受众群体的信任，这些受众对主流媒体的传播方式、传播渠道、传播内容拥有较高的黏着度和依赖性，主流媒体

在此基础上加强传播力，能够在公信力的保障下获取更强的竞争力和更多的受众数量。其次，受众对主流媒体所呈现的新闻内容会保持较高程度的信任，尤其是突发事件和重大新闻事件，在基于公信力的保障之下，主流媒体能够依靠受众的信任把控好舆论导向，引导受众的认知态度和行为。最后，主流媒体维持影响力在很大层面上要依赖公信力。公信力较高的主流媒体会拥有一批忠诚度极高的受众群体，这些受众会出于主流媒体公信力的原因在选择获取信息渠道和新闻信息的时候对主流媒体呈现主动接受的态度，而这种主动态度和高信任度对于主流媒体维持和提升影响力具有积极的推动作用，公信力越强的主流媒体，其影响力也越大。因此说，公信力是主流媒体加强传播力、把控引导力和维持影响力的重要保障。

第二节　媒体提高受众影响力遵循原则

党的新闻舆论工作在革命、建设、改革、发展等各个历史阶段都发挥着重要作用，而主流媒体则是党发挥其新闻舆论影响力的重要渠道。主流媒体的影响力对于整个传媒行业及整个社会发展都会产生宏观层面的影响力，主流媒体有责任和义务为人们传播真实的内容，让人们明确感受到时代的变化和社会的进步。主流媒体在提高受众影响力的过程中，必须要遵循真实性原则，必须坚持正确舆论导向的方针，必须坚持以正面宣传为主的方针，必须坚持“以人民为中心”的方针，只有遵循这些原则，才能打造具有影响力的主流媒体。

一、主流媒体必须遵循真实性原则

真实性原则是马克思主义新闻观中最重要的理论支撑，也是主流媒体必须遵循的原则之一，是增强主流媒体传播力、引导力、影响力和公信力的重要因素。主流媒体必须要坚持新闻真实性原则，要尽一切努力保障新闻报道真实、客观和公正，要准确把握真实性的内涵和要求。主流媒体在新闻传播实践过程中要防范新闻失实，以真实的内容赢得公众信任，践行“社会雷达”的基本职能，在尊重新闻传播规律的基础上提升受众影响力。习近平总书记要求切实提高党的新闻舆论传播力、引导力、影响力和公信力。新闻报道失实虚假，会损害媒体的公信力；媒体失去公信力，新闻舆论的传播力、引导力、影响力都无从谈起。因此，对于我们的新闻舆论工作来说，遵循真实性原则尤为重要。

（一）坚持真实性原则，防范新闻失实

新闻是对新近发生事实的报道，从新闻的定义中就可以看出媒体报道的新闻必须是真人真事。新闻必须真实是由新闻的性质决定的，真实性是新闻的本质属性，失真失实不是新闻，弄虚作假更不是新闻。新闻失实是指媒体机构的新闻报道脱离和违背客观事实，未能反映事实真相的现象。新闻失实是导致新闻侵权、新闻犯罪的重要原因，严重损害媒体公信力。导致新闻失实的原因主要有三方面：一是媒体组织或媒体人片面追求经济效益导致“有偿新闻”产生；二是个人受不良社会风气影响欺骗和利用媒介组织；三是新闻从业人员职业道德素养欠缺。新闻失实可能制造社会矛盾，破坏社会政治、经济、文化的良性发展。

在媒介化社会的今天，主流媒体愈来愈成为公众认知世界、监测环境的重要工具。如果新闻报道失实甚至造假，公众据此做出的认知、判断、行为就会出错，后患无穷。因此，主流媒体必须坚持真实性原则，防范新闻失实，要抓好以下几方面的工作：

首先，主流媒体要坚持党性原则，加强马克思主义新闻观教育。主流媒体要秉承党的新闻舆论工作的宗旨，要全心全意为党、政府和人民服务，要用正确的舆论引导人，善于用事实说话，通过事实本身的力量去打动人、说服人、引导人和鼓舞人。主流媒体要认真践行马克思主义新闻

观，创造积极向上的新闻舆论环境，坚持新闻真实性原则。

其次，主流媒体要强化媒体从业人员的责任意识，坚守新闻职业道德。主流媒体必须要认识到记者是防范新闻失实的第一道防线，所以必须强化主流媒体记者的责任意识，要求记者采写的新闻报道要真实准确，要有事实依据，要亲力亲为，掌握第一手资料，保证新闻线索来源真实可靠，未经许可不得对外公布政府的内部文件和内部会议内容。主流媒体要对媒体从业人员开展新闻职业道德教育和新闻专业素养教育，坚决反对和杜绝媒体从业人员追求轰动性忽视真实性，贪享经济利益忽略社会责任，职业操守屈从于功利追求等不良作风，对严格遵守新闻职业道德规范，并能够在新闻队伍中充当模范带头作用的媒体从业人员进行表彰奖励。

最后，主流媒体要建立严格的运行机制，严格监督新闻生产和发布。主流媒体要严格制定稿件审核制度，对把握不准的稿件要送往有关部门进行审核，未经审核的稿件不得对外发布。主流媒体作为党和人民的耳目喉舌，不能成为某些利益集团或者社会机构的代言人，要坚决杜绝媒体权利滥用的现象出现，要建立严格的监督机制，正确使用媒介话语权。主流媒体要自觉接受人民的监督，要专门开通举报通道，对造假的媒体从业人员一经发现和举报，要按照规定及时处理。

（二）坚守新闻真实，赢得公众信任

真实性是新闻的生命，是主流媒体赢得公众信任的核心要素。受众期待并要求主流媒体发布的消息真实准确，立场客观公正；主流媒体必须对公众忠诚，获得公众的信赖。这其实就是“媒体公信力”问题。有些媒体为了抢时效、博眼球而忽视新闻真实性，为受众呈现不严谨、不客观、不慎重的新闻报道，有时候甚至会用虚假新闻欺骗受众。受众一旦发现被媒体所愚弄和欺骗，在心理的联想机制下，则会对不良媒体乃至整个新闻业进行“经济惩罚”和“信任惩罚”双重惩罚：在行为层面不接触媒体，在心理层面不信任媒体。坚守新闻真实，提升媒体公信力，主流媒体需要从

以下几方面持续发力：

首先，以新闻事实为依据，为受众传播专业性和权威性的内容。在重大新闻事件和突发事件的报道中，主流媒体在受众心目中拥有非常高的公信力，这是因为在长期的新闻实践过程中，主流媒体拥有更为可靠的新闻来源，拥有更加规范的新闻采编流程，对于重大新闻事件的刊发更具专业性和权威性。所以，主流媒体要在坚守新闻真实性的基础上，继续发挥内容专业性和权威性的优势，持续提升媒体公信力。

其次，主流媒体传播的内容不仅要真实，还要有用。受众对于主流媒体所产生的公信力在很大程度上是由于主流媒体能够为他们提供有用的信息，让受众对主流媒体的内容产生信任。如果主流媒体能够在谣言产生之后及时发声，为受众澄清事实真相，挖掘新闻背后的新闻、提供看待事实的思想和观点，或者围绕社会热点问题去发现新闻等，这些对于受众来说就是既真实又有价值的内容，此时主流媒体的公信力将会不断增强；如果主流媒体在该发声的时候失语，或者发布已经错过最佳时效的新闻，即便这些内容是真实的，但对于受众而言是没有用处的，长而久之受众对主流媒体的信任感将会逐渐降低。

最后，主流媒体要在坚守真实性的基础上做“接地气”的新闻。主流媒体应该重视新闻报道的方式，要为受众呈现他们听得懂和看得懂的新闻，要少一些表面化、概念化的新闻。尤其是时政报道，一定要通过合理的报道方式宣传党的路线方针政策，让老百姓看在眼里、记在心里，而不是感觉高高在上。主流媒体在坚守真实性的基础上做“接地气”的新闻，会在很大层面上提升媒体公信力。

（三）充当“社会雷达”，提升受众影响力

“社会雷达”是美国传播学家施拉姆对传播的环境监控功能的一种形象比喻，指的是传播在帮助人类察知内外环境变化并及时调节环境适应行为方面所起的重要的作用。这种作用与雷达搜集和处理信息的活动具有类

似性，因而施拉姆将之称为“社会雷达”，在现代社会，大众传播执行着重要的社会雷达功能。主流媒体的基本功能是充当“社会雷达”，向公众传播真实准确、客观全面的信息，检测环境和调节社会。主流媒体要在坚持新闻真实性原则的基础上，做好“社会雷达”，需要从以下几方面持续发力。

首先，主流媒体要依据事实进行社会监督。轮船在海上航行，如果自己不能发现偏离了预定的航线，岸基雷达可以通过准确的数据进行精准定位，然后告知轮船纠正航线。在媒介环境中，主流媒体就可以通过传播新闻内容和搜集舆情资料来进行社会监督，从而推动社会不断发展进步。在进行社会监督的过程中，主流媒体必须要确保传播的新闻内容和搜集的舆情资料是真实准确的，不能凭空捏造，否则就如同基地雷达使用错误的定位数据，无法让轮船纠正航线，主流媒体也就无法取得良好的社会监督作用。

其次，主流媒体要依据事实进行环境预测。雷达能够通过搜集数据实现预警功能，主流媒体也可以通过准确的舆情信息对舆论导向做出预判，提前判断舆论的发展趋势，然后进行相应的引导。要想达到防患于未然的目的，就必须确保事实的真实性和准确性，只有在基于事实的基础上才能够进行环境监测。

最后，主流媒体要以传播事实为基础，提升受众影响力。雷达不仅具有搜集的功能，还具有传递信息的功能。同样，主流媒体在充当“社会雷达”的过程中要向公众传播真实准确、客观全面的信息，让受众自主选择信息，信息的真实性和权威性会影响主流媒体在受众群体中的影响力，所以遵循真实性原则对于主流媒体提升影响力至关重要。

二、主流媒体必须坚持正确舆论导向的方针

习近平总书记在“2·19”讲话中指出，“新闻舆论工作各个方面、各个环节都要坚持正确舆论导向。各级党报党刊、电台电视台要讲导向，都

市类报刊、新媒体也要讲导向；新闻报道要讲导向，副刊、专题节目、广告宣传也要讲导向；时政新闻要讲导向，娱乐类、社会类新闻也要讲导向；国内新闻报道要讲导向，国际新闻报道也要讲导向。”在当前媒介环境中，坚持正确舆论导向，不仅是一个重要的理论问题，更是一个重大的实践问题。在如何牢牢把握正确舆论导向、壮大主流舆论场方面，主流媒体更是责无旁贷，更要积极作为。

所谓舆论，是指民众基于固有的信念与价值观，对特定社会现象与问题进行持续关注所形成的“共识性意见”。舆论的形成需要特殊的时空，即“舆论场”，主流媒体作为民众意见表达、交汇、整合的载体与平台，是形成社会舆论的最有力工具。实践证明，新闻宣传不仅可以形成舆论、强化舆论，而且能够引领舆论的走向。舆论导向正确，是党和人民之福；舆论导向错误，是党和人民之祸。当今中国正在进行快速而深刻的社会转型，对于社会变革的目标、步骤、举措，与社会变革伴生的矛盾化解，需要全社会形成共识，齐心协力攻坚克难。但是，当下中国官方舆论场、民间舆论场、境外舆论场并存的多元化舆论表达格局，给主流媒体引导公众舆论、形成社会共识带来了前所未有的挑战。坚持正确舆论导向，就是要求我们的主流媒体必须坚持以正确的舆论引导人，全面营造有利于坚持中国共产党领导和我国社会主义制度，有利于推动改革发展，有利于增进全国各族人民团结，有利于维护社会和谐稳定的舆论环境。坚持正确舆论导向，主流媒体需要从以下几方面持续发力。

（一）遵循党性原则，体现人民立场

习近平总书记指出，党和政府主办的媒体是党和政府的宣传阵地，必须姓党。党的新闻舆论媒体的所有工作，都要体现党的意志、反映党的主张，维护党中央权威、维护党的团结，做到爱党、护党、为党。习近平总书记的重要论述，为党的新闻舆论工作举旗定向，明确了根本原则和方向指针。党的新闻舆论工作本质上是政治工作，党的新闻舆论单位本质上是

党的政治机关，坚守党性原则是我们一切工作的生命线。要旗帜鲜明地把党性原则贯彻到新闻报道全过程，以党的旗帜为旗帜、以党的方向为方向、以党的意志为意志，铸牢思想之魂，夯实履职根基。

要坚决维护以习近平同志为核心的党中央权威和集中统一领导，切实增强四个意识，在政治立场、政治方向、政治原则、政治道路上自觉同以习近平同志为核心的党中央保持高度一致。要大力宣传党的理论和路线方针政策，突出宣传习近平新时代中国特色社会主义思想，推动这一重要思想深入人心，成为时代最强音。要牢固树立马克思主义新闻观，坚持党性和人民性相统一，认清西方新闻观所谓“社会公器”“第四权力”的虚伪本质，自觉抵制错误观点的影响。

习近平总书记在“2·19”讲话中强调，党的新闻舆论工作坚持党性原则，最根本的是坚持党对新闻舆论工作的领导。党的新闻舆论媒体的所有工作都要增强看齐意识，在思想上政治上行动上同党中央保持高度一致；都要坚持党性和人民性相统一，把党的理论和路线方针政策变成人民群众的自觉行动，及时把人民群众创造的经验和面临的实际情况反映出来，丰富人民精神世界，增强人民精神力量。新闻工作的党性是指政党主办或直接领导的报刊、广播电视等在新闻活动中，对本阶级意志的贯彻和体现。坚持党性原则，是媒体的生命，是党对媒体的根本要求，也是为了把好舆论导向、正确引导舆论和提升舆论引导力。“高举旗帜、引领导向”是主流媒体的责任和使命，只有高举马克思主义的旗帜，遵循党性原则，以此对社会舆论进行引导，方能确保舆论导向始终正确。主流媒体必须要坚持正确政治方向，就是要牢牢坚持党性原则这一根本原则，自觉在思想上、政治上、行动上同党中央保持高度一致，要自觉担负起新闻舆论工作的使命。坚持党性原则是评判主流媒体舆论导向是否正确的根本性政治标准，主流媒体必须要坚持党对新闻舆论工作的引导，在新闻实践过程中必须要有高度政治敏锐性和政治辨别力，这也是主流媒体坚持正确舆论导向的灵魂与核心。即便是在媒体格局变革的环境下，主流媒体仍必须遵循党性原则，体现党的意志，反映党的主张，在党的指导下坚持正确的舆论导向的方针。

主流媒体坚持正确的舆论导向还要与体现人民立场相结合。习近平总书记在谈到新闻舆论工作时，将党性和人民性并提，解释了在新闻舆论工作中党性和人民性是相统一的关系。主流媒体作为党和政府的喉舌，同时也是人民的喉舌，在新闻实践过程中必须坚持以人民为中心的工作导向。主流媒体坚持正确的舆论方向，就必须深入基层中，深入老百姓的生活中，了解和倾听民众愿望和心声。主流媒体要让主流意识进入人民群众的内心世界，提高主流舆论的及时性、权威性、公信力、影响力。主流媒体"讲导向"就是要把体现党的主张与反映人民心声、坚持正确舆论导向与通达社情民意相结合。关注民情民意，回应群众诉求，需要主流媒体正确的舆论导向去引导；切实推动政府部门去解决社会民生问题，需要主流媒体用正确的舆论导向充当桥梁和纽带；维护群众合法权益，教育和引导群众通过合法渠道反映合理诉求，需要主流媒体以正确的舆论导向进行指引。党的宗旨和奋斗目标规定了主流媒体必须始终坚持人民立场，确立以人民为中心的新闻理念，主流媒体要积极发挥正确舆论导向的引领作用，积极向群众传达党和政府的声音，帮助群众理解党和政府的路线方针政策，增强人民群众对中国特色社会主义事业、对党和政府的向心力，真正体现坚持党性和坚持人民性的统一。

（二）弘扬社会正气，注重理性报道

新时代下的主流媒体应该在坚持正确舆论导向的方针下，积极弘扬社会正气，让人民群众形成统一的价值认同。没有统一的认同感，就会形成一片散沙；没有正确的舆论方向，就无法指导构建和谐社会。正确的舆论导向是促进和谐社会的重要因素，主流媒体必须要在复杂的社会舆论中保持清醒的头脑，时刻保证舆论导向的正确性。主流媒体在舆论工作中承担着大力宣传和弘扬社会主义核心价值观的紧迫任务，要在正确的舆论方向

指引下，讲好中国故事，聆听百姓心声，引领社会基本价值。要想努力建设和谐社会，倡导和谐理念，弘扬社会正气，主流媒体就必须要坚持正确的舆论导向。主流媒体在开展新闻报道的过程中必须要坚守真实原则、道德原则和法律原则，让社会形成正确的道德规范、价值取向和理想信念；主流媒体要多报道具备理性思考和人文关怀的新闻，营造健康向上的社会风气。对于社会上的丑恶现象和负面问题，主流媒体更应该坚守正确的舆论导向，勇于发声，敢于亮剑，以坚定的态度和严谨的言论予以回击。在弘扬社会正气的道路上，主流媒体必须旗帜鲜明，激浊扬清，坚守党的意识形态主阵地，积极引导社会舆论、社会心理和社会情绪。对于有损社会风气的现象，主流媒体决不能态度不明或者充当看客，要用正确的舆论方向，捍卫和谐社会的基本价值观，在新闻舆论宣传工作中给群众更多的信心和力量。

主流媒体在正确舆论导向的指引下要注重理性报道。主流媒体要按照习近平总书记所说的“根据事实来描述事实，既准确报道个别事实，又从宏观上把握和反映事件或事物的全貌”，要全面、真实、理性地报道新闻。近年来，有的媒体为了追求轰动效应，一味地求新求快，而忽略了事实的原本真相，导致片面报道屡见不鲜，等到“舆论反转”的现象发生后，媒体的社会形象和公信力就遭到了严重损害，这种欠缺理性报道的行为，其他媒体必须要引以为戒。主流媒体作为社会舆论的重要引导力量，一定要坚持正确的舆论引导方向，重真实，讲担当，对社会热点事件一定要理性报道，对批评性报道要深入调查还原事实真相。同时，主流媒体的强项和立足之本就是为受众披露真实和权威的信息，所以要对自己的发声负责，一定要坚守正确的舆论导向，深入解读党的路线方针政策，努力做出客观理性的报道，提供有价值的思想观点，将报道往理性和建设性上提升，帮助群众划清是非界限，澄清模糊认识，引导社会情绪、社会心理朝着积极健康的方向发展，从而在掌握舆论和稳定民心方面发挥“压舱石”的作用。

（三）融通三个舆论场，建构和谐稳定的舆论环境

当下中国，舆论场可细分为官方舆论场、民间舆论场和境外舆论场。所谓官方舆论场就是体现党和政府意志的舆论场，多是由传统主流媒体构成；民间舆论场是民众从自身利益、情感和意愿出发而形成的舆论场，多是由新媒体构成；境外舆论场是由境外媒体对中国的认知而产生的舆论场。在这种多元化舆论表达格局之中，就要求主流媒体必须坚定正确的舆论导向，引导公众舆论、形成社会共识。主流媒体要正确认知融通不同舆论场的内涵，一方面，对于不同的舆论，要融通而非统一，正如对于不同的利益，要协调而非规制；另一方面，通过融通能够让不同的声音形成对话，以此促进利益协调，而不是增加对立和分歧。让这三个舆论场扩大交集、互动融通，实现同频共振需要从以下几方面着手。

首先，主流媒体可以联合政府部门，建立民主问政平台。当前正处于中国特色社会主义进入新时代的关键时期，利益诉求多元化，伴随而来的社会矛盾也日益复杂化。主流媒体遇到问题和矛盾，不能绕道走，不能避重就轻，应勇于直面社会问题，坚持正确的舆论导向，并立足于解决问题，借助政府力量，维护人民群众根本利益，最终形成舆论共振。例如，在 2017 年 10 月召开的党的十九大会议期间，不仅我国多个主流媒体参与报道会议，而且还邀请了多位国外媒体记者在现场记录和报道十九大会议内容。主流媒体准确及时报道会议内容，为受众传达党的路线方针政策；国外媒体基于事实准确向境外传递中国故事，让国外的人们了解正在不断发展的中国实况，这些做法极大地推进了官方舆论场和境外舆论场的互动融通。同样，在每年两会召开期间，多个主流媒体会开通民主问政平台，为受众提供参政议政和民意表达的平台，不仅有效地发挥了主流媒体舆论监督和人大、政协民主监督的双重优势，提升了主流媒体的影响力，凸显了党和政府的公信力，而且建构了官方舆论场与民间舆论场沟通的桥梁。

其次，主流媒体要借助新媒体平台，以正确的舆论导向引导官民互动。新媒体是构成民间舆论场的主要平台，民众借助新媒体发表看法和观

点已经成为常态。官方舆论场中传统单向灌输式宣传方式由于难以与民众构成广泛互动，无法满足人们的参与、表达和被关注的需要，所以会与民间舆论场形成隔阂，而新媒体特有的互动优势则为官方舆论场和民间舆论场的沟通提供了条件。主流媒体可以通过新媒体平台开展对民众的宣传引导，倾听民声，解决矛盾；民众可以通过党政门户网站、微博、微信平台进行有效互动，对党和政府的路线方针政策有更加深刻的认知。在官方舆论场和民间舆论场的交集中，主流媒体承担重要作用，借助新媒体平台，以正确的舆论导向引导官民互动是主流媒体可以选择的有效途径。

最后，主流媒体要抓住主流舆论，引导热点，凝聚共识。在多元化舆论表达格局之中，往往会出现信息错综复杂、观点纷呈和真假共存的现象，一些偏激言论和不实信息往往会冲击主流舆论的地位。主流媒体身处舆论格局之中，必须承担起媒体责任，要坚持正确的舆论导向，抓住主流舆论，为受众引导热点，澄清谣传，还原真相，化解矛盾，要讲好中国故事，传达真实声音，反映正确认识，顺应社会期待，在多元中立主导、多样中谋共识。主流媒体需要坚守主流舆论的阵地，拓展主流舆论的话语空间，建构主流舆论的话语体系，创新主流舆论的话语元素。只有这样，主流媒体才能够增强自身传播力、引导力、影响力和公信力，在媒介环境中起到舆论的主心骨作用。

三、主流媒体必须坚持以正面宣传为主的方针

习近平总书记在“2・19”重要讲话中对遵循新闻传播规律进行了深刻阐述。习近平总书记强调，做好正面宣传，要增强吸引力和感染力。真实性是新闻的生命。要根据事实来描述事实，既准确报道个别事实，又从宏观上把握和反映事件或事物的全貌。舆论监督和正面宣传是统一的。新闻媒体要直面工作中存在的问题，直面社会丑恶现象，激浊扬清、针砭时弊，同时发表批评性报道要事实准确、分析客观。这一系列重要论述，对提高新形势下党的新闻舆论工作水平，具有十分重要的指导意义。

我们开展新闻舆论工作，必须秉持实事求是的科学态度，在尊重规律、认识规律、运用规律上发挥主动性、创造性，提高把握报道时度效的能力，努力成为运用新闻传播规律的行家里手。要改进正面宣传，把中央精神与基层实践结合好，把国家发展与群众感受结合好，把先进典型与生活实际结合好，切实增强报道的贴近性和感染力。要加强热点问题舆论引导，准确把握社会舆情走向，科学评估报道效果，积极稳妥加以引导。要加强舆论监督报道，抓住党中央高度重视、人民群众反映强烈的问题开展监督，同时要把握好个别真实与整体真实的关系，把握好报道的客观平衡，避免一叶障目、不见泰山。

新闻报道的主题、基调、色彩影响国民精神风貌，感染公众情绪心理。新闻媒体大力宣扬良善，倡导美好，公众自然会昂扬奋发，从善如流；如果大量集中暴露社会丑恶和阴暗面，公众则会悲观失望，自私自利。所以，新闻舆论工作必须遵循以正面宣传为主的方针，唱响主旋律，传播正能量，团结稳定鼓劲，做好正面宣传，增强吸引力和感染力。当然，以正面宣传为主并非不能做“负面报道”。新闻媒体揭露社会丑恶和阴暗面，是在行使正常的舆论监督责任，如果把握好时度，一样会产生正面影响和积极效果。

在 2013 年的全国宣传思想工作会议上，习近平总书记提出了新的要求：“坚持正面宣传为主，关键是要提高质量和水平，增强吸引力和感染力。正面宣传，光是做做样子，满足于完成任务很容易，但要真正产生影响，受到欢迎，难度是很大的，不下一番功夫肯定不行。”主流媒体要“产生影响，受到欢迎”，就必须要坚持正面宣传为主的方针，为此需要从以下几方面持续发力。

（一）坚持正确立场，弘扬时代主旋律

正如《人民日报》刊发的文章中所说：“一个前进的时代总有一种向上的精神，一个发展的社会总有一种积极的主流。大力弘扬昂扬向上的社会

主流和光明进步的社会本质，大力宣传党领导人民创造美好生活的伟大实践，是正面宣传的根本要义。”“以正面宣传为主”是主流媒体长期坚守的报道原则，这就要求主流媒体必须坚持正确立场，弘扬时代主旋律。所谓正确的立场就是要求主流媒体要遵循党性原则，始终坚持党的领导，要积极传达党的政策，同时也要站在人民的立场上说话，为人民的根本利益着想。在大是大非的问题上，主流媒体必须要坚持正确的立场，毫不犹豫地发出正确的声音，通过正面宣传来为社会主义现代化建设营造良好氛围。如果主流媒体站错了立场，用不正确的方式引导舆论，那么将会加剧社会矛盾和问题的产生，降低主流媒体影响力和公信力，阻碍社会发展，所以坚持正面宣传和坚守正确立场对主流媒体极其重要。

坚持正面宣传为主，主流媒体要大力弘扬时代主旋律，凝聚正能量。对于一个国家而言，需要有一种思想、观念体系处于统治地位，一种占统治地位的思想或观念体系是国家机器得以运转、社会秩序得以维持的基本精神依托，是意识形态表现形式，也就成为这个社会的主旋律。主流媒体所弘扬的时代主旋律应该表现在政治、经济、文化、社会生活等各个领域。主流媒体通过正面宣传弘扬时代主旋律，社会舆论思想就会有支撑点；主流媒体通过正面宣传传播正能量，社会的良好发展就会有动力源。当前，我国正处在全面建成小康社会决胜阶段、中国特色社会主义进入新时代的关键时期，国内社会转型加快与外部环境变化加剧相互交织，广大民众在新形势下思想意识也不断呈现多元、多样、多变的一系列新特点。此时，主流媒体坚持正面宣传、大力弘扬时代主旋律具有十分重要的意义。主流媒体要理直气壮地宣传改革开放以来所取得的重大成就，要积极通过正面宣传发挥时代主旋律的引领作用，为全面建成小康社会做方向性的指导；主流媒体要书写人民群众热爱生活、团结奋进的动人事迹，积极通过正面宣传巩固全党全国各族人民团结奋斗的共同思想基础；主流媒体要积极宣传党员干部发扬优良作风、密切联系群众的良好风貌，积极通过正面宣传形成实现中华民族伟大复兴的中国梦的凝聚力。主流媒体要基于我国国情，大力弘扬时代主旋律，形成全社会积极向上、不断进取的时代精神气质，用中国特色社会主义共同理想凝聚力量。

（二）做好内容策划，增强报道感染力

当前，社会思想意识更加复杂，传媒生态领域面临深刻变革，人民群众的信息需求日益多样化，主流媒体面临如此困境，要想做好正面宣传工作就必须在内容上下功夫。通过内容的精心策划和制作，增强报道感染力，提高舆论宣传的效果。做好正面宣传，要求主流媒体准确把握新形势下的新闻传播规律，创新策划和制作内容，通过具有可读性和亲和力的优质内容增强报道感染力。

首先，主流媒体在宣传党和国家政策时要以百姓的视角来进行解读。当前，发展不平衡、不充分的一些突出问题尚未解决，民生领域还有不少短板，脱贫攻坚任务艰巨，社会矛盾和问题交织叠加，国家治理体系和治理能力有待加强；意识形态领域斗争依然复杂，一些改革部署和重大政策措施需要进一步落实；党的建设方面还存在不少薄弱环节。普通群众对国家政策的理解和疑问通常是比较具体的，主流媒体在宣传党和国家重大决策部署时要注意跟进解读。这种解读必须从老百姓的视野来审视，从老百姓的需求出发，通过为个体释疑来解决时代困惑，把政策中与他们生活密切相关的主要信息进行高度提炼，用他们听得懂、喜欢看的方式呈现出来。把政策解读做全、做透、做细，做得好看、耐看、容易看，这也是主流媒体践行媒体义务的重要表现。做好正面宣传工作，就要求主流媒体为群众传达他们最关心的具体问题，而不是止步于宏观分析政策，忽略群众真实需求，长此以往将会损害党的新闻舆论工作的公信力和主流媒体的影响力。

其次，主流媒体要善于使用大数据来增加内容深度。在当前信息数量庞大、信息量增长迅速和信息元素多元化的媒介社会中，大数据成为主流媒体的新资源。主流媒体利用大数据挖掘到的事物演变规律具有极高的

可信度，能够让新闻报道更加全面、客观和真实。中央电视台利用大数据分析技术报道两会，通过抓取受众关注的热点话题，进行互动、讨论和分析，使两会新闻报道既有广度，又兼顾深度，为受众提供新的观察视角。这种内容形式上的创新，不仅能够加深主流媒体的报道深度，而且能够提升主流媒体的影响力和公信力。主流媒体在坚持正面宣传的基础上，对事件、数据、档案、文献进行全方位、高速度的调查和分析解读，提高新闻报道的准确性和时效性，还能够降低人工成本，扩大受众群体。

最后，主流媒体要通过书写平凡人的鲜活故事来促进正面宣传的效果。主流媒体要坚持人民群众的立场，自然就要讲人民群众的故事，通过个体鲜活的故事树立模范典型，促进正面宣传的效果。习近平总书记指出："生活在我们伟大祖国和伟大时代的中国人民，共同享有人生出彩的机会，共同享有梦想成真的机会，共同享有同祖国和时代一起成长与进步的机会。"生活中的每一个平凡个体都值得被尊重、被倾听、被记录。为昏迷老人进行人工呼吸的90后姑娘、带领村民致富的大学生村官、徒手接住坠楼儿童的保安等鲜活的个体事迹都能够成为主流媒体正面宣传的优质内容。中央人民广播电台中国之声从2013年6月4日起在《新闻晚高峰》推出全新专栏《今日最美新闻人》，聚焦社会受关注度比较高的、感动人心的人物，在社会中引起了广泛关注，为其他主流媒体开展正面宣传工作树立了榜样。将这些生活在读者身边的平凡人的事迹与时代背景相结合，在主流媒体的宣传下就能够起到唤起社会正能量的效果。

（三）行使监督之责，重视和改进批评性报道

主流媒体要想做好正面宣传的工作，就不能忽视舆论监督。舆论监督是主流媒体的重要使命和责任，用舆论的力量批判不公和曝光邪恶是主流媒体的社会担当。习近平总书记在党的新闻舆论工作座谈会上的讲话中，将舆论监督置于与正面宣传同样重要的位置上，并阐明了两者之间的辩证统一关系。首先，主流媒体必须要认识到舆论监督和正面宣传的目标都是

为了弘扬正能量。主流媒体通过正面宣传报道典型事例，传递主流价值观，弘扬正能量；主流媒体行使舆论监督之责，革除积弊，批评假恶丑，从另一方面来看这也是在弘扬正能量。其次，主流媒体必须要认识到舆论监督和正面宣传都是基于事实对受众进行引导。舆论监督和正面宣传都要报道真人真事，主流媒体通过建设性的舆论监督和有水平的正面宣传，对受众产生积极的精神影响和心理影响。所以，对于主流媒体而言，舆论监督是正面宣传不可或缺的另一种舆论引导方式。

马克思曾经说过“问题是时代的声音”，主流媒体做好正面宣传的工作要从问题出发。坚持正面宣传的过程中只有抓住问题，主流媒体才能主动设置议题，才能广泛凝聚共识，才能寻求正确对策。发现问题是主流媒体开展正面宣传工作的前提，主流媒体要抓住涉及民族命运、国家命运和人的命运的大问题及社会发展中的关键问题，通过重视和改进批评性报道，全面真实地反映社会现实。主流媒体必须要明确一个观点：坚持团结稳定鼓劲、正面宣传为主的方针，不是不要批评性报道。当然，主流媒体不能停留在批评性报道上，要把握好舆论引导的时度效，掌握好批评性报道的数量、时机、密度和力度，要注重效果，而不是浮于表面。重视和改进批评性报道必须站在党和人民的立场上，必须以建设者的姿态，以热情帮助解决问题的诚意，去选择具有代表性的案例进行解剖，从而达到举一反三的效果。主流媒体在开展批评性报道的过程中要做好选题策划，寻找能够反映时代脉搏和社会焦点的话题，关注社会或行业普遍存在的问题，要切实反映贴近群众生活的问题。正面宣传和批评性报道都不能回避问题，及时为受众呈现，事实准确，分析客观，这是主流媒体的责任。把问题意识、重视和改进批评性报道纳入正面宣传的工作中，将会有效地提升主流媒体的公信力和影响力。

四、主流媒体必须坚持“以人民为中心”的方针

新闻舆论工作的根基在人民、血脉在人民、力量在人民。习近平

总书记强调，新闻舆论工作者要转作风、改文风，俯下身、沉下心，察实情、说实话、动真情，努力推出有思想、有温度、有品质的作品。当前，我国社会主要矛盾已经转化为人民日益增长的美好生活需要和不平衡不充分的发展之间的矛盾，人民对美好生活的向往更加强烈，对精神文化产品的需求也更加多样。我们要坚持以人民为中心的报道理念，把满足人民的需求作为新闻报道的出发点和落脚点，努力为人民奉献更多优质的精神食粮。要大兴调查研究之风，深入人民生活中，深入实践沃土中，深入基层实际中，与群众同坐一条板凳、同吃一锅饭菜，密切同人民群众的血肉联系，坚决克服脱离群众、脱离实际的倾向。要把人民群众作为新闻报道的主角，深入挖掘人民群众的先进典型，充分报道人民群众的创新创造，生动展现人民群众的精神面貌，真实反映人民群众的意愿呼声。要学习群众的语言表达，善说家常话，会讲贴心话，使我们的报道为人民群众喜闻乐见，做到入耳、入脑、入心。要在深入人民群众中锤炼思想作风、锻炼意志品格，不断提高脚力、眼力、脑力、笔力，做党和人民信赖的新闻工作者。

习近平总书记在党的十九大报告中指出："人民是历史的创造者，是决定党和国家前途命运的根本力量。必须坚持人民主体地位，坚持立党为公、执政为民，践行全心全意为人民服务的根本宗旨，把党的群众路线贯彻到治国理政全部活动之中，把人民对美好生活的向往作为奋斗目标，依靠人民创造历史伟业。""群众路线"是我们党的根本工作路线，依靠群众、发动群众是我们党制胜的法宝之一，党性与人民性相统一，新闻媒体既是党和政府的喉舌，也是人民的喉舌。党的新闻舆论工作必须"以人民为中心"，贴近实际、贴近生活、贴近群众，增强新闻报道的亲和力、吸引力、感染力。坚持"以人民为中心"的方针，就是坚持把实现好、维护好、发展好最广大人民的根本利益作为新闻舆论工作的出发点和落脚点，尊重人民主体地位，发挥人民首创精神，保障人民知情权、参与权、表达权、监督权的充分实现。主流媒体必须要面向最广大人民群众，直面社会热点和民众关注的焦点，要吸纳主流民意，不与民意产生隔阂和对立，牢固树立“以人民为中心”的新闻理念。

习近平总书记在2018年新年贺词中强调：“我们伟大的发展成就由人民创造，应该由人民共享。我了解人民群众最关心的就是教育、就业、收入、社保、医疗、养老、居住、环境等方面的事情，大家有许多收获，也有不少操心事、烦心事。我们的民生工作还有不少不如人意的地方，这就要求我们增强使命感和责任感，把为人民造福的事情真正办好办实。各级党委、政府和干部要把老百姓的安危冷暖时刻放在心上，以造福人民为最大政绩，想群众之所想，急群众之所急，让人民生活更加幸福美满。”党和政府一贯坚持“以人民为中心”的工作方针，主流媒体也要践行服务人民的理想信念，只有植根于民，才能使主流媒体的新闻报道真正在广大群众中产生普遍的信息共鸣、是非共鸣、思想共鸣和道德共鸣，从而实现上通下达，搭建起沟通的桥梁。为此，主流媒体需要从以下几方面持续发力。

（一）密切联系人民群众，发挥人文关怀意识

牢固树立“以人民为中心”的新闻理念，要求主流媒体深入基层群众的生活，倾听群众的愿望和心声，了解人民群众最需要的是什么，哪些问题需要主流媒体来反映和引导。主流媒体密切新闻报道同人民群众的联系，是激发新闻活力的根本来源，同时也是主流媒体义不容辞的责任。首先，主流媒体要通过新闻报道将党的路线方针政策以最真实、最迅速和最广泛的形式呈现给人民群众，并让群众付诸行动。当前，中国特色社会主义进入了新时代，深化供给侧结构性改革，实施乡村振兴战略，建成经济更加发展、民主更加健全、科教更加进步、文化更加繁荣、社会更加和谐、人民生活更加殷实的小康社会等都是人民群众特别关心的政策，如何将这些密切联系人民群众生活的政策解读给群众，并让群众付诸实际行动，是主流媒体必须要重视的方面。其次，主流媒体要搭建“民有所呼，

我有所应”的传播平台。在新闻实践的过程中，主流媒体要留意群众的情绪，反映群众的合理需求和愿望。对于群众想要了解社会主义市场经济体制改革，“一带一路”倡议和区域协调发展战略等政策性需求，主流媒体要用通俗易懂的形式为受众解读，满足受众呼吁解读新政策的需求。主流媒体还要维护人民群众的知情权、监督权、参与权、表达权等基本权利，为群众搭建表达意见和呼声的平台。主流媒体要充分利用新媒体平台的优势，让受众能够在平台上针对公共事务展开交流、沟通、讨论和建议，通过适当的舆论引导，提升主流媒体言论的高质量和权威性，让主流媒体与人民群众的关系更加紧密。

主流媒体坚持“以人民为中心”的工作方针，就有责任倡导并在新闻报道中体现人文关怀意识。主流媒体要关注群众的生活状况，要关注群众的社会行为，要关注群众的人格、尊严和信念。具有人文关怀意识的主流媒体能够担负起疏通社会矛盾和引导抚慰群众的责任，要始终向受众传递一种积极向上的社会价值观。中央电视台通过新闻报道引发社会对西部山区留守儿童的关注，继而各地相继成立“阳光家园”来解决留守儿童的教育问题和心理问题，这一举措在很大程度上缓解了社会矛盾。中央人民广播电台在雅安地震的突发事件报道中，以新闻为基点凸显人文关怀意识，专门开辟《雅安紧急救援》心理疏导节目，抚慰听众心灵；针对灾区群众的收听需求，中国之声专门制作了一批用雅安当地语言播音的提示性、服务性片花，如“震后救人”“安全提示”“饮食提示”“防疫提示”“财产挂失”等，大大增加了节目针对性和贴近性，体现了主流媒体的责任担当。2015年6月，在“东方之星”号客轮翻沉事件报道中，新华社摄影部在选择、处理图片时以对死难者的尊重为前提，强调人性化操作，精挑细选，以远景为主，并对凄惨的细节进行适度处理。重视人文关怀能够让主流媒体更好地贴近群众，密切联系群众，只有在新闻报道中体现出人文关怀，主流媒体在参与谋求人类幸福和社会进步发展方面才算恪尽职守。在新闻传播活动中，主流媒体还要规避新闻报道中人文关怀的失衡与偏向，不能大肆炒作名人，不能歧视弱势群体，不能伤害特殊群体的尊严，一定要在体现人文关怀意识的同时把握好分寸，尤其是在突发事件的报道中，主流媒体能否合理取舍报道素材，能否体恤遇难者家属的感受及能否预判受众的心理接受能力，将会直接反映主流媒体的职业操守。所以一定不能让新闻报道中的人文关怀变了味，影响主流媒体的公信力和影响力。

（二）转变报道方式，确立受众本位意识

“以人民为中心”是媒体融合发展形势下新闻报道中增添“含金量”的新趋势，主流媒体要转变报道方式，用平民视角讲述百姓故事，关心受众的生活处境，确立受众本位意识。长期以来，新闻媒体都是采用“我说你听”的单向灌输方式来开展新闻宣传活动，忽略了受众的真正需求。新闻报道需要关心人和表现人，主流媒体要做“人”的新闻，就必须要突破传统宣传思维的束缚，改变自上而下的传者本位的报道方式。

首先，主流媒体要确立平民化的视角。由于传统报道思维的限制，主流媒体在很长一段时间内形成了居高临下的姿态，距离人民群众的生活越来越远，受众对新闻报道也逐渐产生了距离感和陌生感。要坚持“以人民为中心”的新闻理念，主流媒体就必须要关注平凡人的命运，要把视线转移到人民群众的身上，确立平民化视角。主流媒体要把镜头和笔触对准新时代下的人民群众，充分利用新媒体技术，挖掘个体鲜活故事，把具有典型意义和模范作用的普通群众当作主角，为人民群众画像宣传。主流媒体要通过平视生活和平视大众的视角来观察、思考和报道社会问题，用平凡通俗的语言讲述老百姓自己的故事，用朴实的文风挖掘并揭示普通群众内在的精神价值，让新闻摈弃训诫和说教，使社会与个人获得真正意义上的情感共振，息息相通。

其次，主流媒体的新闻报道要回归受众本位。党的最大政治优势是密切联系群众，明确人民的立场和地位，而主流媒体最大的优势是拥有忠实的受众群体，新闻报道必须回归受众本位。回归受众本位就要求主流媒体

从受众的多元要求出发，对受众不同的生存处境和精神处境给予应有的关怀，新闻报道要能够体现受众的价值取向，分析受众的精神困惑，参与培育人文精神。主流媒体要把“我们想说的”和“群众想听的”统一起来，尽量满足人民群众知情的欲望，主流媒体的新闻传播活动要以受众为本位，发挥新闻报道的社会功能，开掘受众的话题冰点，扫除受众的信息盲点，解答受众的问题疑点，在遵循新闻传播规律的基础上，增强以人为本的平等意识。

（三）把握群众脉搏，照顾不同的受众面

主流媒体在组织新闻报道时要注意把握群众脉搏，在新闻实践中体现群众观点，照顾不同的受众面。把握群众脉搏就是要求主流媒体能够基于对社会的观察和思考对受众的需求做预判，并通过正确的舆论导向来引导群众的价值观；照顾不同的受众面就是要求主流媒体在新闻报道中要传递新闻事件背后隐藏的社会意义，让不同需求的受众各取所需。

首先，主流媒体的新闻报道要贴近受众心理的最佳角度。新闻报道能够及时反映社会的发展和变化，能够基于这种变化传递出影响受众生存和需求的信息。要想真实挖掘受众的精神状态，主流媒体在组织新闻报道时就必须选择最贴近受众心理的最佳角度，通过讲故事的方式讲道理，把新闻事件与受众的日常生活相结合。主流媒体在把握群众脉搏时不能浮于表面，不能流于麻木，只有真正关心受众，才能推出受众真正关心的新闻报道。

其次，主流媒体关怀到不同受众的具体需要。任何新闻报道，一方面要遵循新闻传播规律，另一方面要照顾到不同的受众面。受众的需求是多样化和多层次的，满足受众的知情权是媒体的责任和义务。主流媒体要把受众想了解的各种新闻信息及时、准确地进行传播，无论是经济新闻、社会新闻、科技新闻还是法制新闻，主流媒体要写出有血有肉、各不相同的个体故事，让不同层面的受众各取所需，满足受众的知情权。当然，主流

媒体还要把握受众知情权和报道对象隐私权的临界点，不能因为追求轰动效应而忘记媒体的职业操守，不能忽略对报道对象的尊重和关心。主流媒体要关注不同受众的具体需要，同时要充分理解并且尊重社会中的每一个个体成员，既要吸纳主流民意，又要不与民意产生隔阂和对立，要让“以人民为中心”的新闻理念在新闻报道中更好地发挥。

五、大力弘扬开拓创新时代精神

新闻舆论工作立于时代潮头、引领风气之先，是最需要创新的领域。习近平总书记高度重视新闻舆论工作创新，他指出，随着形势发展，党的新闻舆论工作必须创新理念、内容、体裁、形式、方法、手段、业态、体制、机制，增强针对性和实效性。当前，世界媒体格局、舆论生态、传播形态深刻变革，移动传播渐成主流，社交平台迅猛发展，智能媒体方兴未艾，媒体融合向纵深推进。在这场前所未有的传媒大变革中，未知远大于已知，变革不可能一蹴而就，不断探索、不断创新、不断突破将成为媒体发展的常态。

我们必须加快改革创新步伐，主动适应变革，大力推动变革，积极引领变革，努力成为新闻事业发展创新的领航者。要深入推进媒体融合发展，探索合传播规律的融合发展模式，着力在融为一体、合而为一上下功夫，尽快实现“你就是我，我就是你”的深度融合。要坚持“一体化发展，移动端优先”，抓住 5G 发展的风口，加快移动新媒体发展步伐，积极抢占各类平台端口传播制高点。要加强技术能力建设，把握信息网络技术发展前沿，布局人工智能、大数据等重点领域，推动技术建设与内容建设深度融合，以技术建设引领传播创新。2017 年 12 月，新华社发布了人工智能平台“媒体大脑”，提出建设智能化编辑部，引起国内外新闻界高度关注。新华社将着力打造以智能技术为基础、以人机协作为特征、以大幅提高生产传播效率为重点的智能化编辑部，推动人工智能在策划、采访、编辑、加工、分发、反馈等全流程应用，抢占融合发展制高点。

第三节　主流媒体的社会责任

主流媒体是党和国家意识形态的主要阵地，解析舆论局势、报道新闻事实是主流媒体义不容辞的社会责任。建设责任媒体是主流媒体自身职责使然。作为时代的风向标和社会的瞭望者，主流媒体在很大程度上影响着社会的发展和群众的生活。主流媒体要积极履行正确引导责任、社会服务责任、人文关怀责任和职业规范责任。正如习近平总书记在“2・19”讲话中强调，主流媒体要“做党的政策主张的传播者、时代风云的记录者、社会进步的推动者、公平正义的守望者”。主流媒体要强化责任担当，发挥引领作用，传递党和政府的声音，反映人民群众的心声，提高主流媒体的影响力。

一、做党的政策主张的传播者

主流媒体要时刻牢记习近平总书记提出的“党的新闻舆论媒体的所有工作，都要体现党的意志、反映党的主张，维护党中央权威、维护党的团结”的要求，深入学习宣传贯彻习近平总书记系列重要讲话精神和治国理政新理念新思想新战略，精心组织、精细操作、精准发力，让党的主张成为时代最强音。当好党的政策主张的传播者，必须坚持做到以下四点：第一是传播党的政策主张必须立场坚定旗帜鲜明，媒体对政策主张，也就是习近平总书记提出的要有“看齐意识”，新闻舆论所传播的政策主张必须同中央的口径完全一致，宣传的内容应当不折不扣地体现中央方针政策的精神；第二是要善于运用说理、写实、抒情、鼓劲、纠错等手法，把党的政策主张变为亿万群众的自觉行动；第三是要正确全面和辩证地传播党的政策主张，防止片面性、简单化和绝对化；第四是提倡实事求是地反映群众的意见、要求和呼声。应该强调指出，新闻舆论工作能够体现党的意志，反映党的主张，维护党中央权威，维护党的团结，是爱党、护党、为党的表现；新闻舆论工作能够敏锐地发现党的某些政策主张的不足，能够深入人民群众反映他们的疾苦、愿望，能够发现党群关系中一些不协调不和谐的问题和弊端，同样是爱党、护党、为党的表现。

（一）传播党的政策主张必须旗帜鲜明立场坚定

首先，主流媒体要坚持党的领导，必须牢固树立政治意识、大局意识、核心意识、看齐意识，始终在思想上政治上行动上同以习近平同志为核心的党中央保持高度一致，进一步提振精气神、严细深实快、创新出精品，主流媒体要巩固舆论引导地位，持续增强自身的传播力、引导力、影响力和公信力，有力服务于党和国家工作大局。主流媒体必须要明晰“党媒姓党”的内涵，这是在性质上对党和政府主办的主流媒体的根本属性予以旗帜鲜明的定位。主流媒体在传播党的政策主张时要坚持“爱党、护党、为党”。所谓“爱党”，指的是在感情上对党的信仰和忠诚；所谓“护党”，指的是在言论和行动上对党的自觉维护；所谓“为党”，指的是在目的与动机上对党的主观态度。我们必须看到，尽管新闻媒体总体上是好的，但的确存在着一些噪声与杂音，主流媒体必须要提高警惕。

其次，主流媒体在传播党的政策主张的过程中必须坚持正确的政治方向。主流媒体必须严格贯彻和执行“新闻舆论工作各个方面、各个环节都要坚持正确舆论导向”的工作方针。政治方向和舆论导向正确，党的政策主张才能准确传递给人民群众，并让群众付诸行动；政治方向和舆论导向有偏差，舆论环境将会陷入混乱的局面。主流媒体要始终坚持正确的舆论导向，旗帜鲜明地反对错误导向、模糊导向，要以正确的政治方向和舆论导向传播党的方针政策，为受众解读党的政策主张。主流媒体要在新闻宣传工作中开拓创新，积极探索，充分发挥自身优势，在新闻报道中体现党的意志，反映党的主张，履行党和政府的喉舌职责。

（二）善于运用宣传手法将党的政策主张落实到群众的自觉行动中

首先，主流媒体要依据实际情况灵活运用各种宣传手法传播党的政策主张。把党的政策主张变为亿万群众的自觉行动的前提是要让人民群众看得懂党的政策主张，这就需要主流媒体在宣传方法上下功夫。用严谨的逻辑思维向受众讲明党的最新政策主张中所蕴含的生存道理和发展道理，这是主流媒体采用说理的手法来宣传党的政策主张；在第一时间真实全面地将党的路线方针政策通过简洁易懂的新闻报道传达给人民群众，这是主流媒体采用写实的手法来宣传党的政策主张；通过形式化的话语组织，将党的政策主张融情于百姓生活中，从而释放受众情感，这是主流媒体采用抒情的手法来宣传党的政策主张；通过新闻报道体现党的政策主张中所蕴含的社会正能量，形成良好的舆论氛围，使人心齐、心气顺、士气旺，这是主流媒体采用鼓劲的手法来宣传党的政策主张；树立正确的舆论导向，从多角度解读党的方针政策，从而及时纠正人民群众的意识误区，这是主流媒体采用纠错的手法来宣传党的政策主张。主流媒体可以根据实际宣传情况灵活运用各种宣传手法，先让人民群众听得到、看得懂党的政策主张，然后再付诸行动。

其次，主流媒体要坚持“从群众中来，到群众中去”的工作方法，引导群众自觉落实党的政策主张。党和国家决策的制定是从群众中“来”，而决策的执行和评估则要到群众中“去”。这就要求主流媒体在宣传党的政策主张的同时，还要深入基层，贴近群众、贴近生活、贴近实际，集中群众的意见，了解群众的真实需求，协助政府制定出符合人民需要的正确的方针、政策和方法。此外，主流媒体要加强对党的理论和路线方针政策的宣传，要通过新闻报道为群众排忧解难、帮助群众想办法精准脱贫、与群众一起创造美好的生活，不断夯实党的群众基础，在“一来一去”的过程中，使党的正确主张变成群众的自觉行动，转化为改造主观世界和客观世界的伟大力量。

（三）正确全面和辩证地传播党的政策主张，防止片面性、简单化和绝对化

首先，主流媒体必须要认识到中国目前正处于发展的关键时期，各种思潮、各种利益关系不断摩擦和碰撞，改革是一场伟大的社会实践，新闻媒体要及时、准确、全面地传递党的路线方针政策，捕捉和反映执行过程中的各种信息，促使各级党组织、政府及时修正偏差，使改革少走弯路，更加健康地发展；对于群众中存在的某些模糊的认识，新闻媒体要加以引导，缓解矛盾，沟通党、政府与人民之间的联系，增进人们对改革的理解和支持。

其次，主流媒体传播党的政策主张必须立场坚定、旗帜鲜明，要有很强的看齐意识，使媒体所传播的政策主张同中央的口径完全一致，宣传的内容不折不扣地体现中央方针政策的精神，防止片面性、简单化和绝对化。如果主流媒体在传播中不讲全面性和辩证法，为了“抓眼球”而顾此失彼甚至断章取义，就不能很好传播党的政策主张。做党的政策主张的传播者，不是照抄照搬中央文件，而是要善于运用说理、写实、抒情等手法，把党的政策主张变为亿万群众的自觉行动。这考验新闻舆论工作者的能力和水平，需要下一番苦功夫。

（四）实事求是反映群众意见和呼声

首先，主流媒体要以马克思主义新闻观为指导，坚持实事求是反映群众意见和呼声。主流媒体在新闻实践的过程中，要力戒经验主义、教条主义、本本主义，对具体问题做具体分析，既要遵守规矩也要遵循规律，既要提前计划也要着眼变化，既要争取主动也要夺取主导，既要先声夺人也要后发制人，既要掌握敌情也要把握舆情，既要讲求时效更要讲究实效。主流媒体的编辑、记者必须保持同人民群众的密切联系，经常倾听群众呼声，体察群众情绪。要准确把握人民群众最满意的是什么，最不满意的是什么；最高兴的是什么，最不高兴的是什么；最赞成的是什么，最不赞成

的是什么、最不能容忍的是什么。要善于把各种信息汇集起来，作为组织舆论监督报道的重要参考依据。

其次，主流媒体必须要实事求是反映群众意见和呼声，不能搞一劳永逸。在一个时间、一个地点、一个事件上做到了实事求是反映群众意见和呼声，并不等于在另外的时间、另外的地点、另外的事件上也能做到实事求是反映群众意见和呼声，在一个时间、一个地点、一个事件上坚持实事求是而得出的结论、取得的经验，并不等于在变化了的另外的时间、另外的地点、另外的事件上也适用。主流媒体在反映群众意见和呼声的过程中，要自觉坚定实事求是的信念、增强实事求是的本领，时时处处把实事求是牢记于心、付诸于行。

二、做时代风云的记录者

主流媒体在社会中享有较多的话语权，因此要承担记录社会发展和反映社会生活的责任。做忠实的时代风云的记录者，主流媒体要遵循新闻传播规律，从以下几方面着力：第一是对社会生活要有总体认识；第二是对新闻舆论所传播的正反两方面事实的反映要实事求是；第三是对新闻舆论的信息流量要科学调控，新闻舆论应以相应的量与质的报道，亦即通过新闻舆论的信息流量的把握，反映与维持这种平衡；第四是对新闻舆论传播的事实要进行必要的道德考量。

（一）对社会生活要有总体认识

习近平总书记在党的十九大报告中强调："中国特色社会主义进入新时代，我国社会主要矛盾已经转化为人民日益增长的美好生活需要和不平衡不充分的发展之间的矛盾。我国稳定解决了十几亿人的温饱问题，总体上实现小康，不久将全面建成小康社会，人民美好生活需要日益广泛，不仅对物质文化生活提出了更高要求，而且在民主、法治、公平、正义、安全、环境等方面的要求日益增长。同时，我国社会生产力水平总体上显著提高，社会生产能力在很多方面进入世界前列，更加突出的问题是发展不平衡不充分，这已经成为满足人民日益增长的美好生活需要的主要制约因素。”社会的发展需要一个过程，主流媒体要用历史的、辩证的观点看待社会的发展，要善于从总体上、本质上及发展趋势上把握社会生活。任何独立的问题都必须置于整个社会的大背景下用普遍联系的观点去审视。任何问题的产生都有历史的原因，任何问题的解决也都有历史的必然。要根据事实来描述事实，既准确报道个别事实，又从宏观上把握和反映事件或事物的全貌。主流媒体要做时代风云的记录者，就必须要在新闻实践过程中既要尊重事实，又要尊重历史；既要站在当下看社会生活，又要站在历史和未来看社会的发展和进步；既要看到眼前的“真实”，又要看到历史的“真实”；既要看到解决社会问题的紧迫性，又要看到社会中存在的问题在时间维度上可能存在的长期性。只有认识到这几点，主流媒体在记录社会的过程中才能真正坚持“客观公正”，通过新闻报道向社会释放“正能量”，坚定人们解决问题的信心。

（二）对新闻舆论所传播的正反两方面事实的反映要实事求是

根据“舆论客体的变化决定舆论的变化，舆论的形成反作用于原来的客体，促使原客体变化”的道理，可以对新闻舆论所传播的正反两方面事实进行引导。首先，舆论客体出现后，政府和主流媒体可以采取相应措施，让客体朝正或反的方向发展，从而强化或减弱已形成的舆论。如前几年在物价上涨的问题上，社会公众舆论十分强烈。主流媒体通过新闻报道传播政府的相应措施，通过控制物价以减弱舆论的强度，甚至消除此种舆论，让舆论往好的方面转变。其次，舆论客体出现后，可以加快舆论的传播，以形成舆论压力，促进舆论客体向正或反向发展，使已经形成的舆论也随之强化或减弱。比如，面对腐败现象，主流媒体可以加大有关反腐倡廉的新闻报道力度，形成舆论强势，迫使腐败现象有所收敛。做时代风云的记录者，就要求主流媒体对新闻舆论所传播的正反两方面事实的反映要实事求是。无论是正面宣传还是批评报道，所有的新闻工作都要实事求是，坚守真实性，要通过实事求是的新闻报道，充分反映我国发展进步的本质，充分展示改革发展蓬勃向上的主流，高扬时代主旋律，唱响中国光明论，弘扬社会正气歌。

（三）对新闻舆论的信息流量要科学调控

面对混杂着理性与非理性的成分的舆论信息，主流媒体不能对之简单地予以全面肯定或全面否定，要能够发现和扶持舆论信息中积极向上、科学合理的成分，抑制和剔除负面成分，使其对社会思潮产生积极的引导作用。主流媒体要在充分尊重新闻传播规律的基础上，运用直接和间接手段相结合的方法，从系统和综合的角度出发，对一定范围内的舆论信息流量进行弹性控制和科学调控。对于信息流量的科学调控，主流媒体要坚持党性原则，坚持正确的舆论引导方向，要控制舆论波动的幅度和周期，让信息处于最有利于形成正确导向的范围内。主流媒体对舆论信息的科学调控，要保持信息流量的平稳有序，避免信息流量大起大落、起伏不定和舆论中心飘摇不定、忽东忽西。主流媒体要在保持舆论常态中确定舆论主旋律，实现“变中之静”和“动中之稳”的效果，推动社会有序发展。当前，由于互联网技术的不断发展，舆论信息类型错综复杂，信息数量极其庞大，主流媒体要认真履行“把关人”的职责，把握主流舆论，积极引导舆论，善于利用大数据技术分析和调控信息流量，避免由于信息过量给受众带来不良影响。主流媒体要做好舆情监测工作，要整合互联网信息采集技术及信息智能处理技术。通过对互联网海量信息自动抓取、自动分类聚类、主题检测、专题聚焦，实现用户的网络舆情监测和新闻专题追踪等信息需求，形成简报、报告、图表等分析结果，为客户全面掌握群众思想动态，做出正确舆论引导，提供分析依据。

（四）对新闻舆论传播的事实要进行必要的道德考量

新闻伦理道德是主流媒体在新闻实践中必须遵循的伦理道德原则、伦理道德规范、新闻传播行为准则和职业道德底线。主流媒体对新闻舆论传播的事实要进行必要的道德考量。首先，主流媒体传播的新闻舆论必须真实和准确。真实性是新闻的生命，没有经过真实性考量的新闻不能称为“新闻”。虚假新闻不仅会破坏社会秩序，阻碍整个社会的发展，还会使新闻受众接收错误的信息，从而影响自己对当前所处的生存环境的判断。因此，主流媒体必须要对新闻舆论的真伪严格考量，不能让虚假新闻损害主流媒体的公信力和影响力。正确把握新闻的真实性，关键在于以马克思主义的立场、观点和方法，对新闻事实进行符合实际的调查研究和科学的选择和分析，这样才能真正保证新闻的整体真实，并在此基础上保证正确的舆论导向，这样主流媒体才能成为时代风云的真实记录者。其次，主流媒体传播的新闻事实不得伤害他人。主流媒体必须要厘清新闻价值与新闻伦理的关系，不能为了快速传播具有高度新闻价值的事实而忽视新闻对当事人或者相关人员造成的伤害。主流媒体必须增强人文关怀意识，成为时代风云的道德记录者。

三、做社会进步的推动者

主流媒体要成为社会进步的推动者，就必须坚持正确的舆论导向。舆论导向从总体上看可以分为政治导向、经济导向和价值导向三个方面。政治导向就是新闻媒体根据党和政府的总任务和总目标，遵循新闻传播规律，通过大量的事实报道和舆情传达，引导人们认识、理解和接受党和政府的路线方针政策，并联系自己的本职工作，积极加以贯彻。经济导向就是通过新闻及舆论的传播，排除各种干扰，坚持以经济建设为中心，把经济活动引导到党和政府提出的经济目标和社会主义经济活动中去，调整上层建筑和经济基础的关系，促进生产的发展和社会的繁荣稳定。价值导向就是用社会主义主流价值观和中华民族的传统美德，教育广大人民群众，引导人们树立正确的世界观和人生观。

（一）坚守政治导向，推动政府工作顺利进行

“任何政治体系都需要借助一定的信息符号，使其具有意识形态特征的主流政治文化得以有效传播，以培养忠诚和支持其政治体系的社会公民，并借助一定的形式补充政治能量。”主流媒体在介入公共政治系统时，通过收集和筛选信息、传播信息等行为，对政治系统和政治生活的走向会产生积极的影响。新闻舆论在维护政治稳定、建设和谐社会、推动政府工作顺利进行等方面的作用不可替代。因此，凸显新闻舆论的政治导向是当前主流媒体开展舆论工作的重要任务之一。主流媒体必须要重视新闻舆论在社会政治生活领域中所发挥的作用。首先，主流媒体要通过新闻报道向受众传播正面政治信息，培养受众的政治信念，提高受众的政治热情，从而引导受众的政治行为，推进受众政治参与的积极性。其次，主流媒体要始终以宣传国家形象、民族利益为出发点。主流媒体要使“国家形象神圣，民族利益至上”的政治理念深入人心。再次，主流媒体要积极教育和引导受众在政治领域中理性参与政治活动。一方面主流媒体要传播政党的执政理念及政策方针，引导政治环境健康发展；另一方面主流媒体要认真引导社会公众对政治事件和现象做出正义与非正义、进步与保守、是与非、优与劣、善与恶的政治价值判断。最后，主流媒体要通过新闻报道培养受众的政治信仰。培育社会公众坚持中国特色社会主义道路自信、理论自信、制度自信和文化自信，是政治信仰培育的重要内容。主流媒体不仅要旗帜鲜明地坚持“四个自信”，还要通过各种舆论宣传方法及途径引导社会公众为实现“四个自信”发挥自身作用。

（二）坚守经济导向，促进社会经济发展进步

新闻舆论的经济导向对社会主义市场经济建设具有重要的指导作用。当前，我国经济建设取得重大成就，经济保持中高速增长，供给侧结构性改革深入推进，经济结构不断优化，数字经济等新兴产业蓬勃发展，基础设施建设快速推进，区域发展协调性增强，“一带一路”建设、京津冀协同发展、长江经济带发展成效显著，开放型经济新体制逐步健全，对外贸

易、对外投资、外汇储备稳居世界前列。社会主义市场经济建设离不开党的领导，主流媒体需要通过新闻舆论把经济活动引导到党和政府提出的经济目标和社会主义经济活动中去，调整上层建筑和经济基础的关系，促进生产的发展和社会的繁荣稳定。在市场经济条件下，由于利益主体的多元化和利益关系的错综复杂，一方面，在客观上存在着使新闻舆论导向产生偏差的社会力量，如少数领导干部或者经济集团出于利益因素对新闻媒体施加压力，市场中各种经济主体采取诸多手段试图通过新闻媒体来影响社会舆论；另一方面，各种社会思潮会对新闻舆论的经济导向产生冲击，从而影响新闻舆论贯彻和实现党的方针政策的效果。主流媒体必须排除各种干扰，坚持党的领导，坚守正确的经济导向，要积极引导经济效益服务于社会效益，促进社会经济发展进步和全面深化改革取得重大突破。

（三）坚守价值导向，传播社会主义主流价值观

主流媒体必须坚守价值导向，坚持社会主义核心价值体系，传播社会主义主流价值观。主流媒体作为社会生活的重要组成部分，对公众舆论引导、社会有序发展、丰富文化生活、引领社会主义主流价值观有着重要作用。作为倡导我国社会主义核心价值体系的重要舞台，主流媒体要积极探索用社会主义核心价值体系引领社会思潮的有效途径，主动做好意识形态工作，既尊重差异、包容多样，又有力抵制各种错误和腐朽思想的影响。主流媒体是我国社会主义先进文化建设的主力军和主战场，它担当着重要使命，切实做好主流媒体对社会主义核心价值体系的倡导工作具有极其重要的意义。首先，主流媒体通过坚守价值导向能够对人们的价值观产生整体的定向作用。它可以为人们的价值选择指明方向，标明目的，引导人们的行为活动趋向最佳选择。其次，主流媒体坚守正确的价值导向有助于社会成员形成一致的认识和共同的追求，可以把社会成员有效地团结在社会崇高道义和共同利益的旗帜下，从而形成一种巨大的社会凝聚力、向心力。最后，主流媒体能够通过正确的价值导向调整受众的价值观念和评价标准，教育广大人民群众，引导人们树立正确的世界观和人生观。

四、做公平正义的守望者

主流媒体要把握时代的脉搏，要认识到当前形势所赋予的任务、职责，要认识到新闻舆论工作的作用，要看到新闻事业是党和人民的喉舌，担负着反映舆论、引导舆论和舆论监督的重要任务。监督环境、监督政府最重要的是守望公平正义。保护公民的合法权益是守望人做到公平正义的重点；倾听来自人民群众的意见和呼声，是守望人做到公平正义的另一重点；为人民建言提供同政府一样的平等利用媒介的机会，充分保障民众的知情权、表达权、参与权和监督权，是守望人做到公平正义的又一重点。

（一）保障公民的合法权益

法治社会中现代传媒所孜孜追求的理想目标之一，就是在传播新闻信息的同时，最大限度地保障公民的合法权益免受侵害。与新闻传播密切相关的公民权利有名誉权、肖像权、隐私权、著作权等。主流媒体维护公平正义，就必须对我国法律法规的相关规定有所了解，以防止新闻传播媒体侵权纠纷的发生。主流媒体要确保新闻报道真实准确，没有侵害到他人名誉权，要在有可靠的事实来源的情况下，针对与社会公共利益有关的事项进行立场公正和没有恶意的评论。主流媒体在对一些特殊事件的报道时，要注意保护当事人的隐私权和肖像权。保障公民的合法权益，防止新闻侵权，就要求主流媒体在进行新闻报道时抱着与人为善的良好愿望，不对任何新闻事件随心所欲地妄加评判，不能用新闻作品去伤害新闻受众的权益，以致触犯法律规定。主流媒体必须从细节真实入手，力争细节和主要事实都真实，减少新闻侵权发生的可能性。

（二）重视耳目喉舌作用，兼顾传播政府决策和倾听群众心声

麦克卢汉说，媒介是人的延伸，是人的各种感官的延伸和扩展。在我国，新闻媒介是党和政府的耳目喉舌，也是人民的耳目喉舌。主流媒体的新闻工作要成为党和人民忠实可靠的耳目喉舌，坚定不移地服从和服务于党和人民的需要，把对党负责和对人民负责统一起来。党的喉舌是党的

重要宣传阵地，既要坚持正确的舆论导向，把党的声音广泛传播出去，又要注重倾听群众呼声，把群众的心声和愿望反映出来，对群众进行有针对性的引导，把群众的热情调动起来，把人心凝聚起来。主流媒体的新闻事业作为党的事业的重要组成部分，必须始终坚持以科学的理论武装人，以正确的舆论引导人，以高尚的精神塑造人，以优秀的作品鼓舞人，坚守阵地，当好党和人民的喉舌。倾听群众呼声是马克思主义新闻观中的一个重要观点。主流媒体的新闻宣传工作以维护人民群众的根本利益为出发点和落脚点，体现了反映党的意志同反映人民心声的一致性。主流媒体必须学会从人民群众的社会实践中去发现和捕捉新闻，从人民群众的议论中把握事物发展的苗头和趋势，发挥好媒体的耳目作用。只有兼顾传播政府决策和倾听群众呼声，主流媒体才有可能源源不断地从群众实践和群众舆论中吸收合理的、有价值的成分，从而使媒体舆论更加具有时代气息、更加符合客观实际、更加符合人民群众的愿望。

（三）平衡人民和政府的媒介使用权和话语权

主流媒体平衡传播需要媒介在传递信息、表达意见的时候正确使用话语权，而当媒介的话语权被不当使用甚至被滥用或者失语时，受众应当努力争取话语权，对媒介提供反馈。受众通过媒介获取信息，不能囫囵吞枣、全盘接收，必须要有自己的思考，应当发出不同的声音。首先，主流媒体应当牢记真实是新闻媒介的立身之本。没有了基本的真实原则，公平正义就无从谈起。其次，让各类媒介发挥比较优势，扬长避短，加强融合，实现不同媒介的协调发展。最后，主流媒体要把传播新闻信息和反映受众心声结合起来，尊重受众主体性，保证受众的知情权、表达权、参与权和监督权，努力降低弱势群体使用媒介的门槛，积极为他们创造话语空间。新闻媒介平衡传播是一项牵涉到方方面面因素和利益的系统工程。新闻媒介不是独立于复杂的社会系统之外的，它必定要与系统中其他子系统相互协调、相互融合。如果新闻媒介全然不顾他方的合理权益，故步自封地进行传播行为，很可能就会招致其他社会力量的排斥，甚至导致传播过程的中断。所以，主流媒体要营造健康和谐环境，协调各方合理权益，为人民建言提供同政府一样的平等利用媒介的机会，只有兼顾各方利益的相对平衡，才能实现新闻媒介的平衡传播。同时，在各方都有平等、有效的媒介使用权的时候，社会力量才能形成为主流媒体的平衡传播服务的合力。

第四节　坚持文化自信　牢牢把握意识形态领域主导权

习近平总书记在党的十九大报告中指出："文化是一个国家、一个民族的灵魂。文化兴国运兴，文化强民族强。没有高度的文化自信，没有文化的繁荣兴盛，就没有中华民族伟大复兴。要坚持中国特色社会主义文化发展道路，激发全民族文化创新创造活力，建设社会主义文化强国。"中华优秀传统文化博大精深、源远流长，是中华民族不断发展壮大的精神命脉，是我们最深厚的文化软实力，是中国特色社会主义根植的沃土，是我们在世界文化激荡中站稳脚跟的根基。传承和弘扬中华优秀传统文化，推动中华优秀传统文化的复兴，是中华民族伟大复兴的精神动力和精神支撑。

一、文化自信的科学定位

"文化自信根源于正向的自我认知，是对自身发展整体历程、道路和价值的充分认可，是一个地方、一个国家、一个民族发展进步动力与活力的重要源泉。"中华文化源远流长，积淀着中华民族最深沉的精神追求，代表着中华民族独特的精神标识，为中华民族生生不息、发展壮大提供了丰厚的滋养。党的十八大以来，文化自信被以习近平同志为核心的党中央放在了前所未有的高度，文化自信成为与道路自信、理论自信、制度自信并列的中国特色社会主义的“四个自信”的重要组成部分。从马克思主义的角度来看，道路自信、理论自信、制度自信与文化自信的关系主要有两个方面：

一方面，习近平新时代中国特色社会主义思想是对马克思主义这一人类先进成果的继承和发展。马克思主义因为深刻揭示了人类社会的发展规律，因而有其真理性、科学性和先进性，坚定维护和发展最广大人民的根本利益，是指引人民推动社会进步、创造美好生活的科学理论，以马克思主义理论武装起来的中国共产党，领导中国人民在革命、建设和改革所取得的成就举世公认，从实践上再次证明了马克思主义对于中国社会发展和人民福祉不容撼动的领导地位。

文化具有三个作用：其一，承载着一个民族的历史记忆，是文明的传承方式；其二，文化体现一个民族的生命力和创造力，中华文化久经磨难未被摧毁打垮，几千年生生不息没有中断，体现中华民族强大的生命力和创造力；其三，文化是一个民族强大的凝聚力，随着中国特色社会主义事业在中国具体实践的成功，中华文化势必产生更加强大的吸引力和凝聚力。我们今天提文化自信，是国际社会意识形态斗争的需要。当今西方社会形成了一个固定的意识形态模式，就是人类有两种文明形式：一种是自由加民主的模式，也就是他们所说的西方模式；另一种是共产加专制模式，也就是他们所说的苏俄模式。西方的这种所谓的模式，实际上是给世界设下的一个意识形态的陷阱。在中国共产党领导下，中国特色社会主义实践创造了一个富强、民主、文明、和谐、美丽的社会，这是一种新的模式，可以给世界提供一个新的选择。针对我们提出的文化自信，西方社会进行大肆攻击，说什么我们提出文化自信是因为道路自信、理论自信、制度自信走不下去了，中共执政的合法性已经从马克思主义转移到儒家思想了，等等，这完全是一派胡言。今天，我们提文化自信，是在中国特色社会主义事业发展高歌猛进时提出来的，西方一些别有用心的人提出的这种观点，对我们进行的这种攻击，在逻辑上是行不通的。中国共产党人提出的文化自信，是对道路自信、理论自信、制度自信的拓展，而不是对道路自信、理论自信、制度自信的取代。

另一方面，中国特色社会主义文化内部的相互关系，中国特色社会主义文化，源自中华民族五千多年文明历史所孕育的中华优秀传统文化，熔铸于党领导人民在革命、建设、改革中创造的革命文化和社会主义先进文化，根植于中国特色社会主义的伟大实践。社会主义核心价值体系推动了中国传统文化创造性转化、创新性发展，从而继承了革命文化，发展了社会主义先进文化。面向世界、面向未来、面向现代化的民族的、科学的、大众的文化是中国特色社会主义文化的发展形态。在这里需要搞清楚三个问题：中国优秀传统文化的定位，革命文化的定位，文化创新的根本动力和依赖。中国优秀的传统文化是中国特色社会主义文化的丰富土壤，但中国优秀的传统文化要变为中国特色社会主义文化，要经过创造性的转化和创新性的发展，不能原封不动地搬过来。革命文化是传统文化现实的形态，革命文化反映的问题具有时代性。文化创新的根本动力和依赖在哪里？在实践。我们的文化要面向世界、面向未来、面向现代化，中国特色社会主义文化的根本源泉是火热的生活和火热的实践，因此要鼓励艺术家和思想家深入生活，深入实践。

二、文化自信和马克思主义指导的关系

一方面，马克思主义指导与中国特色社会主义文化的关系不是平行并列的关系，而是指导与被指导的关系。马克思主义起指导作用，其他文化是被指导的，需要马克思主义对其进行指导。中国传统文化有生命力、创

造力与精神追求，但必须看到，中国传统文化被封建社会包裹了两千多年，又经历1840年以来西方殖民文化的扭曲和阉割，鱼龙混杂，不仅有封建糟粕，也有殖民地文化糟粕。我们既要继承和弘扬，也需要挖掘、清理、批判，进行各种各样的鉴别。所以用马克思主义对中国传统文化进行指导必不可少。马克思主义对中国传统文化的指导作用有三个：第一，科学的思想定位。用马克思主义对中国传统文化进行指导，能分清楚中国传统文化的精华和精髓是什么，能认清中国共产党人是伟大的爱国者，也是对传统文化中落后东西的革命者。在马克思主义指导下，中国共产党人能对中国传统文化进行创造性转换和创新性发展。第二，科学的历史定位。中国传统文化近代饱受帝国主义的摧残，马克思主义在救中国的同时，也挽救了中国的传统文化。中国的传统文化获得解放和中国人民站起来是分不开的。用马克思主义武装起来的中国共产党人，以伟大的爱国情怀建立了“民族的、科学的、大众的文化”。第三，科学的现实定位。中国优秀的传统文化是中国特色社会主义文化的重要来源和根基。

另一方面，马克思主义和中国传统文化的关系，不是外来文化和本土文化的关系。如果把马克思主义和中国传统文化看作外来文化和本土文化的关系，就犯了颠覆性的错误。这是因为，马克思主义不仅是一种文化，与之相适应的还有运动、制度和政治组织。马克思主义不属于任何一个国家和民族，而是一种世界现象，属于世界人民所共有。马克思主义的中国化是指用马克思主义的基本原理解决中国的实际问题，这种运用是为了解决中国的发展问题，而且马克思主义与中国实际相结合是一个没有止境的过程。

文化自信是民族自信的源头，历史文化传统决定着道路选择。中国共产党把马克思主义同5000年绵延不断、博大精深的中华文明融合起来，不断推进马克思主义中国化。中国特色社会主义道路正是深深植根于中华民族独具特色的历史文化，文化自信是对“中国特色”的最好诠释。

三、文化自信和掌握意识形态领导权的关系

习近平总书记在十九大报告中指出:“文化自信是一个国家、一个民族发展中更基本、更深沉、更持久的力量。必须坚持马克思主义，牢固树立共产主义远大理想和中国特色社会主义共同理想，培育和践行社会主义核心价值观，不断增强意识形态领域主导权和话语权，推动中华优秀传统文化创造性转化、创新性发展，继承革命文化，发展社会主义先进文化，不忘本来、吸收外来、面向未来，更好构筑中国精神、中国价值、中国力量，为人民提供精神指引。”怎样才能增强意识形态领域主导权和话语权?

第一，推动习近平新时代中国特色社会主义思想深入人心。要紧紧抓住三个问题深入推进：一是新时代，即中国特色社会主义已经进入新时代。新时代首先应是指新的发展趋势、新的问题与新的挑战，正是因为在破解新的问题与挑战过程中，我们才取得巨大的实践成就。二是新的时代课题，即必须深入回答“坚持和发展什么样的中国特色社会主义，如何坚持和发展中国特色社会主义”课题。马克思主义理论创新的重要一步，是从变化发展了的实际中提炼出反映历史本质和规律、事关发展全局的根本问题，即新时代课题。提炼出新的时代问题，是思想上的一大飞跃，意味着对于历史方位、主要矛盾、主要任务、总体布局和行动纲领都有了较为清晰的新认识。三是新的思想成果，即习近平新时代中国特色社会主义思想。党的十九大报告理论创新的最大亮点，就是阐明了习近平新时代中国特色社会主义思想及其在全党的指导地位。这一思想立足于中国特色社会主义进入了新时代的现实，深入回答了坚持和发展什么样的中国特色社会主义这一时代问题，以全新的视野深化了对共产党执政规律、社会主义建设规律、人类社会发展规律的认识。这是我党进行艰辛理论探索所取得的重大理论创新成果，必须作为党的指导思想长期坚持。

第二，要培育和践行社会主义核心价值体系。社会主义核心价值体系是社会主义先进文化的核心内容，是当代中国精神的集中体现。那么，我们应该如何理解坚持社会主义核心价值体系与坚定文化自信的关系？坚持社会主义核心价值体系是坚定文化自信的基本方略，十九大报告重提坚持社会主义核心价值体系，并将培养和践行社会主义核心价值观作为其中的一个内容。社会主义核心价值观是思想道德方面的基本社会规范，培养和践行社会主义核心价值观是打牢全社会共同奋斗思想基础的重要方面。但是，社会主义核心价值观只是立足于现阶段最大公约数的社会共识，因而很难揽括更高、更先进的价值规范。此外，核心价值观毕竟只是思想文化领域一个层面的认同规范，很难涉及意识形态和文化的全局性建设。因此，重提坚持社会主义核心价值体系，就是为了更好地协调在核心价值培育方面的先进性和广泛性的内在统一，更好地协调意识形态和社会主义先进文化建设的内在关系。因此，坚持社会主义核心价值体系，除了培育和践行社会主义核心价值观，还有坚持马克思主义，牢固树立共产主义远大理想和中国特色社会主义共同理想的内容，还有不断增强意识形态领域主导权和话语权的内容，还有推动中华优秀传统文化创造性转化、创新性发展，坚持革命文化，发展社会主义先进文化，吸收优秀外来文化的内容，等等。社会主义核心价值体系是思想文化领域更全面丰富的价值规范。

第三，党要管好意识形态。习近平总书记指出："意识形态工作是党的一项极端重要的工作"，"能否做好意识形态工作，事关党的前途命运，事关国家长治久安，事关民族凝聚力和向心力"。建设具有强大凝聚力和引领力的社会主义意识形态，是全党特别是宣传思想战线必须担负起的一个战略任务。

必须以社会主义先进文化为引领，用先进文化自觉承担起举旗帜、聚民心、育新人、兴文化、展形象的使命任务。意识形态关乎旗帜、关乎道路、关乎国家政治安全，对一个政党、一个国家、一个民族的生存发展至关重要。这就要求党要牢牢掌握意识形态工作领导权，落实好意识形态工作责任制，加强阵地建设和管理，坚持正确舆论导向，高度重视传播手段建设和创新，提高新闻舆论传播力、引导力、影响力、公信力建设。加强互联网内容建设，建立网络综合治理体系，营造清朗的网络空间，加快融合发展，抓紧抢占互联网这个主阵地、主战场。

先进文化可以引领意识形态，反过来意识形态也可决定文化前进方向和发展道路。意识形态从两个方面决定了文化的发展方向和道路：一是渗透其中的世界观、历史观，决定了文化的社会效果和历史作用。任何文化都不可能“价值无涉”，其价值偏好决定了其为什么人、服务于谁，从而也决定了其发展前景。毛泽东指出：“为什么人的问题，是一个根本的问题，原则的问题。”宣扬个人主义人生观、价值观，必然迷恋西方所谓的自由民主制度，必然抗拒共产主义远大理想和中国特色社会主义共同理想。所以，繁荣发展中国特色社会主义文化，必须坚持马克思主义指导，自觉发挥社会主义核心价值体系的引领作用。二是贯穿其中的人生观、价值观，决定了文化塑造人、引领人的导向和生命力。意识形态不仅决定文化的发展道路，还决定培养什么人，塑造什么人。要塑造有理想、有觉悟、有道德的人，文艺作品就要倡导讲品位、讲格调、讲责任，抵制低俗、庸俗、媚俗，以此来影响和鼓舞广大群众。十九大报告指出：“意识形态决定文化前进方向和发展道路。必须推进马克思主义中国化时代化大众化，建设具有强大凝聚力和引领力的社会主义意识形态，使全体人民在理想信念、价值理念、道德观念上紧紧团结在一起。”

就意识形态建设和文化建设来说，需要注意哪些问题？要注意区分政治原则问题、思想认识问题、学术观点问题，旗帜鲜明地反对和抵制各种错误观点。面对复杂多变的局面，必须有更加深入细致的应对，这是我们今天开展具有许多新的历史特点的伟大斗争的保障。对于力图动摇、颠覆我们文化自信及我们共同奋斗思想基础的各种倾向，十九大报告指明了两条原则。

一是严格区分政治原则问题、思想认识问题和学术观点问题，要区别对待，不能混淆。对于事关政治原则的重大是非，必须彻底澄清、坚决斗争、毫不退让。除了思想上的斗争，必要时还要采取组织的、行政的、法律的手段；对于思想认识问题，主要通过耐心的思想教育和批评帮助的方式分清是非，统一思想；而对于学术观点问题，要允许在一定范围、一定时段内争论，不要忙于做结论，更不要粗暴地打棍子、扣帽子，不能依靠行政手段解决问题。学术观点的不同，是学术发展的正常生态。

二是旗帜鲜明地反对和抵制各种错误观点。不管何种性质的错误观点，都不能听之任之，而必须旗帜鲜明地反对和抵制。即便是错误的学术观点，如果不加以反对和抵制，正确的学术观点就不能真正发展壮大。真理是在跟谬误比较、斗争中发展起来的。我们今天存在的一个问题，就是缺乏真正的学术批评，总以为批评会妨碍学术发展。其实，没有认真的学术批评，就谈不上学术繁荣。况且，哲学社会科学，尤其是在马克思主义理论研究中，政治原则问题和学术观点问题往往交叉，利用学术研究或文学艺术形式兜售错误政治观点的倾向是存在的。开展有质量的学术批评，是我们开展伟大斗争所必需的。

改革开放以来，我国经济飞速发展，经济总量已经跃居世界第二，人民生活水平大幅度提高，文化建设也取得了长足的发展和进步，广大人民群众对我国文化的认同感和自信心也在逐步增强。但文化的自信问题还没有根本解决，在有些方面还显得比较突出。目前还一定程度存在着数典忘祖、贬低优秀传统文化和盲目崇拜西方文化的倾向。如盲目移植西方节庆文化，有些人现在到了圣诞节、情人节好像非过不可的程度；不少人盲目崇拜西方品牌，中国已经成为西方各种奢侈品倾销的大国；一些人对韩剧、美剧情有独钟、趋之若鹜，有的年轻人为了“追”韩剧、“追”美剧甚至不惜请假看、熬夜看。文化自信的缺乏往往伴随文化自重、自警的缺失，而没有文化自重、自警就容易丧失文化免疫力，容易为外来文化所侵蚀和左右。习近平总书记强调，当高楼大厦在我国大地上遍地林立时，中华民族精神的大厦也应该巍然耸立。我们必须从国家、民族、历史和时代的高度，深刻认识和把握文化自信的重要意义，以坚定的文化自觉、文化自信，以坚定的战略定力推进文化强国，着力打造好民族精神大厦。

第六章
主流媒体提高影响力应重点关注的几个问题

党的十八大以来，以习近平同志为核心的党中央指出，对新疆工作要“从战略全局高度，谋长远之策，行固本之举，建久安之势，成长治之业”，要求扎实做好打基础利长远的根本工作，一环扣一环地解决好各种影响社会稳定和长治久安的深层次问题。例如，2014 年召开第二次中央新疆工作座谈会，确立了新形势下新疆工作的总目标就是维护新疆社会稳定和实现长治久安，并以此为统领，明确了工作的指导思想、方针原则、重要举措和根本要求；2013 年、2015 年、2017 年分别召开第四次、第五次、第六次全国对口援疆工作会议，对新形势下援疆工作的原则和重点进行部署；2016 年组织开展深化新疆生产建设兵团改革调研，制定文件并召开会议进行部署；2017 年组织开展新疆若干历史问题研究。这一系列决策部署思路清晰，环环相扣，步步深入，稳扎稳打，成效明显，为实现新疆工作总目标打下了坚实基础。党的十九大指出，过去五年我们党“解决了许多长期想解决而没有解决的难题，办成了许多过去想办而没有办成的大事”。党中央关于新疆工作的一系列重大决策部署和取得的显著成效，进一步加深了我们对这一重要论断的认识。

第二次中央新疆工作座谈会以来，新疆经济快速发展，民生明显改善，社会大局总体稳定，但新疆面临的暴力恐怖活动活跃期、反分裂斗争激烈期、干预治疗阵痛期“三期叠加”的严峻形势没有变，国际敌对势力“以疆制华”的图谋没有变，境外反动势力煽动渗透的势头没有变，维护新疆社会稳定和实现长治久安的任务仍然十分艰巨。特别是在意识形态领域渗透与反渗透、颠覆与反颠覆、分裂与反分裂的斗争更加严峻尖锐复杂，一些长期积累的、深层次的、根本性的思想认识问题仍然没有解决，实现新疆工作总目标的思想政治基础还没有完全巩固。

习近平总书记指出，“加强意识形态领域反分裂斗争，对争取人心、筑牢长治久安的根基具有决定性作用”，要“加强新疆重大问题研究，加强新疆历史、民族发展史、宗教演变史教育，在挖错误思潮根子上下功夫”。

第一节　关注新疆的意识形态斗争问题

新疆意识形态领域问题久远而复杂，是历史与现实、境内与境外、网上与网下各种因素相互交织、相互纠结、长期积累形成的，始终没有得到彻底解决，这是由新疆历史、民族、文化、宗教特点决定的。直到今天，民族分裂思想依然存在，“泛突厥主义”民族观影响深远，对“泛伊斯兰主义”的认同较为突出，宗教极端思想流毒远未肃清。

多年来新疆意识形态领域的典型案件：1985 年前后，新疆教育领域发生一系列青年学生与党和政府对抗事件，影响极为恶劣；1986 年至 1989 年，新疆维吾尔自治区原文联作家吐尔贡·阿勒玛斯编撰的《维吾尔人》《匈奴简史》《维吾尔古代文学》“三本书”流毒甚远；1999 年 5 月至 8 月，和田地区 277 所学校、4922 名小学生撕毁、抠损、涂损课本上的毛主席画像；20 世纪 90 年代末，新疆南疆某中学多名教师公然利用课前十分钟向学生灌输分裂主义思想；2002 年元旦，在新疆人民会堂弹拨尔演奏会上，有人公然朗诵反动诗歌，现场掌声雷动；本世纪初，《浑泉》《燎原大地》等“四部十六本书”公开出版发行，“编造所谓维吾尔国家历史”，被分裂组织当作教材；2003年版、2009年版维吾尔语文教材向学生灌输“双泛”思想，具有严重错误，等等。

党的十九大报告指出，统筹发展和安全，增强忧患意识，做到居安思危，是我们党治国理政的一个重大原则。要坚持国家利益至上，坚决维护国家主权、安全、发展利益。习近平总书记斩钉截铁地指出，我们坚决维护国家主权和领土完整，绝不容忍国家分裂的历史悲剧重演。我们绝不允许任何人、任何组织、任何政党、在任何时候、以任何形式、把任何一块中国领土从中国分裂出去！新疆历来是境外敌对势力争夺的重点地区，是我国反分裂斗争的主战场，而意识形态领域是反分裂斗争的第二战场。占领新疆意识形态领域阵地，打赢反分裂斗争这场硬仗，对于坚决维护国家统一和领土完整，具有特殊重要的战略意义。习近平总书记指出，人心是最大的政治，凝聚不住人心，一切都是空转。人心靠钱是买不来的，靠恩惠施舍也是换不来的，心病还需心药医，对新疆来说，这副“心药”就是正确的祖国观、民族观，就是中华文化，就是社会主义核心价值体系和社会主义核心价值观，要用这味药扶正祛邪、健体强心。中国的历史是中华文化和各民族文化赖以生存的土壤，是社会主义核心价值观的重要载体。正确认识历史是弘扬爱国主义精神，增强中华民族凝聚力，增强新疆各族干部群众“五个认同”，是凝聚人心的根本，也是挖错误思潮根子的根本。

意识形态领域斗争是一场没有硝烟的暗战，渗透与反渗透、颠覆与反颠覆、分裂与反分裂的斗争十分严峻、尖锐、复杂。近年来，新疆意识形态领域工作持续加强，取得显著成效，但在一些领域和一些方面，还存在政策边界不明、工作方法不当等问题。一些部门对有关重大问题的把握不准确，政策理解得若明若暗，有些清楚，有些不清楚，边界不够清晰。一些同志对维吾尔族等少数民族的宗教信仰、历史演变的知识不了解、不熟悉，导致在实际工作中不想管、不敢管、不会管，有时候也存在简单化、

“一刀切”的倾向。新疆意识形态领域斗争的重点是，要明确新疆意识形态领域斗争的重点和方向，掌握新疆意识形态工作的领导权、话语权，把握方向，拿准尺度，增强工作的指导性、科学性、前瞻性。

在新疆，做好意识形态领域工作应该重点把握以下几点。

一、坚持政治导向

贯彻以习近平同志为核心的党中央的治疆方略，运用马克思主义国家观、历史观、民族观、文化观、宗教观，坚持中华民族共同体意识，着眼于中华民族同新疆各民族、中华文化同新疆各民族文化的相互联系，新疆各族干部群众要增强对伟大祖国、中华民族、中华文化、中国共产党、中国特色社会主义的认同，“五个认同”对筑牢依法治疆、团结稳疆、长期建疆的思想政治基础具有重要指导意义。

二、坚持中华视野

把新疆今天遇到的历史、民族、文化、宗教等问题，放到中华民族历史发展进程中认识，放到新疆各民族与中华民族的历史联系中认识，放到新疆各民族文化与中华文化的历史交融中认识，从我国历史上社会生产力与生产关系的矛盾运动、中原各民族与西域各民族的经济文化交往交流交融等方面进行深入阐述和回答。要善于从中国历史、中华民族、中华文化的整体高度，从中国统一的多民族国家大历史的宏观视野，从新疆是中国领土不可分割的一部分这一根本前提，来认识和理解新疆历史、民族发展史、文明融合史、宗教演变史，看清其发展轨迹和规律，不断增强中华民族共同体意识，增强各民族自尊心、自信心、自豪感、归属感，增强做中国人的骨气和底气，使每个民族、每个公民都为实现中华民族伟大复兴的中国梦贡献力量，共享祖国繁荣发展的成果，这是大前提、大逻辑、大道理。

三、坚持正本清源

对新疆问题的研究，不是面面俱到、无所不及，而是要牵住牛鼻子，聚集要害问题，把被“三股势力”长期歪曲、编造的历史纠正过来。把人们思想上错误的、模糊的、有分歧的东西澄清过来。所谓要害问题，就是中央长期关注、带有方向性、根本性、实践性的问题，是新疆反分裂斗争的焦点，也是当前实际工作中亟须解决的问题。例如，西域历史上存在的王朝与中央政权的关系，维吾尔族与突厥、土耳其的关系，维吾尔族文化与伊斯兰文化的关系，正常宗教与宗教极端的关系，宗教信仰与民族风俗习惯的关系等问题，这些问题都不是一般的学术问题，而是直接影响各族干部群众的政治认同、思想认同、文化认同、情感认同的根本性问题。对这些要害问题进行系统研究和阐述，把是什么、不是什么都讲得很清楚，有助于提高受众辨别是非、抵御渗透的能力，对新疆意识形态问题研究，不是一般性的学理推断，而是要解决实际问题。从思想上讲，就是把什么是正确的及正确在哪里、什么是错的及错又在哪里说清楚。对于坚持什么和反对什么、弘扬什么和抵制什么要提出明确的政策导向，为掌握意识形态领域工作指导权、话语权提供基本思路，为新疆意识形态工作指明方向，立下红线，划出底线，树起高压线，提供强大武器。

四、切实提高能力

深刻认识历史问题是新疆意识形态领域反分裂斗争的焦点，切实增强政治敏锐性，在思想上时刻绷紧这根弦，绝不能打瞌睡，更不能睡大觉。要坚定立场，在大是大非和重大历史原则问题上，始终做到认识不含糊、态度不暧昧、行动不动摇，做到带头同“三股势力”进行斗争，带头发声亮剑，带头澄清历史，带头批评错误观点和错误言论。要善于从政治上分析问题、指导工作，善于区分学术问题和政治问题，善于在处理复杂问题中统一思想、凝聚共识，切实解决不想抓、不会抓、不敢抓的问题。要强化政治纪律、政治规矩，旗帜鲜明地支持正确思想言论，抵制各种错误思潮，敢抓敢管，敢于亮剑，敢于在风口浪尖上开展斗争；要认真落实主管主办和属地管理原则，建立健全和严格执行审读审批制度。严把阵地关口，严格规范和审核有关图书出版、文学创作学术研究、课堂讲坛、讲座报告、文艺演出等活动，坚决防止各类噪声杂音，决不给错误思想观点提供任何传播渠道。

第二节　关注新疆的历史问题

在历史问题上，一百多年来，民族分裂势力在新疆问题上大搞历史虚无主义，否认中国历代中央政权对新疆的管辖和治理，宣扬“我们的民族是突厥，我们的故乡是东突厥斯坦，我们的宗教是伊斯兰”，编织了一套严密的、反动的思想体系，在新疆一些地方渗透蔓延的时间长、范围广、程度深，严重误导了大批基层干部群众和青年学生，对国家安全和社会稳定造成严重危害。

一、多民族大一统格局是我国历史发展的主脉

多民族大一统格局是我国自秦汉以来就基本形成的历史传统，是中国历史的基本特征，也是我国有别于世界其他国家和地区的独特优势。正确认识新疆历史的视角，就是把新疆历史放到中国多民族大一统国家的发展历程中，即新疆历史是中国历史中的新疆历史，是中国历史的有机组成部分，这是对新疆历史的定位。

中国历史上最早的几个王朝夏、商、周先后在中原地区兴起，与其周围的大小氏族、部落、部落联盟逐渐融合形成族群，被统称为诸夏或华夏。经春秋至战国，华夏族群不断同王朝周边的氏族、部落、部落联盟交

流融合，逐渐形成齐、楚、燕、韩、赵、魏、秦七个局部统一的地区，并分别联系着东夷、南蛮、西戎、北狄等周边诸族。公元前221年，秦始皇建立第一个统一的封建王朝——秦朝。秦朝首次建立了以郡县制为基础的、中央集权制的、多民族大一统的封建王朝，确立了此后两千多年中国历史发展的基本政治格局。公元前202年，汉高祖刘邦再次建立统一的封建王朝——汉朝。经过秦汉时期的长期实践，多民族大一统格局成为我国历史发展的主脉。具体来看，中国历史经历由统一到割据再到统一的两次大循环：第一次大循环是从秦汉的统一到魏晋南北朝的割据，再到隋唐的统一；第二次大循环是从隋唐的统一到五代辽宋金的割据，再到元明清的统一。这两次大循环不是简单的重复，而是在各民族大迁徙、大融合的基础上的螺旋式发展，国家统一既顺应社会历史发展的趋势，也符合广大人民群众的根本利益。每次由割据走向统一，都会带来社会经济文化发展的繁荣、国家的强盛、人民的安康。统一时期的各地方政权是中国历史的组成部分；同样，割据时代的各个政权也都是中国历史的组成部分，它们一同构成了完整的中国历史。多民族大一统格局是我国历史发展的主脉，也是我国自秦汉以来就基本形成的历史传统和独特优势。

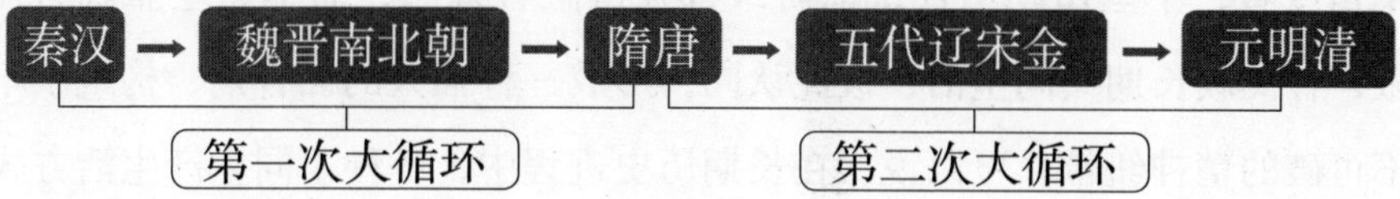

图 6-2-1

中国多民族大一统格局是包括新疆各民族人民在内的全体中华儿女共同奋斗的结果。自汉代开始，新疆地区正式成为中国版图的一部分，它在中国统一多民族国家处在奠基阶段的秦汉时期就加入多民族国家的构建之中，是最早参与统一多民族国家构建的边疆地区之一，至今已经2000多年。在中国统一的多民族国家的长期历史演进中，新疆各族人民同全国各族人民一道共同开拓了中国的辽阔疆土，共同缔造了多元一体的中华民族大家庭。从西汉时起，新疆地区就是历史上中国的固有疆域和中华儿女繁衍生息的固有土地。

二、多元一体的中华民族大家庭形成

2014年9月28日，习近平总书记在中央民族工作会议上的讲话指出："多民族的大一统，各民族多元一体，是老祖宗留给我们的一笔重要财富，也是我们国家的一个重要优势。"

从地理环境看，中国是自成一体、相对封闭的地理单元，既阻隔了与区域外交通，又有利于区域内各民族的亲切交往。从政治角度看，中国古代"大一统"思想在国家统一中发挥了强大向心力作用。几千年来，"大一统"浸润着我国人民的思想感情，不仅为汉族所推崇，也是各少数民族政权倡导、奉行的理念和目标，更是我们今天治国理政的重要价值取向；从经济角度看，游牧民族和农耕民族具有不同的生产生活方式，游牧民族"随畜牧而转移，逐水草而迁徙"，需要粮食等作为生产和生活资料；农耕民族需要牲畜作为农业生产扩大、交通运输、对外战争等。两大产业、两大经济区域、两大群体相互需求，相互补充，互通有无，密不可分；从文化角度看，中国历朝历代统治阶级都强调融合理念，而不完全靠武力征服，各民族长期共同生活、彼此认同，形成一种强大的黏合剂，构筑了牢不可破的精神纽带。可以说，在长期历史进程中，各种不同生产生活方式族群的交流互补、迁徙汇聚、冲突融合，共同推动中国统一多民族国家的形成和发展。

三、多民族大一统格局是新疆地区历史发展的主流和方向

从汉代至清代中晚期，新疆及其周围地区统称为西域，范围基本上是指今新疆及巴尔喀什湖以东以南广大地区。新疆地区历来就同祖国中原地区保持着密切联系。汉朝以后，历代中原王朝时强时弱，和西域的关系有

疏有密，中央政权对新疆地区的管治时紧时松，但任何一个王朝都把西域视为故土，行使着对新疆地区的管辖权。

西汉前期，西域呈现出“各有君长，兵众分弱，无所统一”的局面。在西域活动的我国北方游牧民族匈奴不断进犯中原地区。汉武帝即位后，采取一系列军事和政治措施反击匈奴。公元前 138 年、公元前 119 年派遣张骞两次出使西域，联合月氏、乌孙等共同对付匈奴。公元前 127 年至公元前 119 年，先后三次出兵重创匈奴，并在内地通往西域的咽喉要道先后设立武威、张掖、酒泉、敦煌四郡。公元前 101 年，西汉在轮台等地进行屯田，并设置地方官吏管理。公元前 60 年，控制东部天山北麓的匈奴日逐王降汉，西汉统一西域。同年，在乌垒城（今轮台县境内）设立西域都护府，任命郑吉为西域都护，统辖整个西域地区军政事务，“汉之号令班西域矣”，标志着新疆地区正式归入我国版图，东汉班超随窦固出使西域，维护了汉朝对西域的管辖。据《后汉书·班超列传》记载，公元 75 年，汉章帝即位，朝廷认为都护陈睦已死，担心班超独处边陲，难以支撑，下令班超回去。班超受命将归，疏勒举国忧恐，都尉黎弇说：“汉使弃我，我必复为龟兹所灭耳，诚不忍见汉使去。”说罢，拔刀自刎。班超率部至于阗，于阗国王侯百姓都放声大哭，他们说：“依汉使如父母，诚不可去。”不少人抱住班超马腿苦苦挽留。班超见此状，决意留在南疆。123 年，东汉改西域都护府为西域长史府，继续行使管理西域的职权。三国两晋时期，曹魏政权继承汉制，在西域设戊己校尉；西晋设立西域长史和戊己校尉管理军政事务；前凉政权首次将郡县推广到西域，设高昌郡（吐鲁番盆地）。从 460 年到 640 年，以吐鲁番盆地为中心，建立了以汉人为主体居民的高昌国。隋唐时期，中央政权对西域的管理大为加强。突厥、吐谷浑、党项等周边民族先后归附隋朝。唐代先后设置安西大都护府和北庭大都护府，分别统辖天山南北。宋代，西域地方政权与宋朝保持着朝贡关系。元代，设北庭都元帅府、宣慰司等管理军政事务，加强了对西域的管辖。1251 年，西域实行行省制。明代，中央政权设立哈密卫作为管理西域事务的机构，并在嘉峪关和哈密之间先后建立安定、阿端、曲先、罕东、赤斤蒙古、沙州6个卫，以此支持管理西域事务。清代，清政府平定准噶尔叛乱后，中国西北国界得以确定。1762年，设立伊犁将军，实行军政合一的军府体制，对西域实行了更加系统化的治理政策。1840年鸦片战争以后，中国沦为半殖民地半封建社会，备受外国列强的欺压和凌辱，面临亡国灭种的危机。1864年，沙俄强迫清政府签订《中俄勘分西北界约记》，割占中国西北边疆44万平方公里领土。1881年2月，沙俄又强迫清政府签订《伊犁条约》，侵占了霍尔果斯河以西等地7万多平方公里中国领土。1884年，清政府为了确保对新疆地区的管治和维护西北边陲安宁，在新疆地区建省，取“故土新归”之意。

1912年，新疆积极响应辛亥革命，同全国一道推翻帝制。1949年，中华人民共和国成立，新疆和平解放。1955年，新疆维吾尔自治区成立。在中国共产党领导下，新疆经济社会面貌发生了天翻地覆的变化，进入有史以来最好时期。

由此可见，西汉以来，中央政权始终对新疆地区行使着管辖权，并且中央管辖与西域社会历史演变都有密不可分的关系。尽管历代中央王朝时强时弱，管治也时紧时松，如汉、唐、元、清时中央政权比较稳固，对边疆地区控制比较有力；三国两晋南北朝、隋、五代、宋、中华民国时中央政权比较弱，内乱不断，新疆地区曾多次出现割据情况。也就是说，当中央政权强大时，西域就统一起来；当中央政权散弱时，西域就孤悬塞外，这一点十分清晰。但不论割据的时间有多长、局面有多复杂，最终都会重新走向统一管辖，这是历史发展大一统的总趋势，新疆地区始终是中国组成部分的事实不容置疑。

四、历史上的西域政权都是中国疆域内的地方政权

在我国统一多民族国家的不同时期，各地往往会出现大小不等的区域政权，新疆也不例外。历史上西域的“国”包括“城郭诸国”“行国”“封

国”“王国”“汗国”“王朝”“属国”“朝贡国”等多种形态，无论是汉代西域“三十六国”，隋唐时期的突厥汗国、回纥汗国，还是宋代的喀喇汗王朝、高昌回鹘王国、于阗国，元明时期的窝阔台汗国、察合台汗国、叶尔羌汗国，清代的准噶尔汗国，这些都是包括在我国疆域内的地方政权形式，都是我国大一统的组成部分，都称不上是“独立国家”。

汉	西域“三十六国”
隋唐	突厥汗国、回纥汗国
宋	喀喇汗王朝、高昌回鹘王国、于阗国
元明	窝阔台汗国、察合台汗国、叶尔羌汗国
清	准噶尔汗国

图 6-2-2

实际上，新疆地区历史上存在过的地方或割据政权都有浓厚的中国一体意识，或认为自己是中央政权的分支，或臣属于中央政权。汉代西域诸国的首领和官吏，需经过中央政权册封和授权才能履职。两汉之际中原大乱，西域和内地失去了联系，北匈奴乘机进扰西域。以莎车王延为代表的原来归属西汉中央政权的西域各城郭，仍守志不易，不肯投附匈奴。莎车王延本人曾经以“当世奉汉家，不可负也”作为家训来教育诸子。当时，西域各城郭不断派使入关，主动请求在公元 25 年才刚刚建立的东汉中央政权派出西域都护。45 年，“车师前王、鄯善、焉耆等十八国俱遣子入侍，献其珍宝。及得见，皆流涕稽首，愿得都护”(《后汉书·西域传》)，这种中国一体的国家意识，在西域历史上很普遍。“安史之乱”发生后，于阗王尉迟胜忧虑国家安危决定亲赴国难，他将王位让给弟弟，亲率 5000 于阗子弟，不远万里，入关平叛。5000 于阗子弟血撒关内山河，于阗王尉迟胜也最后终老内地。直到五代、北宋时期，于阗国还自称唐朝宗属，随唐朝国姓。除了自己的本族姓名外，还都起了李姓汉式姓名，如著名的于阗王尉迟僧乌波，又名李圣天。唐代出兵入关帮助平叛的还有多个西域城郭。宋代著名西域历史文献《突厥语大词典》将当时中国分为上秦、中秦和下秦三部分，上秦为北宋，中秦为辽朝，下秦为作者故土喀什噶尔一带（泛指西域），三位一体为完整的秦。在《长春真人西游记》中称汉人为桃花石，相应地在《突厥语大词典》词条里，回鹘人被称为塔特·桃花石，也有直译为中国回鹘人。在喀喇汗王朝的钱币上，常有“桃花石 - 布格拉汗”“秦之王”“秦与东方之王”等称呼，标示他们自认为是中国的一部分。察合台汗国、窝阔台汗国同元朝中央政府是宗主与藩臣的关系，重大事宜必须经过蒙古大汗的批准认可，高昌地区的畏兀儿亦都护政权直隶中央政府管理。

汉代 西域诸国	首领和官吏，需经过中央政权册封和授权才能履职。东汉刚刚建立，西域诸国“皆遣使求内属，愿请都护”，希望被纳入中央王朝的管辖之下。
于阗国	自称唐朝宗属，随唐朝国姓李，在政治制度、年号设立、官衔名称等方面都沿用唐朝旧制。
高昌回鹘王国	与宋朝始终保持政治联系，一直用甥舅关系表达与中央王朝的亲厚之情，入贡宋朝的记载累累见诸史册。由于地缘关系，高昌回鹘与辽的关系也非常密切，屡次遣使向辽朝贡，后归附辽朝。
喀喇汗王朝	其王自称“桃花石汗”，即“中国之汗”。在喀喇汗王朝的钱币上，常有“桃花石–布格拉汗”“秦之王 ”“秦与东方之王”等称呼，标示他们自认为是中国的一部分。
察合台汗国 窝阔台汗国	同元朝中央政府是宗主与藩臣的关系，重大事宜必须经过蒙古大汗的批准认可，高昌地区的畏兀儿亦都护政权直隶中央政府管理。

图 6-2-3

五、新疆从来不是“东突厥斯坦”

突厥是 6 世纪中叶兴起于阿尔泰山地区的一个游牧部落，于公元 552 年消灭了柔然汗国，建立起了疆域辽阔的突厥汗国（后分裂为东突厥汗国和西突厥汗国）。630 年，唐朝发兵击败东突厥汗国。657 年，唐朝联合回纥灭西突厥汗国，中央政权完全统一西域。682年，安置在北方的东突厥部众反叛唐朝，一度建立了后突厥汗国。744年，唐朝与漠北回纥、葛逻禄等联手平定了后突厥汗国。突厥作为我国古代的一个游牧民族，也随着汗国的消亡于8世纪中后期解体，并在西迁中亚过程中与当地部族融合，形成多个新的民族，新的民族与古突厥民族有本质区别。从此，突厥在我国北方退出历史舞台。

后来，国外史籍用“突厥”指使用突厥语族语言的民族。18世纪至19世纪上半叶，随着西方对阿尔泰语系突厥语族各种语言的划分，俄国及其他欧洲地区的一些学者和作家把使用突厥语族语言的民族活动的地方称为“突厥斯坦”，指代天山以南到阿富汗北部，大体包括新疆南部到中亚的广大地域，并且习惯以帕米尔高原为界，将这一地理区域分为“西突厥斯坦”和“东突厥斯坦”。此后，欧洲人常使用“东突厥斯坦”，有时指全新疆，有时指新疆南部。19世纪后半期，俄国人将被其吞并的中亚地区命名为“俄属突厥斯坦”或“突厥斯坦”。19世纪末20世纪初，“双泛”思想传入后，境内外分裂势力将这个有争议的地理名词政治化，将其内涵扩大化，鼓噪所有使用突厥语族语言的民族和信奉伊斯兰教的民族联合起来，组成一个政教合一的“东突厥斯坦国”。必须指出，所谓“东突厥斯坦”是国际敌对势力、新老殖民主义者为肢解中国、分裂和控制新疆捏造的一个政治概念，实质上是新疆民族分裂势力大搞分裂和恐怖活动的旗号。中国历史上从来没有把新疆称为“东突厥斯坦”，更不存在所谓的“东突厥斯坦国”。

第三节　关注新疆的文化问题

在文化问题上，“三股势力”极力夸大文化差异性，宣扬中华文化就是汉文化，维吾尔族等少数民族文化与中华文化没有关系，是一种“独立文化”，宣扬伊斯兰文化才是维吾尔族文化的源头，攻击在新疆推行双语教育违背了人权，是“消灭维吾尔语、压制维吾尔族文化、同化维吾尔族”。受这些错误思潮影响，一些人把维吾尔族文化和伊斯兰文化画等号；一些人盲目崇尚土耳其，模仿土耳其建筑风格，热衷穿土耳其服装，用土耳其产品，看土耳其影视剧，甚至在外旅游时称自己是土耳其人，形成了一股“土流热”。

一、中华文化呈现丰富多彩状态

在我国统一的多民族国家形成过程中，各民族杂居相处，交往频繁，不同类型经济文化的交流渗透交融，凝聚成一个你中有我、我中有你的文化整体。中华文化由于地理环境差异和区域经济文化发展不平衡，其内部也呈现出南北差异、东西差异。夏、商、西周时期，中国已初步形成早期统一国家，到西周鼎盛时期人口已达1300万左右，是当时世界上人口最多、疆域最大的文明国家。殷周文明覆盖的地域已扩及黄河长江中下游。春秋战国时期，各具特色的区域文化已经大体形成。秦汉以后，中华大一统的思想理念逐渐形成，诸夏文化融合为汉文化，成为中华文化的主导文化，继续同周边民族文化交往交流交融。经唐、宋、元、明、清历代发展，各民族文化深度融合、交相辉映，共同铸就了中华文化的灿烂辉煌，最终形成气象恢宏的中华文化。

二、新疆各民族文化和中原文化的历史交融

新疆地区在历史上就是中华文明向西开放的门户，中原文化和西域文化长期交流交融，既推动了新疆各民族文化的发展，也促进了多元一体的中华文化发展。西域文化和中原文化自古就开始交流交融。西汉统一新疆地区后，汉语成为西域官府文书中的通用语之一，中原地区的农业生产技术、礼仪制度、书籍、音乐、舞蹈等在西域广泛传播。进入唐代，中华

文化包容开放，中原文化与西域文化深度融合，推动中华文化呈现灿烂景象。唐朝先后以宁国、咸安、太和公主嫁回纥可汗，加深了中原文化的影响；于阗乐、高昌乐、龟兹乐、胡旋舞等西域乐舞走进宫廷，长安城一时流行西域风。经过魏晋南北朝时期的民族大迁徙大融合，出自今新疆库车的龟兹乐享誉中原，成为唐以后燕乐的基础，高昌回鹘使用开元七年的历书，一直延续到10世纪下半期。唐代边塞诗人岑参的诗句“花门将军善胡歌，叶河蕃王能汉语”是当时新疆地区民汉语言并用、文化繁荣景象的写照。宋辽时期，在中华文化的浸润下，形成了维吾尔族玉素甫·哈斯·哈吉甫的《福乐智慧》、马赫穆德·喀什噶里的《突厥语大词典》及柯尔克孜族《玛纳斯》等文学经典。辽灭亡后，契丹人一部向西征服喀喇汗王朝，建立的西辽政权依从中原典章制度，有力推动了中华文化在新疆和中亚地区的传播和影响。元代，大批畏兀儿等少数民族移居内地生活，学习使用汉语。明清时期，维吾尔族阿曼尼莎汗与乐师卡迪尔汗等整理的《十二木卡姆》、蒙古族卫拉特部的英雄史诗《江格尔》逐渐形成。由于阿古柏入侵并推行严酷的伊斯兰教法，西方殖民主义和帝国主义扩张等，新疆各族文化发展遭受严重打击。1884年新疆建省后，在各地兴办教育、开设学堂，重建和恢复社会文化设施，各民族文化从国家统一中获得新的力量，重新汇聚到中华文化潮流中。此后，在辛亥革命、俄国十月革命、五四运动、新民主主义革命斗争的影响下，新疆各民族文化向现代转型。抗日战争时期，新疆地区新文化运动蓬勃开展，马克思主义广泛传播，各民族与全国人民同仇敌忾，形成了以爱国主义为核心的抗战文化。中华人民共和国成立后，特别是改革开放以来，国家先后抢救、搜集、整理、翻译、出版了维吾尔族、哈萨克族、蒙古族、柯尔克孜族、塔吉克族、锡伯族、乌孜别克族等民族的大量民间文学遗产，推动各民族文化进入史无前例的繁荣发展时期。20世纪90年代以来，受宗教极端思想影响，在新疆一些地区一度出现不唱歌、不跳舞，不看电视、不看电影，排斥现代服饰和民族服饰等问题，维吾尔族等一些少数民族文化被冲击、被禁锢、被封闭的倾向明显。

历史史实证明，新疆各民族文化从开始就打上了中华文化多元一体的印记。各民族文化与中华文化血脉相连、息息相通，融入紧密时繁荣灿烂，融入受阻时黯淡无光。只有把新疆地区各民族文化与中国各地区各民族文化融合起来发展，才能保持旺盛生机与活力。

三、新疆地区历来多元文化荟萃、多种文化并存

新疆历史上是欧亚大陆文明交往的通道，连接古代东西方文明的“丝绸之路”从这里经过。由于特殊的地理位置，新疆自古以来就是一个多元文化荟萃、多种文化并存的地区，因而也是人类文明交流互鉴的最耀眼的舞台。正如著名学者季羡林所说，“世界上历史悠久、地域广阔、自成体系、影响深远的文化体系只有四个：中国、印度、希腊、伊斯兰，再没有第五个；而这四个文化体系汇流的地方只有一个，就是中国的敦煌和新疆地区，再没有第二个。”产生于9至10世纪的英雄史诗《玛纳斯》，经过柯尔克孜族歌手们世代传唱与加工，成为中外文学史上享有巨大声誉的文学作品。15世纪前后，蒙古族卫拉特部的英雄史诗《江格尔》在新疆地区逐渐形成，与《玛纳斯》《格萨尔王传》一起被誉为中国少数民族三部最著名史诗。维吾尔族的《十二木卡姆》入选世界非物质文化遗产名录。《我们的祖国是花园》《我们新疆好地方》等经典歌曲传唱大江南北；《冰山上的来客》《库尔班大叔上北京》等优秀电影在全国家喻户晓。受中原文化影响，新疆地区的蚕桑养殖和丝绸织造技术取得相当成就。坎儿井作为新疆地区的水利灌溉工程，是农耕文明具有代表性的生产设施。新疆各民族文化都对中华文化的形成和发展做出了贡献，各民族都要相互欣赏、相互学习。

四、新疆各民族文化是中华文化不可分割的一部分

中华文化是中国各民族文化的深厚土壤，离开了中华文化这个怀抱，

任何一个民族的文化都会成为无源之水、无本之木。新疆地区各民族文化与中华文化血脉相连、息息相通，融入紧密时繁荣灿烂，融入受阻时黯淡无光，但始终没有离开中华文化影响的轨迹。比如最初形成于漠北时期的维吾尔族文化，深受我国北方游牧文化、中原文化及摩尼教、佛教等影响，从一开始就体现了中华文化“多元一体”的本质特征。西汉时期，细君、解忧公主远嫁乌孙，随行有大批工匠和歌舞伎，把汉朝宫廷乐舞带到新疆。解忧公主的女儿弟史又把乐舞带到龟兹，推动了龟兹乐舞的发展。莎车王延、康父子向往汉朝礼仪制度，率先在国内仿照汉制颁行典章。东汉时期，于阗仿照汉朝铸币法，铸造了带有汉文的“和田马钱”。魏晋南北朝时期，高僧鸠摩罗什将龟兹的佛教文化传播到中原，促进了儒、释、道的合流。唐朝初年，回纥与唐朝联合打败突厥，随之在漠北建立回纥汗国。回纥尊称唐太宗为“天可汗”，回纥可汗骨力裴罗受唐朝册封为“怀仁可汗”。这不仅是对唐朝统领地位的认可，也表达了由衷的敬仰和臣服。唐朝初年，西行取经的玄奘，把经过与中原文化融合的佛教带回新疆，受到高昌等地信众的普遍推崇，广大信众聆听玄奘讲经的盛况，在《大唐西域记》中有翔实记载，回鹘西迁后，维吾尔族文化在家庭伦理、婚姻、丧葬等社会生活，语言、建筑、服饰、文学艺术作品等方面，都深受中原文化和新疆地区文化影响。大批回鹘人成为佛教徒，他们用回鹘文翻译的佛教经典，创作的佛教作品，开凿的佛教石窟，绘制的佛教壁画，都融合了中原、回鹘、吐蕃及当地居民的文化元素。据史料记载，高昌回鹘有佛寺50多处，佛寺内藏有《大藏经》《唐韵》《玉篇》《经音》等汉文书籍。位于吉木萨尔县的北庭西大寺遗址是高昌回鹘时期主要由回鹘人兴建的王家佛寺，在佛寺形制、塑像和壁画方面具有鲜明的回鹘佛教特点。深受中原文化滋养的维吾尔族文化，形成了《福乐智慧》《突厥语大词典》两部经典，既有对回鹘文化传统的继承发扬，又吸收了儒家文化、佛教文化及伊斯兰文化，其中对伦理道德和国家观念的阐发等，都体现出中原文化的影响。辽朝灭亡后，部分契丹人西迁建立西辽王朝，依从中原典章制度，有力推动了中华文化在新疆和中亚地区的传播和影响。元朝时期，中央政权在新疆实行军政一体的治理，中华版图空前拓展，丝绸之路再现繁盛景象。各民族交往交流日益密切，呈现中原文化、佛教文化、伊斯兰文化等共同发展的繁荣景象。大批维吾尔人融入中原，研习孔子学说，弘扬儒家文化。阿鲁浑萨里精通佛理后又深研儒学，曾向元世祖建议“治中国非用儒术不可”；文学家贯云石等皆精通儒家文化和佛教文化，有极高汉语诗词造诣，均为中国文学史上的大家；语言学家塔塔统阿依据回鹘文创制蒙古文等，都对中华文化做出了宝贵贡献。明清时期，伊斯兰文化对新疆地区各民族文化的影响加深。由于阿古柏入侵、殖民主义扩张等，给新疆地区各民族文化造成严重破坏。1884年新疆建省后，在各地兴办教育、开设学堂，重建和恢复社会文化设施，各民族文化从国家统一中获得新的力量，重新汇聚到中华文化潮流中。抗日战争时期，新疆地区新文化运动蓬勃开展，马克思主义广泛传播，各民族与全国人民同仇敌忾，形成了以爱国主义为核心的抗战文化，表现出了“国家兴亡、匹夫有责”的强烈责任感，各民族的国家认同和中华文化认同达到了新高度。

历史证明，新疆各民族文化始终扎根中华文明沃土，是中华文化不可分割的一部分。在中央王朝对新疆地区进行有效治理实现社会稳定的时候，各民族文化就繁荣发展；反之，各民族文化就萧条甚至倒退。那种认为新疆地区各民族文化与中华文化没有关系，并将各民族文化与中华文化割裂和隔绝开来的观点，其本质是历史虚无主义，目的在于阻碍新疆地区各民族对中华文化的认同，必须坚决批驳，并予以纠正。

五、新疆各民族文化与伊斯兰文化没有同源关系

新疆各民族文化源自以儒家思想为主导的中华文明体系，而伊斯兰文化则源自公元7世纪的阿拉伯文明体系。这两种文明体系在哲学基础、价值观念等方面有很多差异。伊斯兰文化作为外来文化，直到公元9世纪末10世纪初伊斯兰教传入西域以后，才对新疆各民族文化发生影响。尽

管在特定阶段扮演过重要角色，但它始终只是影响新疆地区各民族文化发展的诸多要素之一。伊斯兰文化传入新疆，新疆各民族文化既有抵制，更有选择性吸收和中国化改造，既没有改变属于中华文明的特质和走向，也没有改变属于中华文化一部分的客观史实。以维吾尔族文化为例，在伊斯兰教传入新疆之前，维吾尔族文化在中华文化的母体中，已呈现出生机勃勃的景象。这期间，维吾尔族文化中有原始的萨满教、祆教信仰，还有摩尼教、佛教、景教等信仰，这种同时信仰多种宗教的现象，与中原文化如出一辙，是一种世俗化的表现。史料记载，漠北回鹘信奉的摩尼教是从内地传入，又由西迁回鹘带往新疆。高昌回鹘的摩尼教曾繁盛一时，在同一时期，高昌有佛寺50余处，北庭的佛寺一直保存到14世纪前后。高昌回鹘汗国时期的洞窟壁画艺术就融入了中原、回鹘、吐蕃的文化元素，甚至融合了摩尼教、佛教、景教及当地居民的文化元素，浑然天成，独具特色，这在天山南麓遗存的石窟壁画和雕塑上可见一斑。新疆龟兹乐、疏勒乐、高昌乐、于阗（和田）乐、伊州（哈密）乐和悦般（古代西域游牧人）乐久负盛名。这些成果都被维吾尔族文化继承和发扬。在现代维吾尔族舞蹈中，我们也能看到很多诸如双手合十等反映佛教文化的动作。喀喇汗王朝时期成书的《福乐智慧》《突厥语大词典》两部经典充分体现了维吾尔族文化多元的特点，对维吾尔族社会产生了深远影响。元代维吾尔族农学家鲁明善撰写的《农桑衣食撮要》，是当时关于农学研究的重要著作，在我国农学史上占有重要地位。明代维吾尔族著名音乐家诗人阿曼尼莎汗与乐师卡迪尔汗等整理的《十二木卡姆》，剔除了其中过多的波斯语、阿拉伯语借词，使木卡姆歌词从以往晦涩难懂的具有宗教色彩的宫廷诗词中摆脱出来。清代，一批维吾尔族作家、诗人创作了以新疆社会现实为依据、以人民生活为题材的文学作品，矛头直指外国侵略者和封建上层的阶级压迫，表达了炽热的爱国主义情感和对和平幸福生活的向往。

值得注意的是，宗教对文化的影响方式，既有自愿接受的途径，也有通过文化冲突甚至宗教战争的强制方式。在新疆，伊斯兰教很大程度通过后一种方式进入，这导致佛教文化时期创造的新疆各民族文化艺术遗产遭到严重破坏。特别是伊斯兰教禁止绘画和雕塑生灵，使新疆地区许多宫殿、佛寺及佛教绘画、雕塑艺术开始遭到破坏。在《福乐智慧》中，也有“焚毁其家园，捣毁其佛像，废墟上把教坊、清真寺建成”等描述。

时至今日，新疆地区各民族文化中始终保持的世俗化传统充分证明，新疆地区各民族文化根本不是对伊斯兰文化的继承，而是对伊斯兰文化的选择性吸收。比如，每到古尔邦节，喀什维吾尔族民众在艾提尕尔清真寺举行礼拜后，都会在寺前广场举行萨玛舞狂欢活动，人们载歌载舞，欢声笑语，气氛热烈。这不仅在中国，就是在全世界古尔邦节节庆活动中都是唯一的。喀什香妃墓的廊柱纹饰中的生命之树莲花石榴纹“喜相逢”等图案，体现了中原文化对维吾尔族雕刻艺术的影响。维吾尔族传统的绣花衬衣表领、袖口、开襟上的图案，充满中原文化元素。哈密、吐鲁番一带的维吾尔族刺绣，融入了京绣、苏绣的技艺，牡丹、菊花、龙的形象都出现在刺绣图案中。新疆乌鲁木齐陕西大寺的建造与它所显现的建筑文化特点，也是“伊斯兰教中国化”在新疆的标志之一。事实表明，新疆地区各民族文化是在中华文化的母体中不断发展的。中华文化的繁荣兴盛是新疆地区各民族文化发展的动力源泉。

20世纪70年代末至80年代以来，宗教极端主义思潮渗透加剧，极力鼓吹维吾尔族文化就是伊斯兰文化，其目的就在于阻止伊斯兰文化本土化的进程，使维吾尔族文化“伊斯兰化”，结果势必破坏民族团结、宗教和谐。通过颠倒黑白，把外来的伊斯兰文化说成维吾尔族文化的源头，反而把中华文化说成是外来文化。这种偷梁换柱的伎俩本质上是对维吾尔族文化的戕害。新疆地区各民族应该坚决抵御文化上的“去中国化”错误倾向，遵从历史，强化中华文化认同意识，把中华文化作为情感依托、心灵归宿和精神家园。

六、增强中华文化认同是新疆各民族文化繁荣发展之魂

党的十九大报告指出，文化是一个国家、一个民族的灵魂。文化兴则国运兴，文化强则民族强。文化认同是民族团结之根、民族团结之魂，增强中华文化认同是新疆各民族文化繁荣发展之魂，只有坚守中华文化之根，新疆地区各民族文化才能绽放光彩。比如，历史上维吾尔族文化秉承中华文化“崇仁爱、重民本、守诚信、讲辩证、尚和合、求大同”思想，对多元文化吸收融合、兼收并蓄，也实现了自身的发展。在唐、宋、元时期，维吾尔族文化受益于中华“大一统”政治格局和丝绸之路开放环境的影响，进入兴盛阶段。但随着丝绸之路的陆海转向、西方和沙俄殖民主义向东扩张，特别是阿古柏侵略时期，大肆制造民族仇视，大搞文化专制，大肆排斥对中华文化认同，导致维吾尔族文化进入一个黑暗时期。正反两方面经验告诉我们，新疆地区各民族文化要生存繁荣和发展，决不能脱离中华文化的母体，必须在增强对中华文化认同的基础上，在与中华各民族文化相互交流中，实现与时俱进、自我革新，必须破除狭隘保守观点，摈弃孤芳自赏心态，增强文化自信心和自豪感，树立兼容并蓄、开放多元理念，自觉融入现代化中，必须坚持古为今用、去粗存精，既依托历史、尊重传统，又立足现实、面向未来，既弘扬民族文化优秀基因，又赋予其新的时代内涵，在多元文化的交流互鉴中走向现代化。

七、学习使用国家通用语言文字是发展新疆各民族文化的历史经验

语言文字是文化的载体，只有达到语言文字的互学互通，才能促进文化的互鉴互融，使各民族文化吸收丰富营养，跟上时代步伐，实现发展繁荣，这是文化发展的基本规律。比如，在维吾尔族文化发展史上，凡是多语并用、交流频繁的时期，也是文化勃兴、焕发光彩的时期。据《突厥语大词典》记载，高昌的不少回鹘人会读写汉文，近代考古也发现，高昌

回鹘时期大量宗教文书和典籍，都是用回鹘文、汉文等十多种文字刻印的。在元代，大批畏兀儿人移居内地生活，普遍学习使用汉语，涌现了一批政治家、文学家、艺术家、史学家、农学家、翻译家等，助推维吾尔文化出现了一个高峰。《辽史》《金史》《宋史》三部巨著的编撰工作，就是由一批汉文字修养高的维吾尔族史学家和其他几个兄弟民族的史学家共同完成的。今天，许多少数民族知识分子的著作和研究成果也是用汉文字发表或出版的。当前，随着中国综合国力不断增强，中华文化越来越走向世界，汉语已经成为中华文化的精神标识，成为增强文化认同、坚定文化自信的重要支撑。在新疆这样一个国家通用语言文字基础十分薄弱的地区，重点推广汉语是中国国情的需要，是历史的必然。应该积极主动搭建语言桥梁，使新疆地区各民族文化在与中华各民族文化交流融合中，在与现代化参与交汇中，在与世界多元文化交流互鉴中蓄足底气，坚定自信。必须坚定不移地推广国家通用语言文字，推动新疆地区各民族文化汲取科学知识，共享文明成果，融入现代社会，在中华文化沃土中茁壮成长。

八、弘扬中华民族长期共同奋斗形成的传统　铸牢中华民族共同体意识

党的十九大报告指出，社会主义核心价值观是当代中国精神的集中体现，凝结着全体人民共同的价值追求。中华民族的优秀传统文化、历史优良传统和伟大民族精神，是社会主义核心价值观的重要源头。中华民族精神有着独一无二的智慧、气度、神韵，与西方明显不同。比如，在对待火的问题上，基督教神话里火是上帝赐予的，希腊神话里火是普罗米修斯偷来的，而在我国神话里，火是我们的祖先锲而不舍、坚忍不拔地摩擦出来的，这就是钻木取火的故事；面对洪水的时候，西方人在诺亚方舟里躲避，而在我国神话里，我们的祖先靠智慧和勇气战胜了洪水，这就是大禹治水的故事；面对拦路的大山，我们的祖先挖山不止，改造自然，这就是愚公移山的故事，还有夸父逐日、后羿射日、精卫填海等。这些都体现了

中华民族敢于与自然作斗争、与灾难作斗争的精神。必须珍惜和弘扬中华民族在长期共同奋斗中形成的优良传统，牢固树立“两个离不开”思想，增强对伟大祖国、中华民族、中华文化、中国共产党、中国特色社会主义的认同。牢记团结稳定是福、分裂动乱是祸，相互了解，相互尊重，相互包容，相互欣赏，相互学习，相互帮助，像爱护自己的眼睛一样爱护民族团结，像珍视自己的生命一样珍视民族团结，像石榴籽那样紧紧地抱在一起，让民族团结之花开遍天山南北，这是要始终牢记的治疆兴疆大计。

第四节　关注新疆的民族问题

中国作为一个统一的多民族国家，从秦以来就有由多民族共建一个国家的历史传统。无论是由汉族的统治阶级执政，还是由少数民族的统治阶级执政，无一例外都把中国看成我们各个民族共同的家园。我国各个民族几乎都有自己悠久的历史和文化传统，都有自己独特的风俗习惯和生活方式，但各个民族又大杂居、小聚居，相互交错居住，形成了你中有我、我中有你，谁也离不开谁的局面。多民族是我国的一大特色，也是我国发展的一大有利因素。各民族共同开发了祖国的锦绣河山、广袤疆域，共同创造了悠久的中国历史、灿烂的中华文化。我国历史演进的这个特点，造就了我国各个民族在民族分布上的交错杂居、文化上的兼收并蓄、经济上的相互依存、情感上的相互亲近的“多元一体格局”。在这里需要强调的一点是：从民族与国家的关系上看，我国的确是“多元一体格局”，但反过来，如果从国家与民族的关系上看，则应是“一体多元格局”。后者与我国宪法所定位的“我国是统一的多民族国家”的提法是一致的。当然，以辩证的眼光来看，这是一个问题的两面。无论如何，正是这种格局，才使得我国的民族关系始终处于一个相互依存的状态，才使得我国的民族关系就如同中华民族大家庭的所有成员之间的相互关系一样：“各个民族之间的相互关系是一个大家庭成员之间的相互关系。”处理好民族问题、做好民族工作是关系祖国统一、边疆稳固的大事，是关系民族团结和社会稳定的大事，是关系国家长治久安和中华民族繁荣昌盛的大事。

对于我们这样一个统一的多民族国家来说，民族团结的重要性是不言而喻的。民族团结的本质是要求各民族要和睦相处、和衷共济、和谐发展。可以说，民族团结是社会主义民族关系的基本特征和核心内容之一，也是我们党和国家在民族关系上所追求的目标。而要达到这样的目标，又必须做到：反对民族压迫和民族歧视；维护并促进各民族之间和民族内部的团结；各族人民齐心协力，共同促进祖国的发展繁荣；反对民族分裂，维护祖国统一。将民族团结和国家统一作为我国各民族的最高利益，反映了我国各族人民共同的心声。民族团结是福，民族分裂是祸；国家统一是福，国家分裂是祸。

在民族问题上，长期以来，“三股势力”编造“东突厥斯坦一万年来就是维吾尔人的故乡”的谎言，宣扬“在东突厥斯坦只有维吾尔族是主居民族，有做主人的权力，其他都是客居民族，没有做主人的权力”，认为“历史上生活在中国北方、西域的所有民族都是突厥族”，号称“土耳其人和维吾尔人是十指连心的兄弟”，这些都严重违背新疆多民族融合发展的历史事实。

一、中华民族的形成与发展是中原各族同周边诸族连续不断交往交流交融的历史过程

中国自古以来就是一个多民族国家。在不同历史时期，曾出现过许多生产方式、生活方式各不相同的少数民族。中华民族的形成与发展是发展水平较高的中原各族同周边诸族连续不断进行交往交流交融的历史过程。各民族的互相融合是历史必然趋势，各民族都是中华民族的共同缔造者。

早在原始社会，也就是远古时期，中华民族的祖先就在中华大地上繁衍生息，形成一个个部落或部落联盟。其中发展程度比较高、力量比较

大、影响比较广的当属黄河流域的夏、商、周。经过长期发展与融合，逐渐形成了华夏族。到了秦汉之际，进一步与周围族群融合为一体，成为中原人口居多的汉族，并从此成为中国历史过程的主体民族。此后，魏晋南北朝时期发生了各民族尤其是北方少数民族向中原大迁徙的大融合。元朝时期，规模空前的政治统一进一步推动了规模空前的民族迁徙活动，形成了广泛的民族杂居局面。清朝时期，统一国家内各民族间的交流日益频繁。1840 年鸦片战争后，外国侵略和亡国灭种的危机把我国各民族的命运空前紧密地连在一起。事实证明，民族融合发展是历史规律，绝不是任何人主观意愿所能改变的。经过长期诞育、分化、交融，我国各民族在分布上交错杂居，文化上兼收并蓄，经济上相互依存，情感上相互亲近，构筑了一荣俱荣、一损俱损的中华民族命运共同体。中华民族大家庭的每一部分都是血脉相连、不可分割的。正如习近平总书记在中央民族工作会议上指出的："中华民族和各民族的关系，形象地说，是一个大家庭和家庭成员的关系，各民族的关系是一个大家庭里不同成员的关系。"

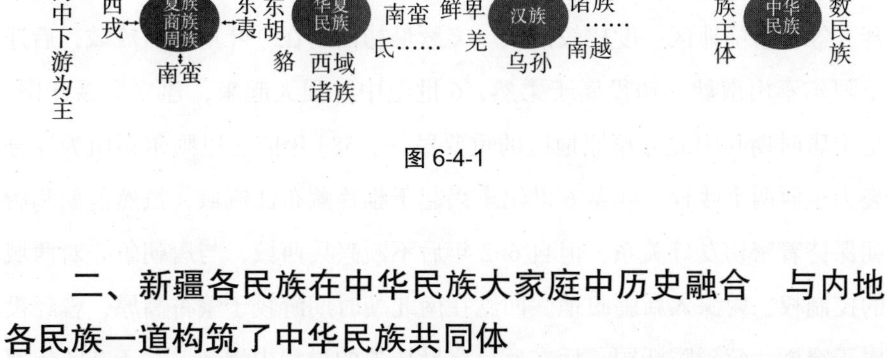

图 6-4-1

二、新疆各民族在中华民族大家庭中历史融合　与内地各民族一道构筑了中华民族共同体

新疆由于特殊的地理位置，自古以来就是多民族聚居地区，每个历史

时期都有不同民族的大量人口进入新疆地区，其中进入新疆地区的汉族更是连续不断。

最早开发新疆的是春秋战国时期生活在天山南北的塞人、月氏人、乌孙人、羌人、龟兹人、焉耆人、于阗人、疏勒人、莎车人、楼兰人、车师人等。秦汉时期，匈奴人、汉人等纷纷进入西域。汉代新疆的民族分布有两个特点：一是多样性，天山北部众多游牧部落和天山南部“城郭诸国”的居民，构成了民族分布的主要特征；二是融合性，伴随着屯田的展开，大量汉人进入新疆地区，为新疆民族构成了新的成分。各民族在生产生活中交流增强，相互包容渗透，出现了融合的趋势。

魏晋南北朝时期，中国各民族大迁徙、大融合，新疆地区又增加了鲜卑、柔然、高车、嚈哒、吐谷浑等新成员。鲜卑势力在 2 世纪中叶向西抵达伊犁河流域。402 年在漠北草原建立的柔然汗国的势力范围向西曾经延伸到了焉耆。高车最初活动在今贝加尔湖及漠北北部，初役属于柔然，487 年，其一部西迁至今乌鲁木齐一带建立了高车国。嚈哒人起于我国北方草原，4 世纪后期越过阿尔泰山进入中亚，后来控制了中亚、南亚广大地区，5 世纪末 6 世纪初打败高车，势力向东进入塔里木盆地。迁至今甘肃、青海一带的吐谷浑人，于 313 年建立的政权，曾控制今新疆若羌、且末等地。

隋唐时期，突厥人（后被唐朝和维吾尔族先民回纥打败后解散）、吐蕃人等在新疆地区一度比较活跃。突厥最初活动在今叶尼塞河流域，后迁至阿尔泰山南麓，初役属于柔然，6 世纪中叶强大起来，建立突厥汗国，是隋唐时期我国北方草原地区的重要民族。583 年前后以阿尔泰山为界分裂为东西两个政权。吐蕃 6 世纪末兴起于雅鲁藏布江流域，虽然前期和唐朝保持着密切友好关系，但自 662 年后不断兴兵西域，与唐朝争夺对西域的控制权，曾深入新疆腹地。回纥在南北朝时期游牧于蒙古高原，曾经役属于突厥、薛延陀汗国，后在反抗突厥压迫的过程中崛起，并于 744 年回纥在唐朝中央政权的册封下建立漠北回纥汗国。840 年回鹘汗国崩溃，部分南下，部分西迁。

宋辽金时期，新疆与内地一样，呈现民族大融合。先后出现的高昌回鹘王国（曾融合先前的安西回鹘政权）、于阗国和喀喇汗王朝，为各民族逐步融合提供了外部条件。而新的成员还在迁入新疆。1125 年，曾经统一中国北方的辽朝灭亡。契丹皇族耶律大石率部西迁，建立西辽，其辖境包括了今新疆及其以西地区。

1206 年，成吉思汗统一蒙古高原，后分封诸子，带动回鹘人、蒙古人、契丹人、汉人、女真人、西夏人等逐渐融合。明代，蒙古准噶尔部进入新疆地区。15 世纪，由乌孙等古代部落长期融合形成的哈萨克人，从钦察汗国迁入新疆地区。15 至 16 世纪，柯尔克孜族先民从叶尼塞河中上游迁入新疆地区。清代统一新疆后，实行“移民实边”与“屯垦戍边”相并行的政策，从全国陆续迁徙汉族、满族、锡伯族、索伦（达斡尔）族、回族等族人口到新疆地区，并多次迁徙南疆维吾尔族农民到伊犁屯垦。1771 年，蒙古土尔扈特部东归，实现了返回祖国的强烈愿望。19 世纪 60 年代，大批哈萨克人进入新疆地区。至 19 世纪末，新疆地区已有维吾尔族、汉族、哈萨克族、蒙古族、回族、柯尔克孜族、满族、锡伯族、塔吉克族、达斡尔族、乌孜别克族、塔塔尔族、俄罗斯共 13 个主要民族定居，新疆形成维吾尔族人口居多、各民族聚居分布的格局。目前，新疆地区各民族呈“大杂居、小聚居”的特点，这是新疆多民族共同聚居历史的延续。在长期历史过程中，新疆地区各民族手足相亲、守望相助，形成谁也离不开谁的密切关系，新疆地区既是新疆各民族的家园，更是中华民族共同家园的组成部分。

三、维吾尔族是经过长期迁徙、民族融合形成的

维吾尔族先民的主体是隋唐时期活动在蒙古高原的回纥，曾经有乌护、乌纥、袁纥、韦纥、回纥等多种译名。据《新唐书》卷 217《回鹘传》记载，隋大业年间，维吾尔族祖先高车六部的首领前往西突厥汗帐朝

拜，被污蔑为不忠而惨遭坑杀。当时，为了反抗突厥压迫和奴役，回纥联合铁勒诸部中的仆固、同罗等部组成了回纥部落联盟。788 年，回纥统治者上书唐朝，要求改为“回鹘”，“义取回旋轻捷如鹘也”。840 年，回鹘汗国被黠戛斯（柯尔克孜族祖先）攻破，回鹘人除一部分迁入内地同汉人融合外，其余分为三支：一支迁往今天的吉木萨尔和吐鲁番盆地，建立高昌回鹘王国；一支迁往河西走廊，与当地诸族交往融合，形成裕固族；一支迁往帕米尔以西，分布在中亚至今喀什一带，与葛逻禄等部落一起建立了喀喇汗王朝，并相继融合了吐鲁番盆地的汉人及塔里木盆地的焉耆人、龟兹人、于阗人、疏勒人等，构成近代维吾尔族的主体。元代维吾尔族先民在汉语中又称“畏兀儿”。元明时期，新疆地区各民族进一步融合，蒙古人尤其是察合台汗国的蒙古人基本和维吾尔人融为一体，为维吾尔族补充了新鲜血液。1934 年，新疆省发布《新疆省政府令改缠回名称为维吾尔布告》，决定了统一使用“维吾尔”作为汉文规范称谓，意为维护你我团结，首次准确表达了“Uygur”名称的本意。史实证明，维吾尔族先民是从漠北草原迁往中原和西域，这条轨迹十分清晰。“三股势力”鼓吹只有维吾尔族是新疆的“主居民族”，是新疆的“主人”，其他民族是“客居民族”，这是完全错误的。

春秋战国时期：塞人、月氏人、乌孙人、羌人、龟兹人、焉耆人、于阗人、疏勒人、莎车人、楼兰人、车师人

秦汉时期：匈奴人、汉人等

魏晋南北朝时期：鲜卑人、柔然人、高车人、嚈哒人、吐谷浑人等

隋唐时期：突厥人、吐蕃人、回鹘人等

宋辽金时期：契丹人

1206年：回鹘人、蒙古人、契丹人、汉人、女真人、西夏人

明代：蒙古准噶尔部

15世纪：哈萨克人

15—16世纪：柯尔克孜族先民

清代统一新疆后：汉族、满族、锡伯族、索伦（达斡尔）族、回族及南疆维吾尔族

1771年：蒙古土尔扈特部东归

19世纪60年代：哈萨克人

至19世纪末：维吾尔族、汉族、哈萨克族、蒙古族、回族、柯尔克孜族、满族、锡伯族、塔吉克族、达斡尔族、乌孜别克族、塔塔尔族、俄罗斯共13个主要民族

图 6-4-2

四、维吾尔族不是突厥人后裔，更与土耳其没有关系

维吾尔族先民回纥早期受突厥统治，历史上维吾尔族先民和突厥人虽然长期在同一地域生活，但并不是突厥人。突厥人和维吾尔族先民是压迫与被压迫的关系，回纥对突厥汗国十分仇恨，史载“东夷诸国，尽挟私仇，西戎群长，皆有宿怨”。正是为了反抗突厥压迫，回鹘人参加了消灭三个突厥政权的行动，前两次是协助出兵，配合唐朝中央政权消灭东突厥汗国（630 年）和西突厥汗国（657 年），最后一次是作为主力，协助唐朝中央政府于 744 年消灭了最后一个突厥政权——后（东）突厥汗国，并因此受到唐朝中央政权册封，建立漠北回纥汗国。一些鼓吹“泛突厥主义”的人，采用偷梁换柱的方法，故意混淆“语族”和“民族”的概念，把使用突厥语族语言的民族都说成突厥人。实际上，语族和民族有本质区别。“突厥语族”不过是一个语言学概念。它是近代语言学家构建语言分类谱系，如汉藏语系、印欧语系、阿尔泰语系、南亚语系，其中阿尔泰语系下属三个语族，除突厥语族外，还有蒙古语族、满 - 通古斯语族。目前我国使用突厥语族语言的有维吾尔族、哈萨克族、柯尔克孜族、乌孜别克族、塔塔尔族、裕固族、撒拉族等民族，这些民族都具有各自历史和文化特质，并不是所谓“突厥族”的组成部分，不能因为使用突厥语族语言，就把他们说成突厥人。

长期以来，土耳其也大讲“突厥”概念，把使用突厥语族语言的民族都当作突厥人，泛化了民族和国家之间的界限，这与我国历史上曾经存在过的“突厥人”“突厥汗国”完全是两码事。至于说把维吾尔人当作土耳其人的“兄弟”，也是没有史实根据的。

五、新疆各民族都是新疆的主人

秦汉时期就生活在天山以南的龟兹人、焉耆人、于阗人、疏勒人、高昌人、莎车人、楼兰人、车师人，在绿洲建立聚居区，随着丝绸之路沿线

贸易的繁荣，众多商业小城镇兴起，带动了新疆地区经济发展。自西汉统一管辖新疆地区以后，当地经济社会得到快速发展，其中，丝绸之路贸易的兴盛起到了巨大带动作用。比如，到西汉末年即公元前后，刚迈入阶级社会门槛的疏勒（今喀什），由于丝绸之路的开通，出现了专门的商品交换市场“列市”。丝绸之路也在一定程度上重塑了历史上西域各城郭的经济结构和生产方式。

多民族的交流交往交融，为新疆的发展注入了源源不断的活力，汉人屯田新疆地区，不取于当地百姓，实现了粮草供应的自给自足，利用军队有组织地开垦出大片荒地，兴修了大量水利设施，带来了中原先进的生产工具和技术，极大地促进了古代新疆农业、手工业的发展。西汉时期汉人将当时世界领先的“铸铁法”技术传入新疆，使汉代还在普遍使用木制耒耜的新疆各地的生产力得到巨大提升。据《史记·大宛列传》记载，正是汉军士卒将打井技术传入新疆、中亚地区，极大地改善了当地人的社会生活；汉人还带来并推广了牛耕技术，在昭苏县乌孙墓封土中出土过一件汉代舌形铁铧，与关中地区出土的铁铧大小、形制完全一致，这是西汉汉军在赤谷城屯田的遗物。今天新疆境内有大量汉唐军队屯田的遗址，如米兰遗址至今保存有比较完整的汉代屯田区水利灌溉系统，有总干渠和七条支渠，工程复杂，技术含量高，据调查该灌溉区控制土地面积约 4. 5 万亩，其中农耕土地 1.7 万亩。这种大规模的农业水利建设，是人口稀少的绿洲城郭根本无法做到的。

随着历史发展，契丹人、蒙古人等迁入新疆，乌孜别克人、俄罗斯人、塔塔尔人等定居新疆，都带来了不同民族的生产技术、文化观念和社会习俗，在交流融合中促进新疆经济社会发展。各民族在新疆地区经过长期诞育、分化、交融，形成了血浓于水、休戚与共的关系，都为开发、建设保卫新疆做出了重要贡献，都是新疆的主人。

六、新疆民族关系的演变始终和中华各民族关系演变相联系

在中华民族漫长的历史发展过程中，各民族有隔阂冲突，更有交流融合，团结凝聚、共同奋进始终是我国民族关系的主流。新疆民族关系从古至今有隔阂冲突，更有良性互补的交流融合，在千百年交流融合中，各民族难分难解，形成相互依存、同舟共济、团结奋进的关系，这也是新疆民族关系的主流。新疆地区自古就同中原地区保持着密切联系，早在商代，中原地区就同新疆地区存在着玉石贸易。在商王武丁之妻妇好墓中陪葬了大量新疆和田玉制成的器物。春秋战国时期，中原地区大量丝绸途经新疆地区运输到西方。汉代张骞“凿空西域”畅通丝绸之路以后，新疆地区与内地之间使者相望于道，商旅不绝于途，盛况一时空前。唐代“参天可汗大道”直通内地，沿途驿站星罗棋布，成为维吾尔族先民与内地密切联系的纽带；很多入居内地的西域各族人民，也与汉人通婚，学习汉族生产生活方式，这些都构成了各民族交往交流交融的生动景象。近代以来，在中华各民族面临生死存亡的危急关头，新疆地区的维吾尔族、汉族、哈萨克族、蒙古族、回族、柯尔克孜族等，同全国各族人民一道奋起反抗、共赴国难，共同谱写了可歌可泣的爱国主义篇章。比如，在反对浩罕阿古柏侵略军的斗争中，汉族、维吾尔族、回族、柯尔克孜族等群众共同参战，共同坚守家园。中华人民共和国成立以后，新疆各民族同志不分你我、亲如兄弟，更有库尔班大叔上北京见毛主席，传为佳话。十万大军进新疆，八千湘女上天山，内地青年入边疆，援疆干部人才压茬接力，内地与新疆结亲、结对亲如一家，成千上万新疆各族群众到内地务工经商、上学就业，融入大江南北，与内地各族群众和睦相处、和衷共济、和谐发展，共建共享美好生活。

2017 年 3 月 10 日，习近平总书记在参加十二届全国人大五次会议新疆代表团审议时的讲话指出：“在漫长的历史进程中，祖国多个民族在天山南北辽阔的土地上繁衍生息、共建家园，构成了你中有我、我中有你、你

离不开我、我离不开你、谁也离不开谁的命运共同体。”

2018 年 3 月 20 日，习近平总书记在第十三届全国人民代表大会第一次会议上的讲话中指出：“在几千年历史长河中，中国人民始终团结一心、同舟共济，建立了统一的多民族国家，发展了 56 个民族多元一体、交织交融的融洽民族关系，形成了守望相助的中华民族大家庭。”

第五节　关注新疆的宗教问题

对于马克思主义政党来讲，如何对待宗教，从根本上讲，就是如何对待信教群众的问题。我们党从事革命、建设和改革的事业，根本出发点和落脚点就是五个字：“为人民服务。”人民群众是共产党人从事革命、建设和改革事业最深厚的基础力量和力量源泉，因此，必须相信群众、团结群众、依靠群众，没有群众的支持，我们必将一事无成。这里讲的群众，既包括信教的群众，也包括不信教的群众。宗教是应人类社会生产与生活需要而产生的，它离不开社会，离不开人，因此，信教者是宗教各类要素中最基本、最核心、最活跃的要素，没有了信教群众，就没有宗教。我们的宗教工作必须始终着眼于群众，认识到宗教工作的根本任务是做好宗教人士和广大信教群众的工作。一个人的信教与否，并不决定他的政治态度和社会立场，信教与不信教的群众虽然信仰上有差异，但政治、经济上的根本利益是一致的。

在宗教问题上，“三股势力”否认新疆自古以来多种宗教并存的史实，提出“维吾尔族历史上只信仰过伊斯兰教，没有信仰过其他宗教”；宣称“维吾尔人领悟到伊斯兰教比起佛教来具有振奋战斗力的作用，于是维吾尔人‘自愿地加入伊斯兰教’”；鼓吹宗教极端，煽动宗教狂热，宣扬要“一手抱着古兰经，一手拿着宝剑圣战”；否定我国实行的政教分离原则，鼓吹教法大于国法，教民大于国民，制造宗教极端氛围，利用宗教干预群众世俗生活，挑战我国政治制度和法律底线。实际工作中，一些人对宗教与宗教极端思想的界限认识不清，对宗教和带有宗教色彩的民族风俗习惯的界限认识模糊，导致左右摇摆不定等情况。

一、我国是个多宗教国家，各宗教历来地位平等、关系和顺

自汉代以来，逐步形成了佛教、道教、伊斯兰教、天主教、基督教五大宗教并存的格局。我国各种宗教地位平等、和谐共处、多元包容，很少发生宗教纷争，信教与不信教群众之间也彼此尊重、团结和睦。在中华文化兼容并蓄、和而不同精神的影响下，佛教等外来宗教都经历了中国化、本土化的过程，积极与我国社会相适应，这也是各种宗教在我国得以存在和延续的根本原因。其中，佛教传入最早，不仅实现了中国化，而且实现了世界佛教中心由古印度向中国的转移。伊斯兰教不断吸收中国传统文化，用儒释道的概念来诠释伊斯兰教教义，使伊斯兰教具有了中国色彩。天主教的独立自主、自办教会，基督教的自传、自治、自养爱国运动，都是实现中国化的积极努力。我国各个宗教在产生和发展的历史过程中，与我国文化发展相互交融，吸取了我国建筑、绘画、雕塑、音乐等不少优秀成分，已成为中国传统文化的一部分。

二、新疆历来是多种宗教信仰并存的地区

在原始社会，主要信仰原始宗教及萨满教。根据考古资料，新疆远古居民就产生了原始宗教观念，由自然崇拜逐渐发展到动植物崇拜，图腾崇拜以至祖先崇拜。随着社会的发展，新疆出现了萨满教，且十分盛行，活动在新疆的乌孙、柔然、鲜卑、吐谷浑、突厥等族群，先后信奉这一宗教。

公元前 4 世纪至 9 世纪末是以佛教为主要宗教的多种宗教并存的形

成阶段，信仰原始宗教、萨满教、祆教、佛教、道教、摩尼教和景教（基督教聂斯脱利派）等。祆教是最早传入新疆的外来宗教，约公元前4世纪传入，南北朝至隋唐时期流行于新疆各地。约公元前1世纪，佛教传入新疆，在统治者的大力扶持下，逐渐成为占主导地位的宗教。4世纪至5世纪，佛教进入鼎盛阶段，形成了于阗（今和田）、疏勒（今喀什）、龟兹（今库车）、高昌（今吐鲁番）等著名佛教中心。在伊斯兰教传入前，佛教在新疆流传时间最长，信仰人数最多，影响最深远。道教于5世纪前后传入新疆，主要盛行于吐鲁番、哈密等地，至清代传播至新疆大部分地区，摩尼教和景教于6世纪相继传入新疆。9世纪中叶，吐鲁番地区成为新疆摩尼教的中心。景教初期主要流行于吐鲁番一带，为基督教第一次传入中国。

10世纪初至16世纪初是佛教与伊斯兰教并立为主要宗教的多种宗教并存的演变阶段，信仰祆教、景教、摩尼教、佛教、伊斯兰教等。9世纪末10世纪初，伊斯兰教从中亚传入新疆西南部喀喇汗王朝后，王朝统治者向东向北扩张，通过发动宗教战争，征服了信仰佛教的于阗国，佛教势力基本退出了塔里木盆地西部和南部地区。后又发动对同样信仰佛教的高昌回鹘王国的宗教战争，互有胜负，最终两个地方政权双雄并立，形成了新疆北部地区以佛教为主、南部以伊斯兰教为主的多种宗教并存的格局。西辽统治时期，实行宽容的宗教政策，新疆各种宗教都空前活跃起来，景教得以迅速传播，疏勒、叶尔羌、于阗、轮台、高昌、哈密、阿力麻里（今霍城县境内）甚至喀什等地都是传教区。蒙古人势力进入新疆后，不少汉族道教徒随军迁入。与此同时，西亚、东欧等地一批批基督教徒东来，基督教被元代史书称为“也里可温教”，在部分蒙古上层和维吾尔族先民中均有信徒。这是基督教第二次来华，但元亡后中断，东察合台汗国的蒙古统治者强制推行伊斯兰教，天山以北和新疆东部地区逐步伊斯兰化，至16世纪初将佛教势力排挤出哈密，最终伊斯兰教成为新疆的主要宗教。

16世纪初至今是伊斯兰教为主要宗教的多种宗教并存的发展阶段，主要信仰伊斯兰教、佛教、道教、天主教、基督教（新教）、东正教等。这一阶段，伊斯兰教作为新疆的主要宗教，一是传播地域广大，遍及南北疆；二是信仰民族多。清朝时期，随着乌孜别克族和塔塔尔族的迁入，新疆信仰伊斯兰教的民族已有维吾尔族、哈萨克族、回族、柯尔克孜族、塔吉克族、乌孜别克族、塔塔尔族七个民族。明末清初，卫拉特蒙古（又称"西蒙古""厄鲁特蒙古"）人接受了藏传佛教，并采取多种手段发展壮大，很快在天山以北兴盛起来，一度影响到天山以南部分地区。清朝统一新疆后，道教一度复兴传播至新疆大部，约自18世纪开始，天主教、基督教（新教）、东正教相继传入新疆。目前，新疆宗教的总体格局是以伊斯兰教为主要宗教，佛教、基督教（新教）、天主教、道教、东正教等多种宗教并存。20世纪70年代末80年代初，伊斯兰极端主义思潮进入新疆，采取微观渗透伎俩进行传播，极力助推社会伊斯兰化，成为新疆暴力恐怖活动多发频发的主要思想根源。

历史史实表明，新疆历来是多种宗教信仰并存的地区，从未出现过一教独存的局面，一教或两教为主、多教并存是新疆宗教格局的基本特点。"三股势力"否认新疆历来多种宗教并存的史实，鼓吹宗教极端，蛊惑信教群众，掀起宗教狂热，实质上是打着宗教的幌子进行渗透破坏、煽动暴力恐怖活动。

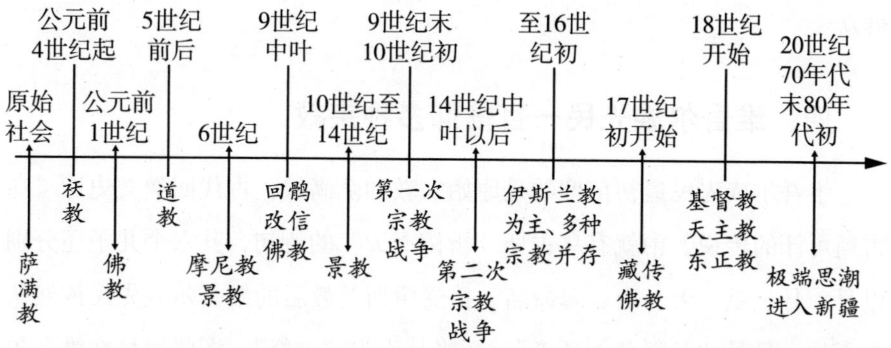

图 6-5-1

三、多种宗教和谐共处、交融共存是新疆地区宗教关系的主流

在新疆地区宗教演变史上，由于统治阶级的利用或教派间的争斗，曾经出现过宗教战争或教派冲突，造成社会剧烈动荡，给各族人民带来深重苦难。但在历史的长河里，这些战争或冲突是相对短暂的，从来没有改变过新疆地区多种宗教并存的格局，也从来没有改变过多种宗教吸收融合、平和包容的关系。比如，萨满教和祆教对火的崇拜，即使在伊斯兰教传入后也没有消失。直到今天，新疆一些少数民族还不同程度地保留着原始宗教和萨满教的观念及遗俗。例如，哈萨克族在月亮出来时会表示问候，小孩出生时会用火辟邪，哈萨克族牧民转场时，要点起火堆，让人和牲畜从火堆旁走过。维吾尔族小孩生病时，也常用火驱邪。维吾尔族新人举行婚礼时，新郎和新娘要吃一小块用盐水浸过的馕。维吾尔族民间的麻扎朝拜，如在麻扎上立高杆、挂旗幡、悬羊皮等现象，也是原始宗教和萨满教的一种遗留。佛教的影响更加深远。在莎车、叶城、喀什、哈密、伊犁等地一些古老的清真寺中，仍可见到佛龛、莲花图案、莲花宝座等遗存。新疆伊斯兰教有许多著名麻扎，有的源自原始宗教，也有的曾是佛教或其他宗教的圣地。近年来，宗教极端势力极力抬高伊斯兰教，目的就是排斥其他宗教，造成“一教独大”的局面，利用伊斯兰教煽动、蛊惑、蒙蔽信教群众。

四、维吾尔族先民一直信仰多种宗教

维吾尔族先民最初信仰的是原始宗教和萨满教，古代回鹘文史诗《乌古斯可汗的传说》中就有乌古斯“祈祷上天”的诗句，其六个儿子还分别以日、月、星、天、山、海命名。接受伊斯兰教后的维吾尔族先民依然认为天地、日月“乃复载循环者”，而将其列为“上祭”。图腾崇拜在维吾尔族先民中十分盛行，回鹘曾以狼、狮子、骆驼、树等为图腾。在维吾尔族

关于其族源的神话传说中，第一位首领卜古可汗就是由树所生。直到今天，维吾尔族对水、树、狼等仍然怀有崇拜情结。据记载，维吾尔族先民还信仰过萨满教。新旧《唐书》记载，回鹘在出兵帮助唐朝平定安史之乱时，先请萨满预卜军事行动的吉凶。今天维吾尔族民间仍有人请萨满教巫师巴合西跳神治病，就是萨满教遗存。

后来，维吾尔族先民还相继信仰过袄教、佛教、摩尼教、景教、伊斯兰教等。袄教长期留存，影响过一些维吾尔族先民。佛教在维吾尔族先民中信奉时间较长，在高昌回鹘王国和于阗国，上至王公贵族、下至底层民众均普遍信仰佛教。9 世纪中叶，高昌回鹘王国以摩尼教为国教，后受当地佛教影响，改信了佛教。蒙元时期，有大量回鹘人改信景教，以至于法国旅行家鲁布鲁克认为所有的回鹘人都是景教徒，反映了景教在回鹘人中的繁荣景象，世界著名旅行家马可·波罗也记述了景教在新疆传播的盛况。伊斯兰教传入新疆以后，随着当地统治者的大力推行，逐渐取代佛教成为维吾尔族先民信仰的主要宗教，袄教、摩尼教、景教等淡出历史舞台。

伊斯兰教成为维吾尔族先民信仰的主要宗教，有多种途径和方式，但主要是统治者通过战争和行政强制推行的结果，经历了喀喇汗王朝和东察合台汗国时期的两次传播和发展高潮。喀喇汗王朝是由西迁的一支漠北回鹘联合葛逻禄等部族一起创建的地方政权，893 年，喀喇汗王朝在与中亚信奉伊斯兰教的萨曼王朝（874—999 年）的战争中失利，首领奥古尔恰克从怛逻斯（在今哈萨克斯坦南部）迁往喀什噶尔（今喀什）。他对流亡到境内的萨曼王朝王子纳斯尔·本·曼苏尔庇护有加，纳斯尔借机在阿图什建立了新疆第一座清真寺。奥古尔恰克之侄萨图克·布格拉汗在其影响下秘密加入伊斯兰教。910 年，萨图克·布格拉汗借助伊斯兰教信徒发动宫廷政变，夺取政权，在喀什登上汗位，成为我国新疆第一个奉行伊斯兰教的地方政权首领。

喀喇汗王朝时期，统治者为巩固其政权，大力推行伊斯兰教。萨图克·布格拉汗死后，其子穆萨·阿尔斯兰汗强迫其臣属部下接受伊斯兰教。960 年，20 万帐（每帐 3—4 人）改信伊斯兰教，穆萨宣布伊斯兰教为国教。喀喇汗王朝与信奉佛教的高昌回鹘王国和于阗国并立为新疆三大政治割据势力，也出现了伊斯兰教同佛教之间的尖锐对抗和斗争。962 年，喀喇汗王朝发动对于阗国的宗教战争，历时 40 余年，于 11 世纪初将其攻灭。1017 年，喀喇汗王朝又发动了对高昌回鹘王国的宗教战争，但以失败告终。此后，由于统治者内部矛盾激化，汗国发生分裂，直至 13 世纪灭亡以前再也无力进行武力传教。但喀喇汗王朝境内原有的各种宗教，包括过去居于统治地位的佛教，遭到毁灭性的打击和破坏。

新疆地区伊斯兰教迎来了第二次传播高潮是在东察合台汗国时期（1348—1509 年）。东察合台汗国首位可汗、蒙古人秃黑鲁・帖木儿在阿克苏期间受苏非派传教士影响而接受了伊斯兰教。他于 1348 年登上汗位后，便利用政权力量强制推行伊斯兰教，命令 16 万蒙古部众集体皈依，这些人最终融入维吾尔等民族中。在秃黑鲁・帖木儿汗强制推行下，库车、沙雅等地佛教徒也被迫改信伊斯兰教。秃黑鲁・帖木儿汗之子黑的儿火者汗又以武力征服了吐鲁番、哈密，迫使当地佛教徒和其他宗教信徒改信伊斯兰教。据《中亚蒙兀儿史——拉失德史》记载，统治者对那些不信仰伊斯兰教的人实施了极为严酷的刑罚，“蒙兀儿人如果不缠‘赛兰’，马哈麻汗就要用马蹄铁钉入这个人的头中。这种做法是司空见惯的”。14 至 15 世纪，蒙古统治者的武力传教实现了伊斯兰教在新疆的全面本土化。16 世纪初，伊斯兰教取代佛教成为维吾尔族信仰的主要宗教。

史实表明，维吾尔族历史上信仰过多种宗教，改信伊斯兰教具有多重历史因素。伊斯兰教既不是维吾尔族“天生信仰”的宗教，也不是“唯一信仰”的宗教；维吾尔族改信伊斯兰教具有多重历史因素，主要是宗教战争和统治阶级强制推行的结果。

五、促进宗教关系和谐是新疆稳定繁荣的历史经验

必须坚持各宗教一律平等，不使用行政力量扶持或压制某种宗教，任

何宗教不得超越其他宗教而享有特殊地位；坚持宗教信仰自由，信教群众和不信教群众在法律上享有同等的权利和义务；坚持民族团结、彼此尊重、和睦相处。必须全面贯彻党的宗教信仰自由政策，既尊重信仰宗教的自由，也尊重不信仰宗教的自由，决不允许在信教和不信教、信这种教和信那种教、信这一教派和信那一教派群众之间制造纷争。要保护宗教信仰自由，但不能把宗教引向无限发展、无序发展、极端发展这条歪路上去。信教自由和不信教自由应该同时存在、和睦相处、和而不同。必须坚持法律面前人人平等，深入开展法治宣传教育，引导广大信教群众正确认识和处理国法和教规的关系，增强法治观念。无论什么人、属于哪个民族、信仰什么宗教，只要触犯法律法规，是什么性质就按什么性质处理，决不允许有法外之地、法外之人、法外之教。

六、宗教极端思想不是宗教，是民族分裂主义和暴力恐怖主义的思想基础

在新疆地区，宗教极端思想打着伊斯兰教的旗号，但并不是伊斯兰教，与伊斯兰教有着根本区别。从主张上看，伊斯兰教倡导爱国、和平、团结、宽容、中道、善行等，而宗教极端主张“神权政治论”“宗教至上论”“异教徒论”“圣战论”等。从本质上看，伊斯兰教是入世性强的世界性宗教，鼓励穆斯林为获得两世吉庆而奋斗；而宗教极端则反人类、反文明、反社会、反宗教，完全是暴力恐怖的意识形态。从体系上看，伊斯兰教是一套宗教信仰体系，而宗教极端是信仰扭曲后的异化反应，与正信正行格格不入，与公序良俗背道而驰。从作用上看，与其他宗教一样，伊斯兰教既有消极作用，也具有一定的积极作用；而宗教极端不论假借何种名义或口号，都是反动的。从手段上看，宗教主要是通过温和的方式劝善戒恶，用中正的方式秉持其礼仪，从而实现道德教化、心灵慰藉和终极关怀；而宗教极端则把宗教当成笼络群众、扩张势力的精神工具，甚至以暴力恐怖手段来实现政治目的。

大量事实表明，宗教极端思想是民族分裂主义和暴力恐怖主义的思想基础，是影响新疆社会稳定和长治久安的最大威胁。新疆必须坚定不移地深入开展“去极端化”工作，坚决把宗教极端思想从宗教问题上剥离出来，任何人都不能把宗教极端思想同宗教问题扯在一起，都不能用宗教问题来替宗教极端思想作说辞，都不能用宗教问题而推脱清除宗教极端思想的责任。必须划清一条红线，就是宗教不得干预政治、干预政府事务，不得利用宗教干预行政、司法、教育、婚姻、计划生育等，不得利用宗教妨碍正常社会秩序、工作秩序、生活秩序，不得利用宗教反对中国共产党领导和社会主义制度、破坏民族团结和国家统一。必须依法严厉打击宗教极端势力，决不能让其坐大成势、残害生命、破坏社会稳定。依据《中华人民共和国刑法》《中华人民共和国反恐怖主义法》《新疆维吾尔自治区去极端化条例》等相关法律法规，对宣扬恐怖主义、极端主义或煽动实施恐怖活动、极端主义活动的，从严从重处理，深挖严打幕后支持者与策动者。着力解决隐藏在干部、知识分子、宗教教职人员中的“两面人”问题，亮明观点，划定红线，肃清政治生态，廓清宗教氛围。铸牢思想基础，加强意识形态领域反分裂斗争。

	伊斯兰教	宗教极端思想
主张	爱国、和平、团结、宽容、中道、善行等	“神权政治论”“宗教至上论”“异教徒论”“圣战论”
本质	入世性强，为获得两世吉庆而奋斗	反人类、反文明、反社会、反宗教
体系	宗教信仰体系	信仰扭曲后的异化反应，与正信正行格格不入
作用	既有消极作用，也具有一定的积极作用	反动
手段	通过温和的方式劝善戒恶	把宗教当成笼络群众、扩张势力的精神工具，甚至以暴力恐怖手段来实现政治目的

图 6-5-2

七、带有宗教色彩的民族风俗习惯不能等同于宗教本身

要正确认识民族风俗习惯和宗教两者的区别和联系，防止生活习俗宗教化和宗教借风俗习惯扩大影响的倾向。新疆宗教的民族性、群众性特点，使得宗教与民族风俗习惯关系密切，在不少干部群众中，一直将封斋、礼拜等宗教活动视为民族风俗；有的地方对古尔邦节、肉孜节“两节”会礼是否属于宗教活动界限不明确，导致各地规定不一；部分干部群众对“清真”概念泛化的本质认识不清，盲从清真拖拉机、清真衣服、清真暖瓶等说法，说到底就是“三股势力”利用民族风俗习惯与宗教的关系，进行潜移默化的微观渗透，企图使生活习俗宗教化、神圣化，阻碍民族发展进步。

宗教信仰和民族风俗习惯是两个概念。民族风俗习惯是一个民族在一定自然环境和社会环境中相沿积久而形成的生活方式，在不同程度上反映了民族的历史传统、心理情感、道德准则、宗教观念等。宗教信仰是一种社会意识形态和行为方式，宗教活动是宗教信徒为表达个人宗教信仰和感情，独自或集体进行的一种较为固定或有规律的行为，如诵经、礼拜、受洗等。我国法律保护公民在宗教活动场所内及按照宗教习惯在自己家里进行的正常宗教活动，同时要求宗教活动必须遵守国家法律法规及方针政策。虽然宗教信仰和民族风俗习惯均深刻影响人们的社会生活方式，但它们分属两个范畴，不能等同。

宗教和民族风俗习惯虽然是两个概念，但它们之间也有密切联系。有些民族的风俗习惯就源于宗教观念或宗教规范，而宗教在发展过程中也将部分民俗吸收到仪式和经典中。宗教借民俗扩大社会影响，民俗因宗教而固化并传承。在新疆历史上，各种宗教在传播及发展过程中，都出现过与当地居民生活习俗相互影响渗透的情况。例如，祆教的重要节日诺鲁孜节，现仍是曾信仰过这种宗教的维吾尔族、哈萨克族、柯尔克孜族、塔吉克族等民族的重要传统节日；伊斯兰教在成为新疆地区主要宗教的历史过

程中，教义教规不断渗入世俗生活，一些宗教习俗逐渐内化为民族风俗习惯。对于带有宗教色彩的民族风俗习惯，要予以尊重，但同时，也要把带有宗教色彩的民族风俗习惯与宗教信仰活动区别开来，明确界限。严防生活习俗宗教化和宗教借风俗习惯扩大影响的倾向，防止宗教向群众日常生活领域、婚丧节庆活动、人际交往礼俗渗透。共产党员要坚决执行不信仰宗教、不参加宗教活动的规定，同时允许在不违背原则立场的情况下，尊重和适当随顺一些带有宗教色彩的民族风俗习惯，以利于更好联系信教群众，把他们团结在党和政府周围。

八、坚持我国宗教中国化方向

党的十九大报告中指出："坚持我国宗教的中国化方向，积极引导宗教与社会主义社会相适应。"新疆伊斯兰教要更好地与社会主义社会相适应，必须坚持中国化方向。宗教极端思想的渗透蔓延，是新疆伊斯兰教健康发展的最大危害，也是造成"阿化""沙化"等"去中国化"倾向的思想根源。

历史地看，宗教同所在社会相适应，是宗教生存发展的趋势和规律。无论本土宗教还是外来宗教，都要不断适应我国社会发展，充实时代内涵。比如，佛教产生于古代印度，传入中国后，经过长期演化，佛教同中国儒家文化和道家文化融合发展，最终形成了具有中国特色的佛教文化，给中国人的宗教信仰、哲学观念、文学艺术、礼仪习俗等留下深刻影响。比如，伊斯兰教传入新疆地区以后也是沿着中国化方向发展，经过长期与新疆各民族传统信仰和文化融合，逐渐成为中华文化的一部分，并表现出地域特征和民族特色。伊斯兰教原本反对崇拜安拉之外的任何人或物，但新疆的穆斯林却一直存在麻扎崇拜活动，这是新疆伊斯兰教本土化最典型的表现。比如，始建于乾隆年间的伊宁拜图拉清真寺、乌鲁木齐陕西大寺等，在修建时就采用了内地传统梁柱式结构，至今仍熠熠生辉。中华人民共和国成立后，为与新生的社会主义制度相适应，新疆伊斯兰教实行了一系列重要变革，如废除了伊斯兰教中的封建特权和压迫剥削制度，取消了天课，革除了一些不适应社会发展的陋习。改革开放以来，新疆全面贯彻落实党的宗教政策，依法管理宗教事务，抵御境外利用宗教进行渗透，通过加强宗教人士培训培养、规范讲经解经、去极端化、“双五好”创建表彰等，从更深更广层面深化了宗教与社会主义社会相适应的内涵。

中国化程度决定着新疆伊斯兰教的发展趋势和未来面貌。今后，新疆伊斯兰教要实现自身的生存与健康发展，必须要积极主动与社会主义社会相适应，要弘扬伊斯兰教中国化的历史传统，坚持用社会主义核心价值观引领，努力把宗教教义同中华文化相融合，支持宗教界深入挖掘教义教规中有利于社会和谐、时代发展、健康文明的内容，对教义教规做出符合中国发展进步要求的阐释。

要坚持独立自主自办原则，抵御渗透，堵住境外各种宗教思潮，特别是极端思想的影响，防止各种“去中国化”倾向。教育宗教界人士和信教群众，要弘扬中华民族优良传统，提倡世俗化、现代化生活方式。引导宗教努力为促进经济发展、社会和谐、文化繁荣、民族团结、祖国统一服务，努力克服宗教消极影响。宗教团体和宗教人士要发扬爱国爱教的优良传统，做好讲经解经工作，鼓励使用国家通用语言文字和本民族语言文字讲经解经，自觉推进中国化。

第六节　关注新疆南疆的脱贫攻坚问题

习近平总书记指出：“让贫困人口和贫困地区同全国一道进入全面小康社会是我们党的庄严承诺。要动员全党全国全社会力量，坚持精准扶贫、精准脱贫，坚持中央统筹省负总责市县抓落实的工作机制，强化党政一把手负总责的责任制，坚持大扶贫格局，注重扶贫同扶志、扶智相结合，深入实施东西部扶贫协作，重点攻克深度贫困地区脱贫任务，确保到二〇二〇年我国现行标准下农村贫困人口实现脱贫，贫困县全部摘帽，解决区域性整体贫困，做到脱真贫、真脱贫。”

一、新疆南疆深度贫困地区贫困原因分析

新疆南疆属于深度贫困地区，贫困问题十分严重，导致深度贫困的原因有多方面。

（一）生态环境脆弱，人均资源占有量少，生存条件恶劣

南疆四地州气候干旱，植被稀少，风沙频繁，自然环境恶劣，生存条件极差。沙漠、戈壁和高原占总面积的 90%，年均降水低于 80 毫米，年均蒸发量达 2300 毫米以上，年均沙尘 90 天左右。耕地资源少，农民人均耕地面积 1.93 亩，为全区平均水平的 51%。农业用水矛盾十分突出，农业水资源利用率仅为 46% 左右，农业节水灌溉面积仅占灌溉面积的 17.7%，远低于全区 35.2% 的平均水平。主要河流缺乏控制性水利枢纽工程，洪水危害频繁发生，现有的一些水利骨干工程配套设施建设不够，作用发挥有限。电力等能源基础设施建设滞后，缺电少煤制约生产生活条件改善，制约农产品加工业发展。土壤盐化面积大，中低产农田比重高达 70%。沙漠化、荒漠化危害严重，生态环境的承载力有限，对农业发展、农民增收约束性加大。

笔者曾到和田地区皮山县乔达乡兰干村采访，皮山县属于深度贫困县，乔达乡属于深度贫困乡，兰干村属于深度贫困村。这个村位于沙漠最边缘，气候条件极端恶劣，生存环境很差。全村共有 431 户 1568 人，贫困户 245 户，贫困人口 892 人，人均耕地不到 1 亩。在维吾尔语中，“乔达”是“忍耐”的意思，说明这里自然环境的恶劣，要想生存生活下去必须忍耐。在南疆，像乔达乡兰干村这样处在恶劣环境中的村落比比皆是。

（二）基础设施建设严重滞后

与南疆绿洲发展相比，偏远地区的基础建设十分落后，行路难普遍存在。例如皮山县的瑙阿巴提塔吉克民族乡，该乡有 3 个行政村，其中阿克硝村距离乡政府 28 千米，布琼村距离乡政府 23 千米。通往乡里的路都是羊肠小道，主要将驴、马或摩托作为交通工具，农牧民赶一趟巴扎通常需要花费 6 小时，农用物资和农副产品流通受阻，导致山区生产和生活成本居高不下。南疆偏远地区贫困山区乡村大都缺少水利设施或原有的小量小型水利设施年久失修、严重老化，小水电的功能丧失殆尽，致使农牧业生产和农牧民生活主要靠天吃饭。仅在瑙阿巴提塔吉克民族乡就有两个行政村还没通电，涉及 102 户 288 人，还有 4 个自然村条件也很差。在这里，平常使用的手机在乡政府 2 千米范围内还可以使用，再远一点就没有信号，信息传达十分不畅。基础建设是社会赖以生存发展的最基本物质条件，基础建设的滞后造成山区的闭塞，严重制约了南疆偏远贫困山区的发展。

（三）工业化、城镇化水平低，对贫困人口带动力不强

南疆四地州是农业主导型经济，农民转移难、就业增收渠道少，农村 85% 以上的劳动力主要集中在农业领域。在南疆偏远贫困山区，农村产业结构从第一产业、第二产业和第三产业的构成比例来看，第一产业即农业占据了主导地位，约为 90% 以上，第二产业即工业发展几近于零，第三产业服务业所占比例也很小。这种产业结构还是以第一产业农业为发展经济的模式。农业发展原始落后，生产效率低下，农业种植的科技含量不高，停留在“牛耕、火种、人播”的劳作状态下，产出效益与投入成本相减几乎为零。农牧民劳作了却得不到收益，反而还要大量地消耗和支出，形成不可持续的单一经济发展模式。产业结构单一不仅制约了南疆贫困山区生产的发展，也影响到山区群众的消费。在上述的生产方式下，必然决定了低水平的商品经济。在南疆偏远贫困山区，以物换物的原始市场交易场面司空见惯，小麦、玉米或马牛羊成了一般等价物，甚至在一些地方，拿着

纸币也不一定能够买到这些物品，纸币在这里严重“贬值”。改革开放以来，南疆四地州生产总值虽然增长了37倍，但人均地区生产总值却从占全区平均水平的70.1%下降到42.6%，城乡居民人均可支配收入从占全区平均水平的91%下降到81%。

（四）民生建设投入不足，公共服务水平低

民生建设是社会的稳定器和经济发展的助推器。城乡发展的差距、地区发展的差异主要体现在公共服务的提供上，偏远贫困山区在这方面尤为缺乏。这既有贫困地区自身的因素，也有政策因素。一是医疗应急设施不足，医护人员医技水平低下。这里有个贫困山区乡，全乡没有一辆救护车，遇到紧急病人根本无法提供应急服务。该乡医院有8名医护人员（包括院长），其中最高专业技术职称是初级，看个头痛脑热或打个针还可以，诸如孕妇正常分娩都必须到70公里外的县城去就医。二是基础教育水平低，教育经费保障不足。调查中有个山区民族乡，全乡只有一所小学，只开设1—3年级的课程，在校生61人，有7名教师，但都没有能力进行双语授课。由于多数在校生家住在深山里，需在校住宿，但是学校经费有限，只能保证教师的正常工资，提供给住校生的食宿补助很少。由于每年分配给这个乡的疆内初中班和内地高中班名额少，当地很多优秀的孩子不得不放弃继续学习的机会，过早地开始自谋生路。三是缺少日常金融服务。在南疆偏远贫困山区，乡村一级没有一家银行类金融服务机构，很多地方连银行代办点也没有。当地群众存取款都须跑上数十千米，很不方便。

（五）人口增长过快对经济发展和增收脱贫造成压力

2000年至2015年，南疆四地州人口自然增长率达18.9‰，明显高于全区平均水平，是全国平均水平的3倍多。短短15年，总人口净增240多万人，年均新增15万人以上。2016年，总人口达到1008.8万人，是1955年自治区成立时的3倍，比1982年改革开放初期翻了近一番。预计

到2030年，人口将突破1300万人，相当于1982年全区人口的总和。人口过快增长，加大了自然环境资源的承载压力，增加了经济社会发展成本和社会管理难度。

南疆贫困山区人口结构存在失衡。一方面是贫困山区的老、少、幼数量在农村居多，所占比例较大，成为山区生产主力军，而真正的中年、壮年、青年劳动力人口不断外流，贫困山区发展出现了人口劳力荒。在贫困山区整体经济发展中，由于这种人口存量结构失衡，人口作为消费者的数量剧增，而作为生产者却急剧下降。另一方面是贫困山区农村的人口素质（主要是受教育程度和生产技能）较低，高素质的人口在总人口中所占比例逐渐缩小，低素质人口所占比例逐渐扩大。调查发现，从学习经历及知识水平来看，南疆偏远贫困山区的人口大部分集中在小学和初中阶段，所占比例达到90%，少数达到高中阶段，还存在不少文盲。即使少量人口有大中专学历，但回到山村发展创业的基础没有，严重影响了偏远贫困山区农村的可持续发展。2000年至2015年，南疆少数民族计划生育管控不力，致使人口净增240万，人口过快增长加大了自然环境资源承载压力，增加了经济社会发展成本。

（六）求变革、谋发展的思路和观念匮乏

作为南疆发展的最薄弱地区，除了物质基础投入的不足外，传统的生产观念和落后的思想文化深深影响到偏远贫困山区的生产力和群众的创造力。笔者在调查中印象最深的是，当问及他们如何改变贫穷落后的面貌时，很多人脸上表现出的无奈及对未来生活的迷茫。“养羊为讨老婆—讨上老婆为生娃儿—生娃儿再让他养羊”，这其实就是南疆很多偏远贫困山区的现实反映，贫困山区的贫穷不仅仅是物质的匮乏，还有思想观念的落后。

（七）资源优势难以转化为经济发展动力

一方面，由于区位劣势及生态环境的脆弱性，南疆很多偏远贫困山区

的丰富自然资源还停留在待开发的状态，仅靠山区自身力量把资源优势转化成经济发展动力难度较大。另一方面，对于一些开发难度不大、投入产出效益大的自然资源，出现了滥采乱伐现象。在一些地方，有的是少部分人获利、大部分人仍然受穷，有的是以牺牲自然环境为代价换取一时的经济发展。由于过度采伐，有些山区的自然环境遭到破坏，如草场植被破坏导致水土流失等灾害频繁，进一步加大了当地的发展难度。

（八）国家通用语言文字普及不够，社会发展滞后，制约贫困人口素质提升

南疆四地州有维吾尔族、柯尔克孜族、塔吉克族、汉族等 30 多个民族成分。农村教育、文化等公共服务设施投入不足，欠账较多。农村中小学师资、医务、农技、文化等人才匮乏，流失严重，直接影响了农民素质提高。受文化层次、技能水平、语言障碍、传统习惯、就业观念、社会心理、宗教意识等各种因素影响，致使一些农民走出去难、稳定就业难。

（九）反恐维稳任务重，对经济发展有影响

南疆四地州周边与印度、巴基斯坦、阿富汗、塔吉克斯坦、吉尔吉斯斯坦等国接壤，处在我国反恐维稳第一线。面临“三期叠加”维稳形势没有根本改变，维稳形势依然非常严峻和复杂，反恐维稳处于关键阶段。

综上所述，新疆南疆深度贫困的特征可以概括为“三高”“两低”。“三高”：一是深度贫困群体占比高。南疆四地州有深度贫困人口 353598 户 1385843 人，占全区深度贫困人口总规模的 98.28%；22 个深度贫困县有深度贫困人口 344148 户 1352431 人，占全区深度贫困人口总规模的 95.74%。二是贫困发生率高。南疆四地州贫困发生率为 23.52%，均大幅高于全国平均水平。三是少数民族比例高。在南疆四地州 353598 户 1385843 人深度贫困人口中，少数民族贫困人口比例高达 99.66%。“两低”：一是人均可支配收入低。2016 年南疆四地州农民人均可支配收入为 7868 元，仅占全区平均水平 10183 元的 77.26%。二是受教育水平低。南疆四地州

平均受义务教育年限仅为6.67年。建档立卡信息系统显示：贫困人口中6.89%为文盲或半文盲，46.11%为小学文化程度，44.77%为初中文化程度，1.94%为高中文化程度，0.29%为大专以上文化程度。

2017年，新疆聚焦22个深度贫困县及所辖的192个深度贫困乡、1962个深度贫困村、396050户1627511人未脱贫人口，编制深度贫困地区脱贫攻坚实施方案，确保实现3个县摘帽、482个村退出、106725户454776人脱贫。

二、目前需要解决的问题

目前南疆地区的脱贫攻坚工作任务是很艰巨的，还存在一些工作难点亟须解决。

第一，最困难的是持续稳定增收。尽管近年来深度贫困地区群众收入总体呈增长态势，但受经济下行的影响，南疆地区贫困人口收入下降明显，促进贫困人口增收的传统动力明显减弱，支撑群众持续大幅增收的产业亮点还不多，新的增收动能不足。

第二，最薄弱的是解决基本医疗和住房安全保障。扶贫对象已经基本能够做到不愁吃、不愁穿，义务教育水平也在不断提升。目前最薄弱的仍然是基本医疗和住房安全保障，尤其是基本医疗保障。全自治区城乡医疗资源不平衡，农村医疗保障水平不高，贫困人口报销比例偏低，贫困乡缺医少药、看病贵的难题仍然存在。

第三，最艰巨的是巩固脱贫成果。一些脱贫家庭的收入仅仅过了扶贫标准线，超出幅度不大且不稳定，生活质量不高，随时有返贫的可能。一些“退出村”经济基础还很薄弱，基础设施还相当滞后，村容村貌还比较差，基层组织还有待加强。拟“摘帽”的县只是刚刚过了及格线，面临着补齐产业发展和转移就业的短腿、基础设施和基本公共服务短板、生态建设和环境保护短项的繁重任务。

第四，最要紧的是干部作风不实。有的干部思想保守、故步自封、不思进取，开拓创新思想不强，对如何精准施策缺乏深入思考，仍然再用给钱给物的老办法，对精准扶贫束手无策，缺乏招数。有的干部急功近利，急于求成，对脱贫攻坚缺乏深入谋划和梯次性安排。一些部门帮扶不实，各自为政，缺乏协调配合，行业规划和脱贫攻坚规划不衔接，项目安排与脱贫需求不匹配，扶贫措施与致贫原因不合拍，脱贫攻坚合力需要进一步强化。

近年来，在自治区党委的领导下，各级党政组织积极坚决落实习近平总书记有关新疆工作及脱贫攻坚的系列重要讲话精神，以十九大精神为指导，迎难而上，制定科学扶贫规划，开拓多种扶贫门路，在精准扶贫上下功夫，取得南疆扶贫阶段性成果。2017 年，新疆实现 31.7 万贫困人口脱贫，334 个贫困村退出，3 个贫困县摘帽。自治区各级党政领导对新疆南疆的脱贫攻坚工作，思想上更加重视，精准上更加科学，路子上更加拓宽，政策上更加完善，资金上更加严管，责任上更加明确，干部作风更加扎实，并通过对 3302306 名扶贫对象建档立卡，对贫困户底子更加清楚，信息化平台更加完善。

三、南疆脱贫致富的思路

（一）解决好“扶持谁”的问题

扶贫必先识贫。建档立卡在一定程度上摸清了贫困人口底数，但这项工作要进一步做实做细，确保把真正的贫困人口弄清楚。只有这样，才能做到扶真贫、真扶贫。要提高统计数据质量，既不要遗漏真正的贫困人口，也不要把非贫困人口纳入扶贫对象。要把贫困人口、贫困程度、致贫原因等搞清楚，以便做到因户施策、因人施策。全面准确掌握贫困人口规模、分布、居住条件、就业渠道、收入来源、致贫原因等情况，挂图作业，按图销号，做到一户一本台账、一户一个脱贫计划、一户一套帮扶措施，倒排工期，不落一人。在脱贫目标上，实现不愁吃、不愁穿“两不愁”，实现保障义务教育、基本医疗、住房安全“三保障”。

（二）解决好“怎么扶”的问题

开对了“药方子”，才能拔掉“贫根子”。要按照贫困地区和贫困人口的具体情况，实施“五个一批”工程。

一是靠发展生产脱贫一批。扶贫不是慈善救济，而是要引导和支持所有有劳动能力的人，依靠自己的双手开创美好明天。对贫困人口中有劳动能力、有耕地或其他资源，但缺资金、缺产业、缺技能的，要立足当地资源，宜农则农、宜林则林、宜牧则牧、宜商则商、宜游则游，通过扶持发展特色产业，实现就地脱贫。对这类贫困地区和贫困人口，要把脱贫攻坚重点放在改善生产生活条件上，着重加强农田水利、交通通信等基础设施和技术培训、教育医疗等公共服务建设，特别是要解决好入村入户等“最后一公里”问题。要支持贫困地区农民在本地或外出务工、创业，这是短期内增收最直接见效的办法。劳务输出地政府和输入地政府，对贫困人口外出务工要多想办法、多做实事。

二是通过易地搬迁脱贫一批。生存条件恶劣、自然灾害频发的地方，通水、通路、通电等成本很高，贫困人口很难实现就地脱贫，需要实施易地搬迁。这是一个不得不为的措施，也是一项复杂的系统工程，政策性强、难度大，需要把工作做深做细。各地在移民搬迁中几乎都遇到了一个问题，就是越贫困的农户越拿不出钱，结果就越享受不到政府补助。要通过整合相关项目资源、提高补助标准、用好城乡建设用地增减挂钩政策、发放贴息贷款等方式，拓宽资金来源渠道，解决好扶贫搬迁所需资金问题。要做好规划，合理确定搬迁规模，区分轻重缓急，明确搬迁目标任务和建设时序，按规划、分年度、有计划地组织实施。要根据当地资源条件和环境承载能力，科学确定安置点，尽量搬迁到县城和交通便利的乡镇及中心村，促进就近就地转移，可以转为市民的就转为市民。要想方设法为搬迁人口创造就业机会，保障他们有稳定的收入，同当地群众享受同等的基本公共服务，确保搬得出、稳得住、能致富。一些贫困群众虽然生活艰难，但故土难离观念很重。要坚持群众自愿、积极稳妥，尊重群众意愿，加强思想引导，不搞强迫命令。

三是用生态补偿脱贫一批。在生存条件差但生态系统重要，需要保护修复的地区，可以结合生态环境保护和治理，探索一条生态脱贫的新路子。要加大贫困地区生态保护修复力度，增加重点生态功能区转移支付，扩大政策实施范围。要加大贫困地区新一轮退耕还林还草力度，对贫困地区二十五度以上的基本农田，可以考虑纳入退耕还林范围，并合理调整基本农田保有指标。可以让有劳动能力的贫困人口就地转成护林员等生态保护人员，从生态补偿和生态保护工程资金中拿出一点，作为他们保护生态的劳动报酬。

四是靠发展教育脱贫一批。教育是阻断贫困代际传递的治本之策。目前，南疆贫困地区教育发展面临很大困难，由于各种原因，贫困家庭孩子辍学失学还比较多，“读书无用论”观点也有所蔓延，不少贫困家庭子女受教育程度同普通家庭的差距在扩大。贫困地区教育事业是管长远的，必须下大气力抓好。在脱贫攻坚期内，职业教育培训要重点做好。一个贫困家庭的孩子如果能接受职业教育，掌握一技之长并能就业，这一户脱贫就有希望了。教育经费要继续向贫困地区倾斜、向基础教育倾斜、向职业教育倾斜，特岗计划、国培计划同样要向贫困地区基层倾斜。要帮助贫困地区改善办学条件，加大支持乡村教师队伍建设力度，建立省级统筹乡村教师补充机制。要探索率先从建档立卡的贫困家庭学生开始实施普通高中教育免学（杂）费，落实中等职业教育免学（杂）费政策，实行大城市优质学校同贫困地区学校结对等帮扶政策。要对农村贫困家庭幼儿给予特殊关爱，探索建立贫困地区学前教育公共服务体系。

五是用社会保障兜底一批。完全或部分丧失劳动能力的贫困人口，要由社会保障来兜底。这就涉及农村扶贫标准和农村低保标准相衔接的问题。目前，农村扶贫标准由国家统一确定，农村低保标准则由地方确定，相当多地方的两个标准存在一定差距。要统筹协调农村扶贫标准和农村低保标准，按照国家扶贫标准综合确定各地农村低保的最低指导标准，低保标准低的地区要逐步提高到国家扶贫标准，实现“两线合一”，发挥低保线兜底作用。此外还要加大其他形式的社会救助力度，对因灾害等造成的临时贫困群众要及时给予救助，加强农村最低生活保障和城乡居民养老保险、五保供养等社会救助制度的统筹衔接。

综上所述，我们应实施精准扶贫方略。找到“贫根”，对症下药，靶向治疗，着重抓六个精准，即扶持对象精准、项目安排精准、资金使用精准、措施到户精准、因村派人精准、脱贫成效精准，确保各项政策好处落到扶贫对象身上。我们应坚持分类施策，因人因地施策，因贫困原因施策，因贫困类型施策，广泛动员全社会力量，支持和鼓励全社会采取灵活多样的形式参与扶贫。

（三）解决好思想意识上的贫困问题

扶贫必扶智，治贫先治愚。贫穷并不可怕，怕的是智力不足、头脑空空，怕的是知识匮乏、精神委顿。脱贫致富不仅要注意“富口袋”，更要注意“富脑袋”。要在发展经济的基础上，向教育、文化、卫生、科技等领域拓展，贯彻“五位一体”总体布局要求。要继续发挥互派干部等方面的好经验、好做法，把东部地区理念、人才、技术、经验等要素传播到西部地区，促进观念互通、思路互动、技术互学、作风互鉴。西部地区要彻底拔掉“贫根”，必须把教育作为长远事业抓好。东部地区要在基础教育、职业教育、高等教育等方面，通过联合办学、设立分校、扩大招生、培训教师等多种方式给予西部地区更多帮助，还要注意解决好因病致贫、因病返贫的问题，东部援疆省份可以通过援建医院、培训医生、远程诊疗、健康快车等帮助南疆地区。

幸福不会从天降，好日子是奋斗出来的，脱贫致富终究要靠贫困群众用自己的辛勤劳动来实现。要尊重扶贫对象主体地位，各类扶贫项目和扶贫活动都要紧紧围绕贫困群众需求来进行，支持贫困群众探索创新扶贫方式方法。上级部门要深入贫困群众，问需于民、问计于民。要重视发挥广大基层干部群众的首创精神，支持他们积极探索，为他们创造八仙过海、各显神通的环境和条件。

后 记

——为了热爱的热爱

今天，乌鲁木齐下了2018年深秋的第一场大雪。窗外大雪纷纷扬扬，厚厚的积雪缀满了碧绿的树枝，覆盖了红、黄、蓝、橘色的花朵。此时此刻，在“主流媒体对新疆南疆维吾尔族受众影响力研究”课题基础上形成的书稿已经画上句号。按惯例，书是要有后记的，写点什么呢？

来疆多年，十月见雪已经不是什么稀奇的事。“北风卷地白草折，胡天八月即飞雪。忽如一夜春风来，千树万树梨花开。”这是唐代诗人岑参在出使西域北庭，也就是今新疆吉木萨尔县时写下的著名诗句。北庭距离乌鲁木齐市不足二百公里，岑参诗中的八月为农历八月，相当于公历的九月。据考证，岑参出使西域北庭四年，任北庭节度使的幕府判官。而此时此刻，我来新疆任驻地记者已经六个年头零46天。回顾这些年在新疆的经历，一幕幕呈现在脑海中。

古人云：“读万卷书，行万里路。”来疆六年来，读了很多有关新疆的书，对新疆的历史、文化、民族、宗教有了更深入的了解。我国著名学者季羡林说过：“世界上历史悠久、地域广阔、自成体系、影响深远的文化体系只有四个：中国、印度、希腊、伊斯兰，再没有第五个；而这四个文化体系汇流的地方只有一个，就是中国的敦煌和新疆地区，再没有第二个。”

来疆六年来，学习了习近平总书记对新疆工作的重要指示批示及相关中央文件，认清了新疆在国家发展中的重要战略地位。新疆是国家面向西部的战略屏障，是西部大开发的重点地区，是国家能源资源开发运输的重要基地，是国家向西开放的重要基地，是丝绸之路经济带的核心区。习近平总书记的指示使我认识到，做好新疆宣传思想工作、意识形态工作极其重要。作为党的宣传思想战线上的一名战士，我要在实际工作中把思想和行动凝聚到习近平总书记讲话精神上来，把其中的重要论述和重大观点内化于心、外化于行，用正确的立场、方法和举措指导工作实际。作为中央媒体外派新疆的工作人员，在新疆承担着十分重要的宣传报道职责，必须守土有责、守土负责、守土尽责，做到有守、有为、有担当。

守土之责，根本在“守”。社会稳定、长治久安是新疆工作的总目标，也是新疆最大的政治。近几年来，新疆仍处于暴力恐怖活动的活跃期、反分裂斗争的激烈期、干预治疗的阵痛期“三期叠加”状态，怎样对暴恐案件进行正确的舆论引导是我最大的政治纪律。在对暴恐案件的舆论引导上，我的做法是坚决听从中宣部和自治区党委宣传部指挥，不抢发、不乱发、不漏发。

守土之责，关键在“为”。上级给了我岗位和职责，我要在其位、谋其政，强化责任，积极作为。要切实提升中央媒体在新疆的影响力，做到形象好、内容对、形式活、方法当，能入耳、能入脑、能入行。尤其在宣传上要高度重视抓好理念创新、手段创新、基层工作创新，在不断创新中赢得主动权，赢得新疆党和政府及普通百姓对中央媒体的关注和信任。

来疆六年来，走了许多路，新疆有 89 个县（市），其中有 82 个留下了我的足迹，勤于迈腿，深入基层采访调研，也使我对新疆有了更加深入的认识，有很多采访使我终生难忘。在巴州罗布泊，我曾采访过一位年近百岁的维吾尔族老人。他告诉我，他的祖先是蒙古人，他们部落融入维吾尔族还不到一百年，由此我对维吾尔族的形成及新疆的民族融合有了很深的感性认识。在阿勒泰哈巴河，我曾到一位哈萨克族朋友家做客，主人和我年龄相当。他告诉我，他最爱吃刚刚宰杀的羊的羊肚，他记得小时候羊肚里是满满的青草，羊肚吃起来还有青草的芳香，现在羊肚里满是草根和黑泥，小时候的味道很难再有了，由此我对新疆的草原退化和环境破坏有了一些很真实的体验。2013 年 4 月中旬，我对南疆四地州进行了为期半个多月的采访调研，深入调研了十多个自然村后采写的内参受到中央领导重视，6 月 4 日至 7 日，中共中央书记处书记、全国政协副主席、中央新疆工作协调小组副组长杜青林来到新疆，围绕加强新疆基层工作和宗教事务管理工作展开考察调研并召开座谈会。来新疆以来，我采写的许多报道得到中央领导的批示，其中两篇获得习近平总书记的批示，七篇获得俞正声、刘云山、汪洋、王沪宁、刘延东、孙春兰、陈全国等中央领导的批示。

来疆六年来，内心一直被感动、被鼓舞，心灵一直被净化、被洗涤。新疆普通百姓的淳朴真诚感动着我，驻村干部“五加二”“白加黑”的工作热情鼓舞着我，新疆各级领导干部以身许党、以身许国的忠诚担当净化着我的心灵。

习近平总书记在“2・19”讲话中指出：“党的新闻舆论工作是党的一项重要工作，是治国理政、定国安邦的大事，要适应国内外形势发展，从党的工作全局出发把握定位，坚持党的领导，坚持正确政治方向，坚持以人民为中心的工作导向，尊重新闻传播规律，创新方法手段，切实提高党的新闻舆论传播力、引导力、影响力、公信力。”

那么，主流媒体对新疆南疆群众的影响力究竟怎样？主流媒体在新疆南疆能否引领社会发展，影响社会认识，改变人们行为习惯？一种责任使然，我一直在研究和思考这一问题。2016 年，我的研究课题“主流媒体对新疆南疆维吾尔族受众影响力研究”得到了国家新闻出版广电总局部级社科研究项目基金的支持。课题立项通过后，我就研究思路走访了有关专家，请专家进行论证和指导，先后走访的专家有：北京大学社会学系主任、费孝通教授博士生、我国著名社会学家邱泽奇教授，新疆社科院副院长、新疆著名民族学者刘仲康教授，新疆大学新闻学院院长张允教授，新疆维吾尔自治区党委宣传部常务副部长、新疆师范大学张可让教授。几位专家对课题研究思路给予充分肯定，并就具体问题提出了很好的建议。

邱泽奇教授为课题组提供了很多有价值的资料，详细介绍了我国著名社会学学者费孝通先生的乡野调查研究思路，并就调查问卷给予了很好的建议；刘仲康教授亲自到新疆记者站为全站同志作了新疆民族问题研究的报告，并对在南疆进行社会调查应注意的问题、应该把握的方法和站里同志进行了互动交流；新疆大学张允教授就研究媒体和受众的关系的方法和我进行了交流，并提供了很有价值的资料，此外，张允教授对调查问卷的设计给予了很好的建议，并对问卷进行了很好的修改及维吾尔语翻译；张可让教授及新疆维吾尔自治区党委组织部访汇聚办公室对问卷调查给予了大力支持，访汇聚办公室动员了南疆四地州的农村驻村干部、城镇驻街道干部配合课题组进行问卷发放、调查和回收；我的同事卜鹏也为课题提供了有价值的资料。在此一并致谢！

即将交稿，我给书起了一个名字《行者智见——主流媒体对新疆南疆影响力研究》，这里的“智见”指的是我采访过的许多专家学者的智见。最后，再一次对国家新闻出版广电总局、张允教授、张可让教授及卜鹏对本课题的支持表示感谢！

作者于乌鲁木齐

2018 年 10 月 18 日雪夜

图书在版编目（CIP）数据

行者智见：主流媒体对新疆南疆影响力研究 / 林涛著. — 北京：
中国国际广播出版社，2020.7
ISBN 978-7-5078-4708-6

Ⅰ. ①行…　Ⅱ. ①林…　Ⅲ. ①传播媒介－影响－研究－南疆
Ⅳ. ①G206.2

中国版本图书馆CIP数据核字（2020）第130095号

行者智见：主流媒体对新疆南疆影响力研究

著　　者　林　涛
责任编辑　刘　晗
校　　对　张　娜
版式设计　邢秀娟　郭立丹
封面设计　黄　旭

出版发行　中国国际广播出版社［010-83139469　010-83139489（传真）］
社　　址　北京市西城区天宁寺前街2号北院A座一层
　　　　　邮编：100055
印　　刷　环球东方（北京）印务有限公司

开　　本　710×1000　1/16
字　　数　200千字
印　　张　16
版　　次　2020 年 7 月　北京第一版
印　　次　2020 年 7 月　第一次印刷
定　　价　48.00 元